青銅器時代 磨製石器 研究
청동기시대 마제석기 연구

青銅器時代 磨製石器 研究

孫 晙 鎬 지음

서경문화사

책머리에

필자가 발굴현장에 처음 참가하여 고고학을 맛보기 시작한지도 15년 정도가 흘렀다. 당시로서는 대규모 발굴조사였던 미사리유적에서 시키는 대로 모래땅을 긁으며 편히 앉아서 실측하는 선배들을 부러워하던 것이 엊그제 같다. 지금 생각해 보면 보다 소중한 경험을 쌓을 수 있었던 좋은 현장에서 무지와 게으름으로 기회를 날려버리고 말았지만, 미술사를 전공하고자 했던 당시의 필자로서는 당연한 결과이기도 했다. 그 후 군대를 다녀와 약간의 쉬는 기간에 돈을 벌기 위해 몇몇 일자리를 전전하다가 아르바이트로 다시 참가하게 된 현장이 보령 관창리유적이었다.

관창리유적의 발굴현장에 참가하게 된 것은 필자의 길지 않은 고고학 인생에서 가장 큰 행운이라고 생각한다. 물론 그 당시에도 고고학을 필생의 밥벌이로 삼겠다는 생각은 없었지만 유적에 대한 조사를 어느 정도 책임지고 맡아 진행하게 되면서, 고고학에 대한 관심이 점차 증가하게 된 것이다. 관창리유적에서는 주지하다시피 청동기시대에 해당하는 다종다양한 유구와 수많은 유물들이 쏟아져 나왔는데, 이 가운데 특히 필자의 관심을 끈 대상은 마제석기였다. 고고학에 대한 기초적인 지식도 없는 상태였던 필자에게 거의 쪼가리로 출토되면서 형태도 비슷비슷한 토기에 비하여 석기의 모양은 상당히 아름답게 느껴졌으며, 이러한 관심이 석기의 용도는 무엇일까, 석기는 어떻게 만들어졌을까 등의 의문으로 자리잡게 되었다. 결국 그 때의 관심이 계속 이어져 석사학위논문은 반월형석도를 대상으로 작성하였으며, 박사학위논문에서는 청동기시대 마제석기 전체에 대하여 언급하게 되었다. 이 책은 이러한 필자의 박사학위논문을 일부 수정하고, 거기에 약간의 사진자료를 첨부하여 공간한 것이다.

이 책에서는 한반도 마제석기의 전반적인 흐름을 언급하였으며, 마제석기를 이용한 새로운 시각의 연구를 시도하였다. 이러한 연구를 통하여 청동기시대의 문화상을 밝히기 위한 자료로서 마제석기의 위치가 정당하게 평가될 수 있으리라 생각한다. 최근 청동기시대 연구 분야의 확대 및 심화와 더불어 마제석기에 대한 연구도 활발히 전개되고 있다. 과거 토기나 청동기를 통한 편년수립에 있어서 보조적인 역할에 머무르던 석기 연구가, 석기로서의 특질에 대한 인식과 함께 선행 연구의 공백을 메울 수 있는 대상으로 주목받고 있는 것이다. 필자의 연구도 이러한 연구경향의 연장선상에 위치하고 있지만, 부족한 부분이 많은 것은 인정할 수밖에 없다. 앞으로 보다 세분화된 자료를 대상으로 정밀한 분석을 시도하여 조금씩 보완하고자 한다.

남 앞에 내어놓기 부족한 글임이 분명하지만, 어쨌든 필자가 학위를 받고 그 논문을 책으로까지 공간할 수 있게 된 것은 많은 분들의 도움이 있었기에 가능한 일이었다. 먼저 고고학의 길로 이끌어 주시고 항상 따뜻하게 보살펴 주신 윤세영 선생님과 이홍종 선생님의 은혜는 몇 자의 글로 표현한다는 것이 부끄러울 정도로 너무나 크다. 특히 박사논문을 지도하여 주신 이홍종 선생님께는 학문적인 가르침뿐만 아니라 생활의 모든 면에 있어서 항상 큰 은혜를 입고 있지만, 언제나 기대에 미치지 못하고 있어 죄송할 따름이다. 이밖에도 박사논문을 심사하여 주시고 많은 조언과 가르침을 아끼지 않으신 박순발, 최종택, 임상택, 성춘택 선생님께도 감사의 마음을 전하고 싶다. 또 일본의 下條信行 선생님께도 6개월 동안의 愛媛大學 연수를 통하여 많은 가르침을 받을 수 있었다. 머리 숙여 감사드린다. 그리고 지금은 연락이 닿지 않지만 추연식 선생님께도 꼭 감사의 인사를 드리고 싶다. 길지 않은 기간이었으나 학위 과정에서의 여러 가르침은 지금도 필자가 학문을 임하는 데에 있어서 금과옥조로 여기고 있다.

이밖에 여러 선배, 동학, 후배들의 도움도 빼놓을 수 없다. 관창리유적에서 아무 것도 모르던 필자를 열심히 지도해 주신 김재호, 오규진, 공민규, 성재현 선배님, 순진한 미술사학도였던 필자를 발굴현장으로 끌어들여 오늘날까지 오게 한 강원표 씨, 같은 연구소에 근무하면서 필자의 논고에 대해서 항상 비판적인 입장에서만 조언을 해 주신 庄田愼矢 씨 등은 모두 필자의 가장 친한 선배이자 친구이면서 동시에 학문적 동지로서 앞으로도 계속 가까이 지내고 싶은 사람들이다. 또 학위논문을 준비하는 데에 있어서 개인적인 시간까지 투자하면서 필자를 도와준 조진형 군과 최인건 군에게도 깊은 감사를 전한다. 물론 선배의 보복이 두려워 도움을 준 것이라고는 생각되지만, 아무튼 필자가 앞으로 살면서 조금씩 갚아야할 빚이다.

그리고 학위논문 쓴다는 핑계로 가정을 돌보지 않는 남편을 묵묵히 지지하여 준 사랑하는 아내 이혜경 여사와 아버지를 장난감으로 대하는 아들 오반이에게도 많은 시간을 함께 있어주지 못한 미안함을 이 자리를 빌어 전하고 싶다. 마지막으로 내용이 부실하여 잘 팔리지 않을지도 모르는 책의 출판을 어렵게 결정하여 주신 서경문화사의 김선경 사장님과 관계자 여러분들께도 깊이 감사드린다.

차 례

I

머리말

머리말

I

1990년대 이후 대규모 국토 개발에 수반하여 선사유적의 발굴성과 또한 비약적으로 증가하였다. 선사유적 가운데에서도 특히 청동기시대에 해당하는 유적은 일일이 열거하기 힘들 정도로 많은 발굴이 이루어졌다. 전공자들도 대표적인 몇몇 유적을 제외하면, 전국 각지에서 어떠한 발굴이 진행되는지 알 수 없는 실정이다. 지금 이 순간에도 청동기시대 연구의 진전에 크게 이바지할 수 있는 다양한 성격의 유적들이 발굴조사 중에 있다.

이와 같이 양적인 면에서 폭발적으로 늘어난 청동기시대 유적의 발굴성과에 의하여 관련 연구자도 증가하게 되었다. 이들은 새롭게 확인된 다수의 자료들을 바탕으로 보다 광범위한 연구를 진행하는 동시에, 연구 주제의 다양화, 새로운 방법론의 적용, 자연과학 분야를 포함한 인접 학문과의 활발한 교류 등 기존의 연구성과를 뛰어 넘어 새로운 방향성을 제시하기 위한 시도들을 행하고 있다. 특히, 최근에 주목받고 있는 취락이나 경관에 대한 연구, 다양한 생산유구의 검토, 송국리문화 발생에 관한 諸論議 등은 모두 새로운 발굴자료의 축적을 분석의 토대로 삼고 있다.

마제석기에 대한 연구도 이러한 청동기시대 연구 분야의 확대 및 심화와 더불어 조금씩 증가하고 있다. 이는 유구나 유물의 개별적인 연구에서 벗어나 모든 고고학 자료를 하나의 문화현상 속에서 통합적으로 파악하고자 하는 경향이 주류를 이루게 되면서 연구의 대상 범위가 확대된 것이라 할 수 있다. 과거 토기나 청동기를 통한 편년수립에 있어서 보조적인 역할에 머무르던 석기 연구가, 석기로서의 특질에 대한 인식과 함께 선행 연구의 공백을 메울 수 있는 대상으로 주목받고 있는 것이다.

그러나 마제석기에 대한 연구는 아직까지 다른 분석 대상에 비하여 활발히 진행되지 못하고 있는 실정이다. 이는 석기가 지닌 기본적인 속성이 청동기나 토기 등 다른 고고학자료에 비하여 상대적으로 기능적 측면이 강하다는 사실에 기인한 것이다. 대부분의 연구자들이 석기는 기능적 속성이 강하여 급변하는 문화상을 제대로 반영하지 못한다고 생각하였기 때문에, 토기와 함께 청동기시대 유적에서 가장 많은 출토량을 보이는 유물임에도 불구하고 연구대상으로서 주목받지 못하였다.

하지만 필자는 오히려 이러한 석기의 기능적 속성이 청동기시대인들의 실제 생활상을 복원하는 데에 있어서는 더 유효하다고 생각한다. 즉, 석기는 토기에 비해 시간적·공간적으로 변화·발전하는 양상이 쉽게 확인되지는 않지만, 청동기인들의 실제적인 삶의 필요에 의하여 고안된 것이기 때문에 기능적 속성 파악을 통한 당시인의 생활방식이나 생계수단 등의 연구에 효과적인 것이다.

한반도의 마제석기에 대한 연구는 1960년대부터 계속되어 왔지만, 주로 마제석검에 편중되어 있었다. 최근에 이르러 새로운 시각의 연구가 이루어지고 있으나, 아직까지는 석기의 개별 기종이나 특정 지역·문화의 마제석기에 대한 언급이 주를 이루고 있어 전체적인 문화상 속에서의 의미를 파악하기에는 무리가 있다. 물론, 이러한 세분된 연구가 마제석기 분석의 기본이 되는 것은 주지의 사실이지만, 한반도 청동기시대 내에서 마제석기의 큰 흐름을 이해하기 위해서는 더 거시적인 관점의 접근이 요구된다.

이러한 상황에서 필자는 마제석기에 대한 종합적인 연구의 필요성을 절감하였다. 이를 위하여 먼저 II장에서는 先學에 의하여 진행된 연구의 의의와 문제점을 간략히 살펴보았으며, 여기서 제기된 문제점에 대한 인식을 바탕으로 연구의 방향을 상정하였다. 이를 통하여 III장에서는 한반도 내에서 마제석기의 전반적인 시기적 흐름과 지역적 양상을 제시하였으며, IV장에서는 지역 범위를 확대시켜 중국 동북지역과 일본 북부 九州地域 마제석기와 비교를 시도하였다. 다음으로 V장에서는 마제석기를 이용한 연구의 다양한 방향성을 제시한다는 측면에서 석기를 통한 청동기시대 취락의 성격 검토를 행하였다. 그리고 마지막 VI장에서 마제석기 연구의 새로운 방향으로서 사용흔 분석법을 제시하였다. 이상 분석의 구체적인 내용은 II장에서 자세하게 언급하였다.

II

研究現況과 研究方向

研究現況과 研究方向

제 II 장

先學에 의해 진행된 연구의 의의와 문제점을 파악하는 것은 이후의 마제석기 연구를 위한 근간이 될 것이다. 또한, 기존 연구에서 제기된 문제점의 해결 방안을 앞으로의 과제로서 제시하는 것도 가능하다. 이는 최근 증가 추세를 보이고 있는 마제석기의 연구를 보다 진전시키기 위하여 반드시 필요한 선행 작업이라 생각한다.

본 장의 1절에서는 마제석기의 연구사를 검토하고 개별 연구의 고고학적 의의와 문제점을 간략히 살펴보았다. 한반도 출토 마제석기 가운데 가장 대표적인 기종인 석검, 석촉, 석도, 석부를 각각 4개의 항목으로 구분하여 검토하였다.[1] 그리고 2절에서 이들 연구의 전반적인 문제점과 앞으로의 과제에 대하여 언급하였다.

1. 研究現況

1) 石劍

석검은 청동기시대 마제석기에 대한 연구 가운데 가장 활발한 논의가 전개된 대상이다. 비교적 이른 시기부터 마제석검의 祖型에 관한 논쟁이 계속되었는데, 이는 마제석검의 독특한 형태와 더불어 한반도를 중심으로 분포한다는 특징적인 지역성 때문이라 판단된다. 지금까지 석검에 대한 연구는 그 기원을 찾는 것과 함께 형식분류를 통한 편년의 설정에 집중되어 왔다. 이밖에 소수에 불과하

---

1) 연구사를 기종별로 정리하였기 때문에 마제석기의 전반적인 양상을 다룬 논고는 언급하지 않았다. 이러한 연구는 많지 않지만, 대표적인 것으로 최근 발표된 大島隆之의 논고가 있다.
大島隆之, 2003, 「韓國 無文土器時代磨製石器の時期差と地域差」『古文化談叢』50-上, 九州古文化研究會.

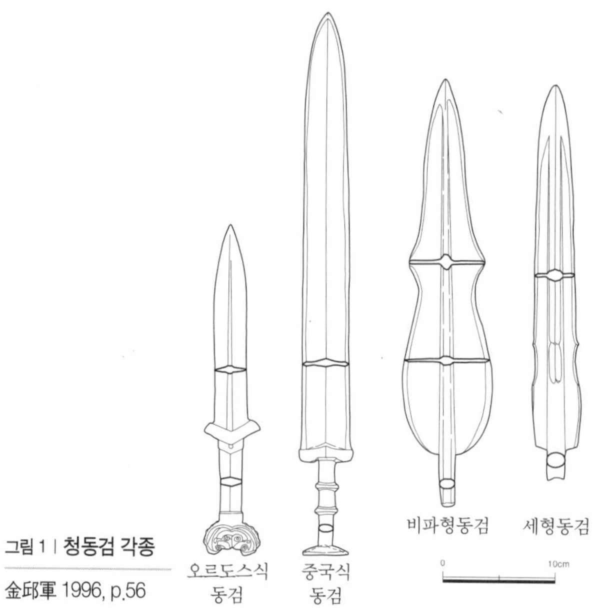

그림 1 | 청동검 각종
金邱軍 1996, p.56

지만 마제석검의 기능이나 제작에 관한 연구도 비교적 최근에 발표되고 있다. 따라서 본 항에서도 이러한 주제별로 연구사를 정리하였다.[2)]

먼저, 한반도 출토 마제석검의 기원에 대한 문제는 有光教一의 연구가 시초라 할 수 있다.[3)] 그는 일본인 학자들의 석검에 대한 기존 연구를 종합하여 血溝가 있는 有樋有莖式을 가장 이른 형식으로 보고, 이와 형태상 유사하면서 동일한 지역적 분포를 갖는 세형동검을 그 기원으로 파악하였다. 그러나 이는 金石竝用期라는 잘못된 시기설정의 인식틀을 벗어나지 못한 분석이었으며, 또 해방 이전의 자료를 검토대상으로 한 것이기 때문에 자료적 한계도 인정된다. 이러한 자료의 제약에 대한 문제점을 지적하면서 새로운 견해를 제시한 것으로 金良善의 연구가 있다.[4)] 金良善은 석검의 형식에 따라 세형동검, 중국식동검, 銅鉾, 銅戈 등 다양한 조형을 가진다고 보았는데, 비교적 시기가 늦은 청동기에 기원을 두고 있다는 점에서 有光教一의 견해와 크게 달라진 점은 없다. 또한, 약 10여 년 뒤에 발표된 甲元眞之의 연구에서도 有柄式石劍의 조형을 세형동검에서 구하고 있어 有光教一의 입장이 어느 정도 유지되고 있다.[5)]

그러나 이와 달리 대부분의 연구는 有光教一의 주장을 전면적으로 부정하였다. 이러한 부정론은 파주 玉石里遺蹟 지석묘 아래층에서 조사된 주거지의 탄소

2) 연구사의 작성에 있어서는 1996년에 발표된 金邱軍의 논고를 주로 참고하였다. 이 논문에는 그 당시까지 발표된 마제석검에 대한 연구사가 비교적 자세하게 정리되어 있다. 석검에 대한 보다 상세한 연구사를 확인하고자 한다면 이 글을 참고하길 바란다.
金邱軍, 1996, 「韓國式石劍의 硏究(1)」『湖巖美術館硏究論文集』1, 湖巖美術館, pp.21~36.

3) 有光教一, 1959, 『朝鮮磨製石劍の硏究』, 京都大學文學部考古學叢書 2.

4) 金良善, 1962, 「再考를 要하는 磨製石劍의 形式分類와 祖形考定의 問題」『古文化』1, 韓國大學博物館協會.

5) 甲元眞之, 1972, 「朝鮮半島の有柄式磨製石劍」『古代文化』24-9, 財團法人古代學協會.

연대 측정치에 의하여 객관성을 확보하게 되었다.[6] 주거지에서는 二段柄式石劍이 출토되었는데, 공반된 목탄의 절대연대가 기원전 7세기로 산출됨으로써 마제석검이 세형동검에 선행하는 것임이 입증되었다. 이를 토대로 마제석검의 조형에 대한 새로운 시각의 연구가 발표되기 시작하였는데, 크게 세형동검이 아닌 다른 동검에서 기원을 구하고자 하는 입장과 동검 조형론 자체를 부정하는 입장으로 구분할 수 있다.

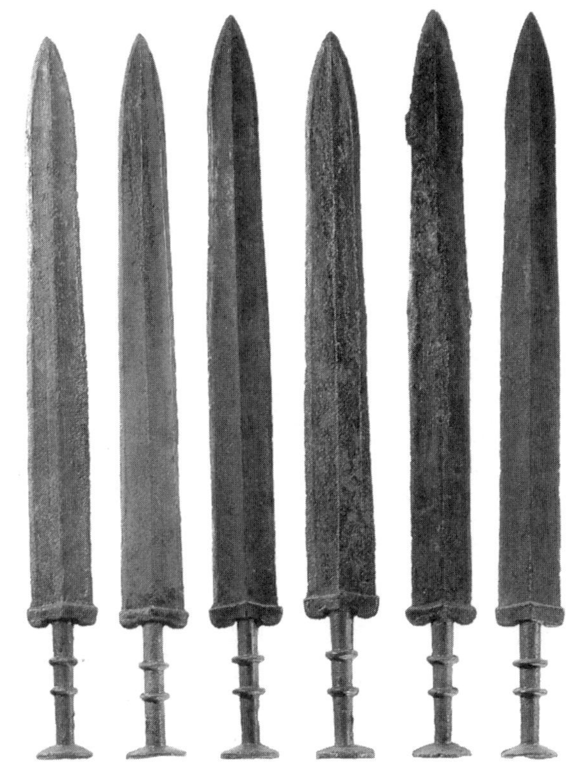

사진 1 | 상림리 출토 도씨검

國立中央博物館 · 國立光州博物館 1992

前者에 해당하는 대표적인 연구로는 金元龍의 논고가 있다.[7] 그는 有柄式石劍의 기원으로 스키타이 계통의 오르도스식동검을 상정하였으며, 이후 비파형동검의 출현으로 有柄式의 제작이 더욱 활발해진 것으로 보았다. 그리고 有溝有莖式石劍(有光敎一의 有樋有莖式)에 대해서는 상대적으로 늦은 시기에 세형동검의 영향을 받아 평양 부근에서 발생한 지방형식으로 파악하였다. 한편, 이와는 견해를 달리하는 것으로서 중국식동검에서 조형을 구한 全榮來의 연구가 있다.[8] 완주 上林里에서 桃氏劍이 무더기로 출토되어 이러한 주장을 가능하게 하였는데, 후에 보다 진전된 연구를 통하여 여러 가지 중국식동검과 비파형동검을 飜案한 석검이 존재하였음을 지적하였다.[9] 다양한 동검 형식을 석검의 조형으

6) 金載元 · 尹武炳, 1967, 『韓國支石墓硏究』, 國立博物館, pp.14~17.

7) 金元龍, 1971, 「韓國磨製石劍起源에 關한 一考察」『白山學報』10, 白山學會.

8) 全榮來, 1976, 「完州 上林里出土 中國式銅劍에 關하여」『全北遺蹟調査報告』6, 全州市立博物館, pp.12~14.

로 상정한 연구는 최근 발표된 柳田康雄의 논고에서도 그대로 받아들여지고 있다.[10] 이밖에 비교적 최근의 연구로 유물의 형태적 측면과 계통적 제반요건을 모두 충족하는 비파형동검에서 기원을 구한 金邱軍의 논고가 있다.[11] 이 연구는 다양한 접근방식을 통하여 단순한 형태론적 시각을 극복하고자 한 점이 높게 평가된다. 그러나 조형론에 앞서 행하여져야 할, 마제석검의 시·공간성에 대한 분석이 없다는 것은 주장의 신빙성을 떨어뜨리고 있다. 또, 석검 자체의 변화과정을 생각하지 않고, 반드시 어떤 器物을 모방해서 만들어졌다는 전제도 쉽게 받아들이기 어렵다. 결국, 다각적 분석방법에도 불구하고 가장 기초적인 연구를 행하지 않음으로써, 형태론적 유사성에 기초한 조형설정이라는 기존 연구성과의 범주에서 벗어나지 못하였다고 판단된다.

동검 조형론을 부정하는 입장의 시초로는 김용간의 논고를 들 수 있다.[12] 그는 마제석검 가운데 일부 청동기를 모방한 것도 있지만, 대부분은 그 자체로서의 형식발전을 거친 것이라 주장하였다. 한편, 金英夏는 그 당시까지 발표된 모든 동검 조형론을 부정하면서 무문토기나 지석묘 등이 지니는 문제와 함께 검토해야 된다는 견해를 피력하였다.[13] 물론, 대안으로서 구체적인 석검의 기원을 제시하지 않았다는 문제점이 있지만, 유물의 형태에 집착하여 무리한 형식발전론을 전개하는 기존의 연구를 부정하고 공반유물의 검토와 같은 보다 신빙성 있는 고고학 자료의 확보와 이를 통한 문화적 맥락 속에서 석검의 위치 부여를 주장한 측면은 지금의 관점으로 볼 때 卓見이라 생각한다.

이상의 연구와는 달리 석검의 기원을 二元的으로 보는 견해도 있다. 田村晃一은 그동안 형식분류의 기준으로 사용되지 않았던 劍身形態에 주목하여 한반도 출토 마제석검을 2개의 그룹으로 구분하였으며, 각각의 그룹은 조형을 달리

---

9) 全榮來, 1982, 「韓國磨製石劍·石鏃編年에 關한 研究」『馬韓·百濟文化』4·5, 圓光大學校馬韓百濟文化研究所, pp.6~11.

10) 柳田康雄, 2004, 「日本·朝鮮半島の中國式銅劍と實年代論」『九州歷史資料館研究論集』29, 九州歷史資料館, pp.29~30.

11) 金邱軍, 1996, 앞의 논문.

12) 김용간, 1964, 「우리나라 청동기시대의 년대론과 관련한 몇 가지 문제」『고고민속』2, 사회과학원출판사, pp.15~16.

13) 金英夏, 1978, 「磨製石劍存疑」『考古美術』136·137, 韓國美術史學會.
______, 1979, 「磨製石劍의 祖型에 관하여」『韓國史研究』24, 韓國史研究會.

하는 것으로 파악하였다.[14] 1그룹은 기존의 석기 전통을 조형으로 하면서 후에 비파형동검의 영향을 받은 것으로 생각하였으며, 이와 달리 2그룹은 桃氏劍을 모방한 것으로 보았다. 그리고 각 그룹 사이에 접촉은 있었지만, 양자는 기본적으로 계통이 다른 것이라 주장하였다. 청동기시대의 시간 폭이나 석검의 다양한 형식을 생각할 때, 충분히 타당성 있는 견해라 판단된다.

석검의 기원에 대해서는 연구자에 따라 다양한 의견이 제시된 반면, 마제석검의 편년, 특히 발생시기에 관해서는 어느 정도 일치된 견해를 보이고 있다. 有光教一이 조형설을 바탕으로 석검의 발생을 세형동검보다 늦은 시기로 파악한 이후,[15] 이에 대한 반대 의견이 학계의 정설을 이루면서 대체로 B.C. 7세기 발생설이 大勢를 차지하게 된다. 그러나 이들은 대부분 부족한 자료를 편년설정의 근거로 하였기 때문에 그대로 받아들이기에는 무리가 있다. 이에 반하여 李榮文은 비교적 최근의 고고학 자료와 방사성탄소연대를 근거로 석검의 발생시기를 상향조정할 필요성을 언급하였는데,[16] 현재의 발굴성과를 통해 볼 때 적절한 견해라 판단된다. 한편, 석검의 구체적인 변화상에 대하여 沈奉謹의 연구성과를 참조하면,[17] 이른 시기부터 有莖式과 有柄式이 공반함을 알 수 있다. 또, 古式의 특징으로 血溝의 존재를 들 수 있으며, 二段柄式이 一段柄式보다 먼저 소멸되는 것과 함께 가장 마지막 단계에 이르러 柄部가 과장된 퇴화형 석검이 등장한다는 사실을 지적할 수 있다.

다음으로 석검의 형식분류에 대한 제견해를 살펴보자. 형식분류에 있어서도 역시 有光教一의 연구를 가장 먼저 언급할 필요가 있다.[18] 그는 基部의 형태를 근거로 有莖式, 有柄式, 無莖無柄式, 柳葉式의 4형식으로 구분하고, 이를 다시 血溝와 段의 有無에 의하여 세분하였다. 이에 대하여 金良善은 유엽식의 일관되지 못한 기준 적용을 지적하면서 이를 제외한 분류안을 제시하였으며,[19] 이러한 연구성과는 이후의 全榮來,[20] 李榮文[21]의 형식분류에 그대로 적용되고 있다. 한

---

14) 田村晃一, 1988, 「朝鮮半島出土の磨製石劍について」『MUSEUM』452, 東京國立博物館.

15) 有光教一, 1959, 앞의 책.

16) 李榮文, 1997, 「全南地方 出土 磨製石劍에 관한 硏究」『韓國上古史學報』24, 韓國上古史學會, pp.61~65.

17) 沈奉謹, 1989, 「日本 彌生文化 初期의 磨製石器에 대한 硏究」『嶺南考古學』6, 嶺南考古學會.

18) 有光教一, 1959, 앞의 책, pp.14~16.

19) 金良善, 1962, 앞의 논문, pp.8~9.

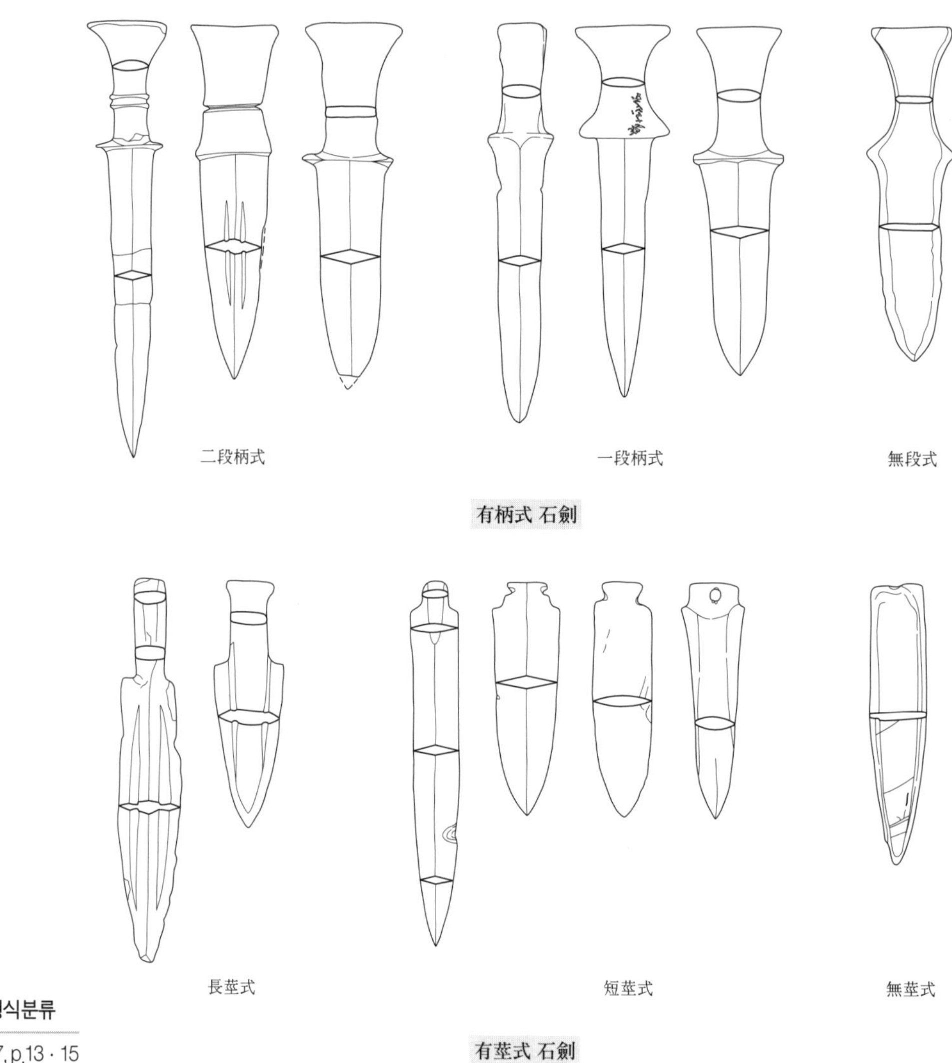

그림 2 | 마제석검 형식분류

李榮文 1997, p.13 · 15

편, 尹德香은 柄의 제작방법을 기준으로 하여 有莖式, 一段柄式, 二段柄式으로 구분하였으나,[22] 역시 有光教一의 연구성과에서 크게 벗어난 것은 아니다. 尹德香의 분류안과 유사한 형식분류로는 安在晧,[23] 河仁秀[24] 등의 연구와 최근 발표

20) 全榮來, 1982, 앞의 논문, pp.3~5.

21) 李榮文, 1997, 앞의 논문, pp.12~14.

22) 尹德香, 1977, 『韓半島 磨製石劍의 一考察』, 서울大學校大學院 碩士學位論文, pp.22~24.

된 朴宣映의 有柄式石劍에 대한 분류가 있다.[25] 이상과 같이 마제석검에 대한 다양한 형식분류가 존재하지만, 세부적으로 약간씩 차이가 있을 뿐 기본적으로는 모두 有光敎一의 분류를 그대로 따르고 있다고 할 수 있다.[26] 이와 다른 방향의 연구로는 金昌鎬의 형식분류를 들 수 있다.[27] 그는 有柄式石劍의 鐔部(劍身部와 柄部의 연결부분)가 기술적인 측면에서 가장 중요하다고 판단하여 이를 분류의 기준으로 하였다. 그러나 기준의 설정에 있어 객관성이 결여되어 있으며, 분류된 형식 또한 이를 다른 고고학 자료에 적용시키기에는 무리가 있다.

사진 2 | 송국리유적 출토 목병 착장 석검

국립중앙박물관 1987

마지막으로 언급할 마제석검의 기능과 제작에 대한 연구성과는 상대적으로 적은 편이다. 기능에 대해서 尹德香은 석검의 형태와 출토 유구에 따라 실용성 여부를 판단하였는데,[28] 이 가운데 형태에 의한 구분은 개인적 直觀에 의존하고 있어 객관성이 없다고 판단된다. 석검이 출토된 유구의 성격에 따른 구분은 이후의 연구에도 그대로 받아들여져, 무기, 생활용구, 부장품, 身分象徵儀器, 祭儀와 관련된 埋納用 등 다양한 기능이 추정되고 있다.[29] 그러나 유구의 성격과 출토된 유물의 기능이 항상 일대일로 대응하는 것은 아니다. 입지상 우위를

---

23) 安在晧, 1990, 『南韓 前期無文土器의 編年』, 慶北大學校大學院 碩士學位論文, pp.4~6.

24) 河仁秀, 1992, 「嶺南地方 支石墓의 型式과 構造」『伽耶考古學論叢』1, 駕洛國史蹟開發硏究院, pp.87~91.

25) 朴宣映, 2004, 『南韓 出土 有柄式石劍 硏究』, 慶北大學校大學院 碩士學位論文, pp.14~28.

26) 柄部를 기준으로 한 이러한 형식분류는 최근의 연구사례에 있어서도 큰 변화없이 그대로 적용되고 있다.

劉香美, 2005, 『錦江流域 靑銅器時代 磨製石劍에 대한 硏究』, 全北大學校大學院 碩士學位論文, p.25.

成璟瑭, 2005, 『韓國 南西部地域 支石墓 出土 石劍 小考』, 全南大學校大學院 碩士學位論文, pp.46~48.

27) 金昌鎬, 1981, 「有柄式石劍 型式 分類 試論」『歷史敎育論集』2, 慶北大學校師範大學歷史科.

28) 尹德香, 1977, 앞의 책, pp.54~59.

29) 李榮文, 1997, 앞의 논문, pp.60~61.

보이는 대형 주거지에서 주로 마제석검이 출토된다는 최근의 연구를 보면,[30] 주거지 출토품 가운데에서도 상징적 성격이 강한 것이 있음이 짐작된다. 또, 석검의 부장 의미가 시기적 흐름에 따라 유력자의 상징적 성격에서 의례적 성격으로 변화되었다는 견해도 발표되고 있어 주목된다.[31] 한편, 제작에 대해서는 전문적인 제작집단이 추정되고 있는데, 그 근거로는 석재의 무늬를 그대로 살린 완벽한 좌우대칭 석검의 존재, 크기와 형태가 일정한 것이 많다는 점 등을 지적하고 있다.[32] 이밖에 석검의 장착법과 관련하여 有莖式을 석창으로 복원한 경우가 있었으나,[33] 松菊里遺蹟에서 木柄이 출토된 이후로는 대부분 석검으로 파악하고 있다.[34] 그러나 형태상으로 볼 때 유경식석검과는 분명한 차이가 확인되는 것이 있기 때문에 석창의 존재 가능성도 높다고 생각한다.

2) 石鏃

석촉은 마제석기 가운데에서도 가장 많은 출토량을 보이는 유물이다. 그러나 본 장에서 다루는 다른 기종에 비하여 석촉에 대한 연구가 가장 부족한 실정이다. 1990년대에는 다른 연구를 위한 편년의 기준으로 석촉을 분류하거나 한 지역의 통시대적인 석촉 변화를 분석한 논고가 일부 발표된 바 있지만, 청동기시대의 마제석촉만을 집중적으로 분석한 연구는 전혀 없다. 2000년 이후 세 편의 논고가 발표되었는데, 앞으로 보다 본격적인 연구가 진행될 것으로 기대된다. 마제석촉에 대한 연구사는 특별히 주제별로 구분하지 않고 정리하였다. 이는 상기한 바와 같이 연구성과가 소수에 불과하기 때문이다.

한반도 출토 석촉에 대한 연구는 藤田亮策에 의하여 최초로 시도되었다.[35] 물론, 이 논고가 마제석촉을 대상으로 한 본격적인 연구라고는 할 수 없다. 그러나 석촉의 연구사에 있어서 차지하는 의미는 크다. 형식의 명칭에 문제가 있는 것은 사실이지만, 無莖三角式, 柳葉式, 有柄式의 세 가지 분류는 이후의 많은 연

30) 朴姿姸, 2002, 『青銅器時代 住居址 內의 遺物分布에 대한 硏究』, 嶺南大學校大學院 碩士學位論文, pp.67~70.

31) 朴宣映, 2004, 앞의 책, pp.75~88.

32) 金仙宇, 1994, 「한국 마제석검의 연구 현황」 『韓國上古史學報』 16, 韓國上古史學會, pp.397~398.

33) 崔夢龍, 1975, 「月出山地區의 先史遺蹟」 『文化人類學』 7, 韓國文化人類學會, pp.73~76.

34) 李榮文, 1997, 앞의 논문, p.55.

35) 藤田亮策, 1948, 『朝鮮考古學硏究』, 高桐書院, pp.128~130.

구에서도 기본적으로 받아들여지는 기준이 되고 있다. 또, 길고 정교하게 제작된 석촉의 부장용 가능성을 지적한 점은 이후의 연구성과를 볼 때 뛰어난 안목이라 할 수 있다. 다만, 이러한 長身形石鏃이 최근에는 주거지에서도 다량으로 출토되고 있기 때문에, 이를 모두 부장용으로 보는 것은 어렵다고 판단된다. 장신형석촉에 대해서는 형태와 관련하여 주된 기능을 殺傷으로 파악하는 견해도 있다.[36)]

1950년대와 60년대에는 주목할 만한 북한 측 연구성과가 있다. 먼저, 황기덕은 마제석촉을 단면의 특징을 기준으로 하여 平六角形, 菱形, 三菱形, 長楕圓形으로 구분하였다.[37)] 이 가운데 평육각형은 서북지방의 신석기시대 유적에서 출토되었으며, 이것이 청동기시대 초기까지 한반도 전역으로 파급되었다고 보았다. 한편, 능형 중에서는 兩翼菱形鏃을 角形土器 유적의 표지적 유물로 판단하고, 이를 한반도 청동기시대 초기에 유행한 형식으로 파악하였다. 이밖에 삼릉형이나 장타원형은 한반도의 북쪽 지역에서 주로 출토되는 것으로 보았다. 이후 그는 다른 논고를 통하여 석촉의 날개가 있는 것을 무기, 날개가 없는 것을 수렵용으로 파악하였으며, 이를 근거로 청동기시대에 전쟁이 빈번하였음을 지적하였다.[38)] 이러한 견해는 신석기시대부터 고려시대에 이르는 석촉의 전반적인 변화상을 언급한 박진욱의 연구에 그대로 적용되고 있다.[39)]

한반도 마제석촉에 대한 최초의 종합적인 연구는 任世權에 의하여 시도되었다.[40)] 그 이전 崔夢龍,[41)] 李白圭[42)] 등에 의하여 석촉의 분류가 행하여진 바 있으나, 모두 주요 분석대상으로 석촉을 연구한 것이 아니기 때문에 특별히 주목할 만한 내용은 없다. 任世權은 석촉의 형식을 몸통의 단면형태를 근거로 마름모촉과 납작촉으로 1차 분류한 다음, 다시 경부 또는 석촉 아래쪽의 형태를 통하여 세분하였다. 분석결과의 가장 중요한 내용은 형식의 차이를 시기적인 선후관계보

---

36) 鄭澄元, 1991, 「初期農耕遺跡の立地環境」『日韓交渉の考古學』, 六興出版, p.38.
37) 황기덕, 1958, 「조선에서 나타난 활촉의 기본 형태와 분포」『문화유산』6, 과학원출판사.
38) 황기덕, 1965, 「무덤을 통하여 본 우리나라 청동기시대 사회관계」『고고민속』4, 사회과학원출판사, p.19.
39) 박진욱, 1967, 「우리나라 활촉의 형태와 그 변천」『고고민속』1, 사회과학원출판사, pp.29~30.
40) 임세권, 1977, 「우리나라 마제석촉의 연구」『韓國史研究』17, 韓國史研究會.
41) 崔夢龍, 1973, 「潭陽齊月里의 石器文化」『湖南文化研究』5, 全南大學校湖南文化研究所, pp.15~18.
42) 李白圭, 1974, 「京畿道 出土 無文土器 磨製石器」『考古學』3, 韓國考古學會, pp.76~77.

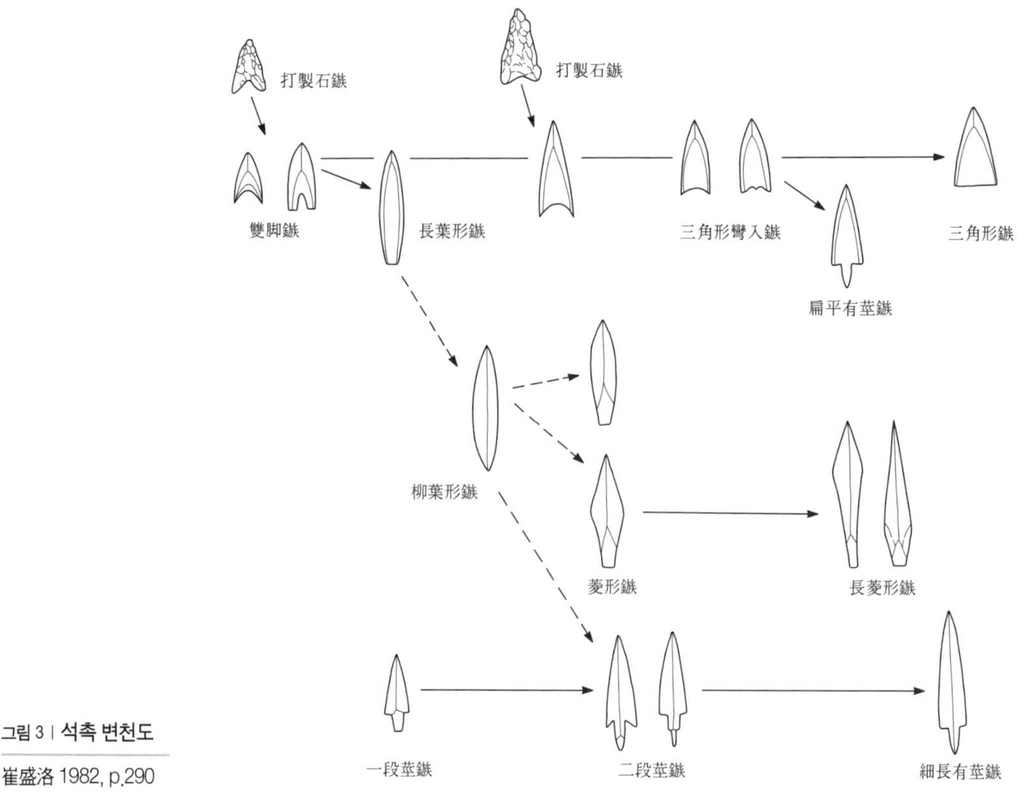

그림 3 | 석촉 변천도

崔盛洛 1982, p.290

다는 기능적, 지역적, 종족적 특징으로 파악한 것이다. 그러나 상기한 황기덕의 날개 유무에 의한 기능차이에 대해서는 부정적인 견해를 피력하고 있다. 한편, 석촉 형태의 정교함을 근거로 전문집단에 의한 제작을 추정하였으나, 과연 그가 주장하는 바와 같이 석촉의 제작에 고도의 정밀성이 요구되는지는 의문이다.

1982년에 발표된 崔盛洛의 논고는 한반도 마제석촉에 대한 가장 대표적인 연구라 할 수 있다.[43] 그는 선학의 연구성과를 토대로 석촉을 無莖式, 中間式, 有莖式으로 구분한 다음, 다시 전반적인 형태를 고려하여 세분하였다. 그리고 공반유물의 검토를 바탕으로 打製石鏃, 柳葉形鏃, 菱形鏃 등을 청동기시대의 이른 시기로, 三角形鏃, 長菱形鏃, 細長有莖鏃을 늦은 시기로 상정하였다. 또, 석촉의 제작이나 기능에 대한 문제도 언급하였는데, 이러한 분석결과가 기존의 연구성과

43) 崔盛洛, 1982, 「韓國 磨製石鏃의 考察」『韓國考古學報』12, 韓國考古學硏究會.

와 크게 다른 것은 아니다. 그러나 검토대상 자료를 다수 확보하였으며, 이론적 배경을 밝히거나 통계적 방법을 사용하는 등 분석의 신뢰도를 높인 점은 주목된다. 즉, 이 연구가 높게 평가되는 것은 새로운 사실의 발견이라기보다는 객관성을 확보하기 위하여 노력한 측면이라 생각한다.

한편, 석촉만을 연구대상으로 한 것은 아니지만, 편년의 주요 자료로서 석촉을 이용한 예가 있다. 먼저, 全榮來의 연구는 석검의 획기 설정을 위한 보조자료로 석촉을 분류하였다.[44] 따라서 석검과 공반 출토된 자료만을 분석대상으로 하였기 때문에 마제석촉의 전반적인 성격을 논하기에는 무리가 있다. 이러한 검토대상 자료의 범위 축소 문제는 安在晧의 연구에도 그대로 적용되지만, 석촉을 중심으로 석검을 편년하였다는 점에서 차이가 있다.[45] 그의 연구에서는 석촉의 莖部를 가장 중요한 형식학적 속성으로 판단하였으며 崔盛洛이 모두 二段莖式으로 파악한 형태[46] 가운데 一段莖式이 존재함을 지적하였는데, 이들 모두는 탁견이라 생각한다. 또, 그가 제시한 三角形灣入鏃 → 二段莖鏃 → 一段莖鏃 → 長菱形鏃의 석촉 변화상은 현재의 발굴성과와 가장 잘 부합하는 연구성과로 판단된다.

이밖에 朴埈範은 한강유역 출토 석촉에 대하여 신석기시대부터 철기시대까지의 변화양상을 언급하였다.[47] 그러나 비교적 좁은 지역의 긴 시간적 변천에 대하여 기술하고 있어, 청동기시대의 마제석촉에 대한 분석내용을 일반적인 양상으로 받아들이기에는 무리가 있다. 다만, 그동안 우리나라에서 거의 관심을 두지 않았던 시대별 전환과정을 언급한 것이나, 마제석기의 소멸기에 해당하는 철기시대까지 분석 대상범위를 확대한 점은 주목된다.

최근의 연구성과로는 黃昌漢,[48] 李錫凡,[49] 中村大介[50]의 논고가 있다. 먼저, 黃昌漢은 석촉의 제작에 대하여 청동기시대 전기에 擦切技法이 이용되다가 송국리문화의 시작과 함께 船形으로 석기를 제작한 후 마연하여 완성하는 방법이

44) 全榮來, 1982, 앞의 논문.

45) 安在晧, 1990, 앞의 책, pp.2~16.

46) 崔盛洛, 1982, 앞의 논문, p.270.

47) 朴埈範, 1998, 『한강유역 출토 돌화살촉에 대한 연구』, 弘益大學校大學院 碩士學位論文.

48) 黃昌漢, 2004, 「無文土器時代 磨製石鏃의 製作技法 硏究」『湖南考古學報』20, 湖南考古學會.

49) 李錫凡, 2004, 「嶺南地域 磨製石鏃의 型式分類」『嶺南文化財硏究』17, 嶺南文化財硏究院.

50) 中村大介, 2005, 「無文土器時代前期における石鏃の變遷」『待兼山考古學論集』都出比呂志先生退任記念, 大阪大學考古學硏究室.

사진 3 | 선형석기

국립대구박물관 2005

새롭게 등장한 것으로 보았으며, 이를 사회적인 변화와 관련된 제작기법상의 획기로 해석하였다. 한편, 마제석촉의 형식에 대해서는 신석기시대의 전통을 계승하는 無莖式과 청동촉의 영향에 의한 有莖式이 각각 계통을 달리하는 것으로 파악하였다. 이와 달리 中村大介는 無莖式의 중국 동북지방 기원설을 주장하였는데, 보다 구체적인 자료를 제시하였다는 점에서 객관성을 높이고 있다. 그러나 청동기시대 전기의 석촉을 언급하면서 有莖式과의 관계를 소홀히 다룬 점은 문제가 아닐 수 없다. 이밖에 李錫凡의 연구는 영남지방 마제석촉의 변화상에 대하여 언급하고 있는데, 최근 활발히 전개되고 있는 영남지방의 지역성 연구[51]와 궤를 같이하는 것으로 판단된다.

3) 石刀

석도에 대해서는 청동기시대의 대표적인 농경도구라는 중요성으로 인하여 1980년대까지 활발한 연구가 진행되었다. 이후 90년대에는 이렇다 할 연구성과가 보이지 않다가 2000년대에 이르러 새로운 논문이 일부 발표되고 있다. 지금까지 발표된 연구는 주로 형식분류, 편년 및 지역상, 제작 및 사용방법 등에 관한 문제를 다루고 있다.

석도의 형식분류는 여러 학자들에 의하여 시도되었는데, 주로 外形을 기준으로 형식을 설정하였다. 석도에 대한 본격적인 형식분류가 최초로 시도된 것은 1955년 安志敏에 의해서이다.[52] 그는 중국에서 발견된 석도를 집성하여 有孔 또는 兩側帶缺口, 鎌形, 有柄으로 구분하였으며, 유공을 다시 長方形石刀와 半月形

51) 董眞淑, 2003, 『嶺南地方 靑銅器時代 文化의 變遷』, 慶北大學校大學院 碩士學位論文.
黃炫眞, 2004, 『嶺南地域의 無文土器時代 地域性硏究』, 釜山大學校大學院 碩士學位論文.
裵眞晟, 2005, 「檢丹里類型의 成立」 『韓國上古史學報』48, 韓國上古史學會.

52) 安志敏, 1955, 「中國古代的石刀」 『考古學報』10, 科學出版社, pp.32~36.

石刀로 분류하였다. 安志敏의 형식분류는 석도의 형식분류에 있어서 최초로 뚜렷한 기준을 제시하였다는 데에 의미가 있다.

한반도 출토 석도에 대한 형식분류는 崔淑卿에 의하여 시작되었다.[53] 崔淑卿은 석도가 칼날의 사용을 목적으로 하는 도구임에 착안하여 이를 형식분류의 기준으로 삼았다. 형식분류는 크게 單刃類와 兩刃類로 구분하고 이를 다시 外彎刃, 直刃, 三角形二斜邊刃의 세 가지 형식으로 나누었다. 이러한 형식분류는 한반도 출토 석도에 대한 최초의 형식분류라는 연구사적인 의미 이외에, 단순한 외형에 의한 형식분류에서 벗어나 석기의 사용 목적에 관련된 속성을 분류의 1차 기준으로 설정하였다는 점에서 높게 평가된다.

한편, 金元龍은 崔淑卿의 형식분류를 기본으로 하면서 이에 型式發展序列을 참작하여 長方形, 櫛形, 魚形, 短舟形, 長舟形, 三角形의 여섯 가지로 형식을 구분하였다.[54] 그의 이러한 형식설정은 크게 두 가지 점에서 연구사적 의의를 지닌다. 첫 번째로 형식설정에 있어서 형식발전과정을 결부시켰다는 점이다. 이는 단순한 記述의 편의를 위한 형식설정에서 벗어나 문화복원을 염두에 둔 형식설정이 이루어졌음을 의미한다. 두 번째로는 한반도 석도의 형식분류에 기본적인 모델을 제시하였다는 점을 지적할 수 있다. 물론, 그의 형식분류가 기존 선학들의 연구성과와 크게 다르다고는 할 수 없다. 그러나 그가 제시한 형식분류방법이나 形式名은 한반도 석도 연구의 기준이 되어 현재까지도 석도의 형식설정에서 가장 일반적으로 받아들여지고 있는 실정이다. 2000년 이후의 최신 연구사례에서도 자료의 증가에 의하여 새로운 형식이 몇 가지 추가되었을 뿐, 석도의 外觀을 기준으로 하는 분류안을 그대로 채택하고 있다.[55]

다음으로 석도의 편년과 지역상에 대한 대표적인 연구를 살펴보겠다. 이는 석도에 대한 연구 가운데 가장 활발하게 논의된 주제라고 할 수 있다. 한국 · 중국 · 일본의 여러 학자들은 석도의 변천 및 지역상에 대한 문제를 통하여 석도의 발생과 전개, 나아가 농경의 기원과 전파문제 등의 해결을 시도하고 있다.

---

53) 崔淑卿, 1960, 「韓國摘穗石刀의 硏究」『歷史學報』13, 歷史學會, pp.26~28.

54) 金元龍, 1972, 「韓國 半月形石刀의 發生과 展開」『史學志』6, 檀國大學校史學會, pp.3~4.

55) 董眞淑, 2001, 「半月形石刀의 一考察」『博物館硏究論集』8, 釜山博物館, pp.54~71.
孫晙鎬, 2002, 「韓半島 出土 半月形石刀의 變遷과 地域相」『先史와 古代』17, 韓國古代學會, pp.111~119.

한반도 석도의 기원으로 생각되는 중국 동북지방 출토품에 대한 분석으로는 安志敏의 연구가 대표적이다.[56] 그는 중국에서 출토된 석도가 시간의 흐름에 따라 동북지역으로 확산되면서 兩側帶缺口石刀 → 長方形石刀 → 半月形石刀의 순으로 변화하였다고 보았으며, 半月形의 발생에는 蚌刀의 영향이 있었음을 지적하였다. 安志敏의 연구가 당시의 중국 전역에서 출토된 석도를 대상으로 한 것임에 반하여, 동북지방에서 출토된 석도만을 다룬 것으로는 瑜琼의 연구가 있다.[57] 이 연구에 의하면 중국 동북지방의 석도는 B.C. 3,500년에 등장하여 기원전후에 소멸하였으며, 시기적 변천에 따라 구멍의 위치가 背部에서 刃部쪽으로 이동하였음을 알 수 있다.

한국 · 중국 · 일본을 포함한 동아시아 전체에서 출토된 석도를 대상으로 한 연구는 주로 日本人 학자들에 의하여 시도되었는데, 그들은 이러한 연구를 통하여 일본 稻作農耕의 계보를 밝히고자 하였다. 먼저, 石毛直道의 연구는 일본에서 출토된 석도의 祖型을 중국의 長江 하류에서 구하고 있다.[58] 그는 이 지역의 석도가 한반도 남부와 일본의 九州地域에 전래된 것으로 생각하였다. 그러나 이러한 견해는 이후의 연구성과에 의하여 부정되고 있는 실정이다. 下條信行은 일본에서 이른 시기에 확인되는 外彎刃半月形石刀의 계보를 한반도 남부지방에서 구하고 있다.[59] 또한, 그는 석도의 擦切技法[60]과 背部弧度[61]에 관한 일련의 연구를 통하여 요동반도 → 한반도 → 일본으로의 석도 계보관계를 증명하고 있다. 세부적인 차이는 있지만, 寺澤薰도 역시 石毛直道의 견해를 부정하면서 기본적으로는 下條信行의 주장과 유사한 견해를 발표하고 있다.[62]

한반도 출토 석도의 편년 및 지역상에 관한 본격적인 연구는 金元龍에 의하여 시작되었다.[63] 그의 연구에 의하면 한반도의 석도는 시기적 변천에 따라 櫛

---

56) 安志敏, 1955, 앞의 논문.

57) 瑜 琼, 1990, 「東北地區半月形穿孔石刀研究」『北方文物』1, 北方文物出版社.

58) 石毛直道, 1968, 「日本稻作の系譜(下)」『史林』51-6, 史學研究會.

59) 下條信行, 1980, 「東アジアにおける外灣刃石庖丁の展開」『鏡山猛先生古稀記念古文化論攷』.

60) 下條信行, 1987, 「東アジアにおける擦切技法について」『東アジアの考古と歴史』上-岡崎敬先生退官記念論集, 同明舍.

61) 下條信行, 1988, 「日本石庖丁の原流」『日本民族 · 文化の生成』1-永井昌文教授退官記念論文集, 六興出版.

62) 寺澤薰, 1996, 「日本稻作の系譜と照葉樹林文化論」『季刊考古學』56, 雄山閣.

形 → 魚形 → 短舟形 → 長舟形 · 三角形의 순으로 변화 · 발전하였으며, 長方形石刀의 경우는 이와 달리 큰 형태의 변화 없이 지속적으로 사용되었다고 한다. 석도의 존속시기는 대체로 B.C. 1,000년 전후에 나타나기 시작하여 기원 초기까지 사용된 것으로 파악하였다. 그리고 B.C. 300년을 전후하여 석도가 稻作栽培와 본격적으로 관련되었을 가능성이 높음을 지적하였는데, 특히 三角形石刀의 등장과 稻作의 관련성을 언급한 점은 높게 평가된다.

安承模는 이러한 金元龍의 연구를 더욱 진전시켰다.[64] 그의 연구에 의하면 한반도 석도의 전파 과정은 遼東半島를 통하여 한반도 서북지방으로 들어온 것과 滿洲地方을 가로질러 한반도 동북지방으로 전래된 2가지의 루트가 상정된다. 또, 석도의 형식별 변천은 長方形→短舟形으로의 변화와 魚形→櫛形 · 長舟形→短舟形→三角形으로의 2가지 흐름이 존재하였음을 지적하면서 각 형식은 시기적 차이도 있으나 지역적 차이가 더 크다고 주장하였다.

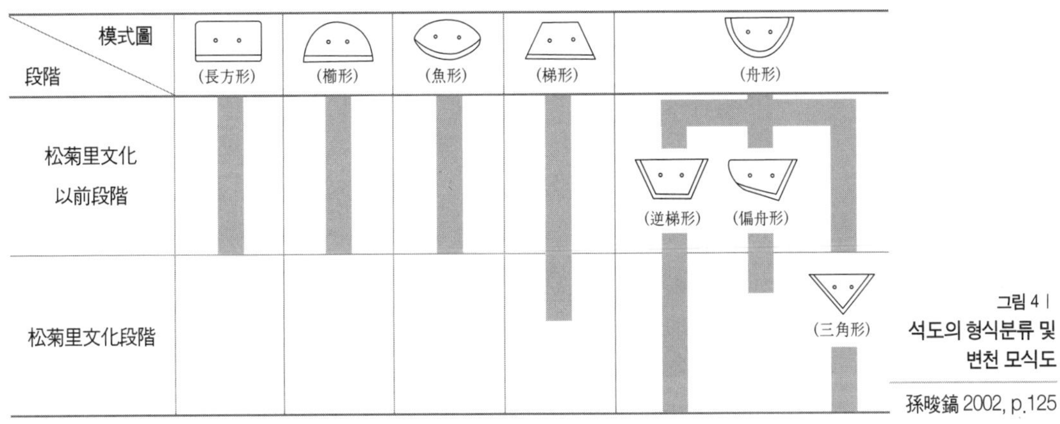

그림 4 | 석도의 형식분류 및 변천 모식도

孫晙鎬 2002, p.125

한편, 三角形石刀의 발생에 대한 문제는 崔淑卿이 表裏面을 모두 사용하기 위한 改良의 과정에서 直線刃이 발생하였다는 견해[65]를 제시한 이후 製作上의 簡略化,[66] 날의 사용면적을 최대한 넓히기 위한 시도,[67] 작업대상물의 차이에

63) 金元龍, 1972, 앞의 논문.

64) 安承模, 1985, 『韓國半月形石刀의 硏究』, 서울大學校大學院 碩士學位論文.

65) 崔淑卿, 1960, 앞의 논문, p.35.

66) 金元龍, 1963, 「靈岩郡 月松里의 石器文化」『震檀學報』24, 震檀學會, p.141.

67) 安承模, 1985, 앞의 책, p.54.

의한 석도 사용방법의 변화[68] 등 기능적인 측면에서의 설명이 주를 이루고 있다. 이와 달리 崔夢龍은 삼각형석도를 長舟形石刀 파손품의 再加工 과정에서 발생한 것으로 파악하여 특수한 목적을 위하여 고안된 것이 아님을 주장하였으나,[69] 사용과 재가공이 반복되는 석도의 기본적인 성격을 고려해 볼 때 단 1점의 재가공 석도를 통하여 삼각형석도의 발생을 논한다는 것은 무리가 있다. 이밖에 삼각형석도만을 연구의 대상으로 한 金相冕[70]과 崔仁善[71]의 연구는 모두 기능적인 효율성을 바탕으로 삼각형이 발생하였다는 선학의 연구를 수용하면서 그 배경에 稻作農耕의 成熟이 있었음을 지적하고 있다.

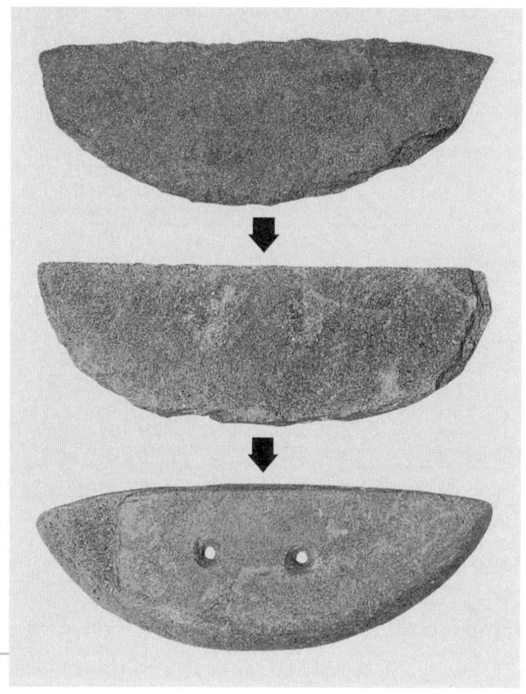

사진 4 | **반월형석도의 제작과정**

복천박물관 2003

마지막으로 살펴 볼 제작 및 사용방법에 대한 연구는 비교적 최근에 진전된 성과가 발표되고 있다. 석도의 제작에 대해서는 진주 대평리유적 출토품을 대상으로 한 洪性雨의 연구[72]와 유적에 관계없이 제작공정을 잘 보여주는 유물들을 분석한 필자의 논고가 있다.[73] 양자의 연구대상은 약간의 차이가 있지만 분석결과는 거의 일치한다. 즉, 석도의 제작공정은 打擊 → 略磨 → 透孔 → 精磨 또는 打擊 → 略磨 → 精磨 → 透孔의 경우

68) 全榮來, 1987, 「石器의 比較(日本과의 比較)」 『韓國史論』17, 國史編纂委員會, pp.191~198.

69) 崔夢龍, 1976, 「康津琶山里 出土의 磨製石器類」 『韓國考古』3, 서울大學校文理科大學考古人類學科, p.153.

70) 金相冕, 1985, 『三角形石刀의 一硏究』, 嶺南大學校大學院 碩士學位論文, pp.27~34 · 46~48.

71) 崔仁善, 1985, 「韓國交刃石刀에 對한 考察」 『全南文化』3, 全南大學校全南文化硏究會, pp.25~30.

72) 洪性雨, 2002, 「玉房 1, 9地區 出土 半月形石刀의 製作方法에 대해서」 『晋州 大坪 玉房 1·9地區 無文時代 集落』, 慶南考古學硏究所, pp.425~426.

가 다수를 차지하지만, 반드시 일정한 순서로 이루어진 것은 아님을 알 수 있었다.

석도의 사용방법에 대해서는 石毛直道가 동남아시아, 北海道, 滿洲 등지의 민속예와 模型石刀 사용실험을 통하여 刃部를 지레의 作用點으로 하여 上下방향으로 움직여 이삭을 따는 것임을 밝힌 바 있다.[74] 그 이후 현재까지도 이러한 사용방법이 학계의 정설로 받아들여지고 있다. 최근 使用痕分析을 통한 연구가 日本人 학자들을 중심으로 활발히 진행되면서 이를 한반도 출토품에 적용한 연구사례도 등장하였다. 필자[75]와 高瀨克範・庄田愼矢[76]에 의하여 사용흔분석이 이루어졌는데, 이를 통하여 보다 구체적인 석도의 사용방법을 파악하는 동시에 분석의 객관성을 확보하는 것이 가능하게 되었다. 그러나 아직까지는 분석 사례가 소수에 불과하기 때문에 석도의 사용방법이나 작업대상물에 대한 확실한 결론에 이르기에는 무리가 있다. 앞으로의 자료 축적을 기대해야 한다.

4) 石斧

석부에 대한 연구는 세부 기종별로 구분해서 살펴볼 필요가 있다. 석부는 일차적으로 마제와 타제로 구분되며, 마제석부는 刃部의 형태에 따라 蛤刃을 포함한 兩刃과 片刃으로 세분된다. 편인석부는 다시 柱狀片刃石斧와 有溝石斧, 그리고 비교적 소형 석부인 扁平片刃石斧와 石鑿으로 구분된다. 이밖에 특수한 형태의 석부로서 環狀石斧와 多頭石斧

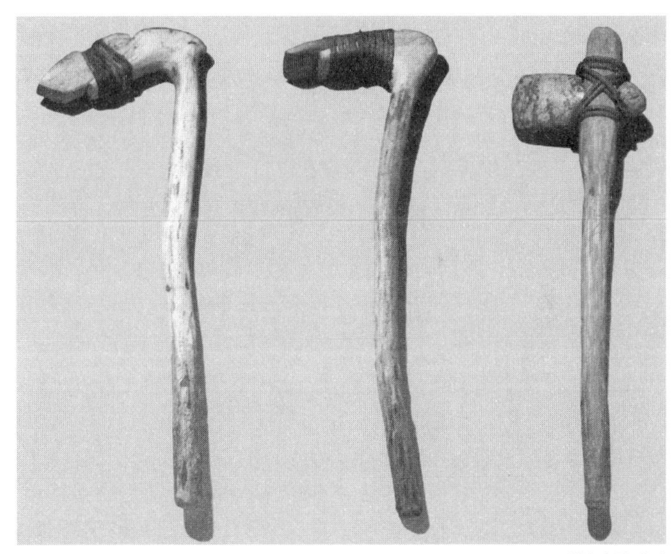

사진 5 | 석부의 착병법

國立光州博物館 1994

73) 孫晙鎬, 2003, 「半月形石刀의 製作 및 使用方法 硏究」 『湖西考古學』 8, 湖西考古學會, pp.83~86.

74) 石毛直道, 1968, 「日本稻作の系譜(上)」 『史林』 51-5, 史學硏究會.

75) 孫晙鎬, 2003, 앞의 논문, pp.87~92.

76) 高瀨克範・庄田愼矢, 2004, 「大邱東川洞遺跡出土石庖丁の使用痕分析」 『古代』 115, 早稻田大學考古學會.

그림 5 |
유구석부 형식분류
盧爀眞 2001, p.5

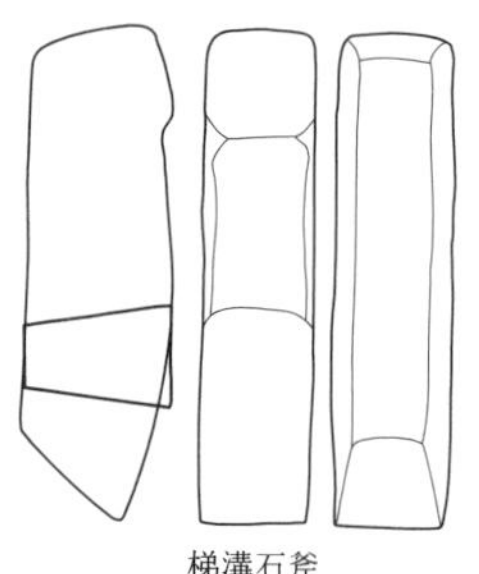
梯溝石斧

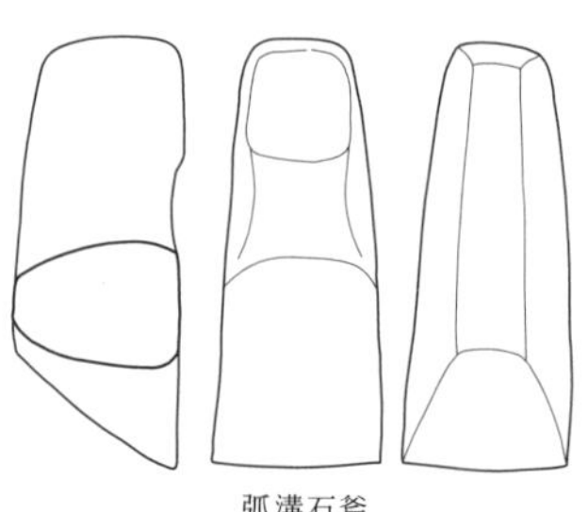
弧溝石斧

등이 있다. 세분된 석부의 기능에 대해서는 타제석부는 굴지구로 상정되며,[77] 대형의 합인석부는 벌채용, 편인석부는 목재의 가공용으로 이용되었다고 본다.[78] 환상석부나 다두석부는 무기의 기능을 갖는 棍棒頭로 추정되는데,[79] 전투 지휘용이나 族長의 象徵具로 보는 견해도 있다.[80]

이 가운데 가장 많은 연구가 이루어진 대상은 有溝石斧이다. 유구석부는 마제석검이나 삼각형석도와 마찬가지로 한반도를 중심으로 분포한다는 특징적인 지역성 때문에 비교적 이른 시기부터 연구자의 관심을 받아왔다. 주요 관심 대상이었던 기원, 용도, 제작에 관한 문제를 각각 살펴보면 다음과 같다.

먼저, 유구석부의 기원에 대한 주장은 華南地方 有段石斧說,[81] 韓半島 西北地方 有段石斧說,[82] 自體發生說[83] 등으로 구분할 수 있다. 그러나 대부분의 연구에 있어서 검토대상 자료가 부족하였기 때문에 주장의 설득력이 없는 편이다. 이러한 자료적 한계를 극복한 최근의 연구성과로는 裵眞晟의 논고가 있다.[84] 그는 기존의 柱狀片刃石斧 기원설[85]과 자체발생설을 조합하여, 한반도의 주상편

77) 安在晧, 2000, 「韓國 農耕社會의 成立」『韓國考古學報』43, 韓國考古學會, p.51.
78) 佐原眞, 1977, 「石斧論」『考古論集』, 松崎壽和先生退官記念事業會編.
79) 尹德香, 1983, 「石器」『韓國史論』13, 國史編纂委員會, p.19.
80) 盧爀眞, 1984, 「江原地方의 磨製石斧」『論文集』2, 翰林大學, p.96.
81) 金元龍, 1965, 「韓國栽稻起源에 대한 一考察」『震檀學報』25・26・27, 震檀學會, pp.305~307.
82) 西谷正, 1969, 「朝鮮半島における初期稻作」『考古學研究』16-2, 考古學研究會, p.108.
後藤直, 1984, 「朝鮮半島における稻作の始まり」『考古學ジャーナル』2, ニュー・サイエンス社, p.9.
83) 盧爀眞, 1981, 「有溝石斧에 대한 一考察」『歷史學報』89, 歷史學會, p.17.
84) 裵眞晟, 2000, 『韓半島 柱狀片刃石斧의 研究』, 釜山大學校大學院 碩士學位論文.
85) 松原正毅, 1971, 「彌生式文化の系譜についての實驗考古學的試論」『季刊人類學』2-2, 京都大學人類學研究會.

인석부가 형식변화를 거쳐 기능이 향상된 것을 유구석부로 파악하였다. 유구석부의 발생은 송국리문화단계에 이루어진 것으로 보았으며, 점토대토기문화단계의 유구석부를 퇴화형으로 간주하였다. 이에 대하여 盧爀眞은 양 시기에 해당하는 유구석부를 각각 梯溝石斧와 弧溝石斧로 명명하고, 이들의 문화 내용이 완전히 다르기 때문에 석부의 출현 배경 또한 別個로 생각해야 한다는 견해를 제시하였다.[86] 단순한 유물의 형식변화라는 관점에서 벗어나 유물이 출토된 문화의 성격을 근거로 한, 새로운 시각이라 판단된다. 그러나 점토대토기문화의 성격에 대해서는 자료의 증가를 기다려야 하는 측면이 있기 때문에, 결론에 신중을 기할 필요가 있다. 한편, 최근 발표된 연구 가운데에서도 有段石錛과의 관련성에 주목하여 華南起源說에 무게를 둔 논고가 있다.[87] 그러나 최신 연구성과임에도 불구하고 유구석부의 형태적인 측면에 집착한 반면, 유물이 출토된 유구나 유적에 대한 성격 파악이 결여되어 있어 객관성이 떨어진다고 판단된다.

유구석부의 용도에 대한 언급은 尹容鎭에 의하여 시작되었다.[88] 그는 燕岩山遺蹟 출토 유구석부의 관찰을 통하여 다양한 기능을 동시에 수행한 萬能石器로서의 역할을 상정하였는데, 이후 金元龍도 文化財管理局 所藏品을 관찰하여 이러한 견해를 지지하였다.[89] 이에 반하여 盧爀眞[90]과 裵眞晟[91]은 때에 따라서 轉用도 가능하지만, 제작자가 의도한 본래의 기능은 목공구였음을 지적하여 만능석기설을 부정하고 있다. 그런데 최근 盧爀眞은 앞서 언급한 새로운 시각의 유구석부 연구를 바탕으로, 용도에 대한 또 다른 견해를 제시하였다.[92] 그는 송국리문화의 梯溝石斧와 점토대토기문화의 弧溝石斧가 소속 문화의 성격에 있어서 큰 차이를 보이기 때문에, 그 기능 또한 달랐을 것이라고 추정하였다. 즉, 제구석부는 목공구, 호구석부는 다목적 도구로 기능을 상정하였는데, 이는 기존의 용도론을 모두 수용할 수 있는 새로운 案이라 판단된다. 그러나 역시 석기의 기능을 파악하기 위해서는 보다 직접적인 연구방법이 요구된다. 최근 일본에서 주상편

---

86) 盧爀眞, 2001, 「有溝石斧 再檢討」『古文化』57, 韓國大學博物館協會.

87) 元重皓, 2000, 『韓半島 有溝石斧 硏究』, 漢陽大學校大學院 碩士學位論文.

88) 尹容鎭, 1969, 「琴湖江流域의 先史遺跡硏究(Ⅰ)」『古文化』5・6, 韓國大學博物館協會, pp.14~15.

89) 金元龍, 1969, 「文化財管理局所藏有溝石斧類」『李弘稙博士回甲紀念韓國史學論叢』.

90) 盧爀眞, 1981, 앞의 논문, pp.11~13.

91) 裵眞晟, 2000, 앞의 책, pp.79~80.

92) 盧爀眞, 2001, 앞의 논문, pp.18~22.

인석부에 대한 사용흔분석이 행하여진 바 있는데,93) 이러한 방법이 유구석부에 도 적용된다면 보다 확실한 용도의 추정이 가능할 것이다.

유구석부의 제작에 관해서는 각각의 단계에 해당하는 자료가 燕岩山遺蹟94)과 伏龍里遺蹟95)에서 조사된 바 있다. 이러한 양호한 자료를 통하여 일련의 제작공정을 파악하는 것이 가능하였는데, 분석결과 대체로 일치된 견해가 제시되었다. 즉, 유구석부의 제작은 대략적인 형태를 만드는 것을 시작으로 세부적인 형태 다듬기, 略磨, 精磨의 순서로 진행되었을 것이라 추정하였다. 유구석부 제작상의 특징으로는 석부의 몸통은 略磨로 처리하고 刃部만 精磨한 경우가 많다는 점을 지적하고 있다.

유구석부 이외의 편인석부에 대한 연구성과는 거의 없다. 한반도 출토 扁平片刃石斧에 대하여 언급한 논고가 있지만,96) 이는 기존에 행하였던 일본 출토품에 대한 형식분류 결과97)에 한반도 출토품을 대입한 것에 불과하다. 또, 논문에 제시된 편평편인석부의 사례 또한 소수에 불과하기 때문에 선택된 자료의 대표

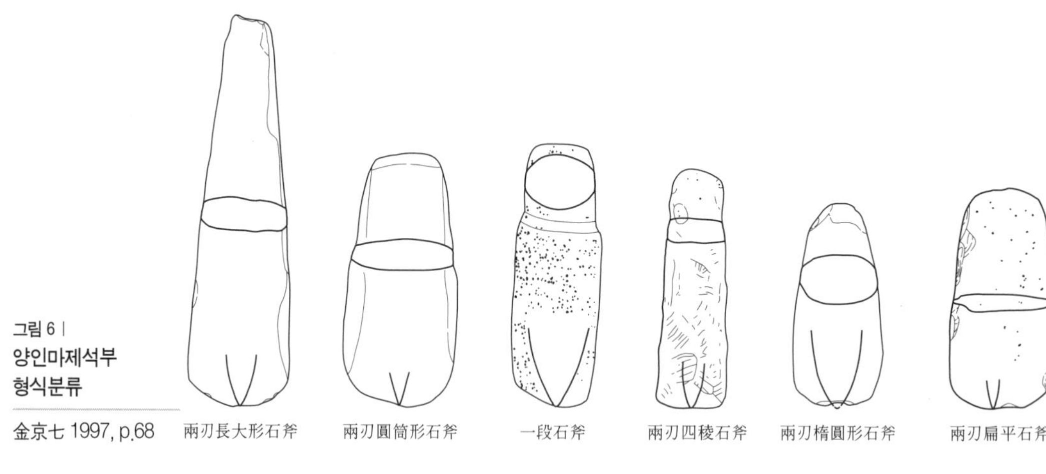

그림 6 | 양인마제석부 형식분류

金京七 1997, p.68

93) 平塚幸人・齋野裕彦, 2003,「片刃磨製石斧の形態と使用痕」『古代』113, 早稻田大學考古學會.

94) 尹容鎭, 1969, 앞의 논문, pp.11~13.

95) 李榮文・金京七・曺根佑, 1996,「新安 伏龍里 出土 石器類」『碩晤尹容鎭敎授停年退任紀念論叢』.

96) 下條信行, 2002,「片刃石斧の型式關係からみた初期稻作期の韓日關係の展開について」『淸溪史學』16・17, 韓國精神文化硏究院淸溪史學會, pp.271~272.

97) 下條信行, 1996,「扁平片刃石斧について」『愛媛大學人文學會創立20周年記念論集』, 愛媛大學人文學會.

성에 의문이 든다. 따라서 이 연구성과를 한반도의 편평편인석부 전체에 대입시키기에는 무리가 있다고 판단된다.

다음으로 살펴볼 蛤刃石斧를 포함한 兩刃石斧에 대한 연구 가운데 한반도 출토품만을 대상으로 한 것은 金京七의 논고가 거의 유일하다.[98] 그 이전에 한강유역 출토 석부에 관한 연구가 있었지만,[99] 자료적 한계와 함께 신석기시대의 석부를 동시에 다루고 있어 청동기시대 마제석부에 대하여 주목할 만한 내용은 보이지 않는다. 金京七은 전남지역에서 출토된 양인석부를 검토대상으로 하여, 크기, 횡단면, 전체적인 외형 등을 기준으로 형식을 분류하였다. 양인석부의 편년 및 지역상에 대한 분석도 시도하였는데, 시기적인 특성보다는 지역별 다양성이 확인되었다. 양인석부의 기능에 대해서는 형식에 따라 伐採, 切開, 掘地, 加工 등 여러 가지 작업에 이용된 것으로 추정하였으며, 이를 통해 청동기시대의 마제석부를 기능이 복합된 만능도구로 보았다.

이밖에 한반도의 양인석부에 대하여 언급한 또 다른 논고로서 下條信行의 연구가 있다.[100] 그는 동북아시아에 있어서 伐採石斧의 전반적인 흐름을 파악하기 위하여 형식분류를 시도하였는데, 크게 棒形과 扁平形으로 구분하고, 봉형을 다시 횡단면의 형태에 따라 타원형과 장방형으로 분류하였다. 한반도에서 벌채석부의 전개양상은 청동기시대에 횡단면 타원형의 봉형(평면 장방형)과 횡단면 장방형의 봉형이 대다수를 이루면서 공존하다가, 시간이 경과함에 따라 횡단면 장방형의 봉형이 소멸되는 양상으로 파악하였다.

한편, 양인석부 가운데 석부의 윗쪽으로부터 1/3~1/2 부분에 段이 형성되어 있는 특이한 형태의 석부가 있다. 이 석부는 다양한 명칭으로 불려지는데, 下條信行은 이를 遼東形伐採石斧라 명명하고, 주요 출토 지역인 遼東半島와 한반도, 러시아에 있어서 각각의 지역적 특성을 비교·검토하였다.[101] 이와 달리 金京七은 기존에 본인이 행하였던 형식분류 명칭을 그대로 이용하여 一段石斧라 부르면서, 석부의 분포 특징과 기능 및 着柄法에 관한 문제 등을 새롭게 언급하였

98) 金京七, 1997, 「全南地方 出土 磨製石斧에 대한 研究」『韓國上古史學報』25, 韓國上古史學會.

99) 김석훈, 1988, 『한강유역 출토 돌도끼의 연구』, 清州大學校大學院 碩士學位論文.

100) 下條信行, 2002, 「北東アジアにおける伐採石斧の展開」『韓半島考古學論叢』, すずさわ書店, pp.137~146.

101) 下條信行, 2000, 「遼東形伐採石斧の展開」『東夷世界の考古學』, 青木書店.

다.[102] 분포의 특징에 대해서는 일단석부가 주로 해안과 인접한 지역에서 확인되며 한반도에 있어서는 주로 남부지역에서만 발견되는 점을 근거로 하여, 遼東半島로부터 海路를 통한 전파의 가능성을 제시하였다. 또, 석부의 기능에 관해서는 伐採, 切開, 掘地 등에 이용된 것으로 파악하였으며, 기능에 적절한 착병법으로는 자루의 구멍에 석부를 삽입시키는 直柄法과 자루 끝에 원통형 홈을 파고 석부를 삽입하는 桶柄法, 그리고 직접 손으로 잡고 사용하는 세 가지 방법을 상정하였다. 그런데 일단석부와 관련하여 한 가지 의문이 드는 것은 발굴조사의 증가에도 불구하고 유적 출토 사례가 거의 없다는 점이다. 지표채집품이 대부분이라는 사실을 볼 때 점토대토기문화와 관련되었을 가능성도 생각되지만, 역시 좀 더 자료의 증가를 기다려야 할 것 같다.

2. 問題提起와 研究方向

1) 問題提起

이상과 같이 한반도 청동기시대 마제석기에 대한 연구성과를 기종별로 간단히 살펴보았다. 기종별로 구분한 다음 다시 연구 주제에 따라 세분하여 연구사를 정리하였기 때문에 시기적 순서에 의한 전반적인 양상을 언급하기에는 무리가 있었다. 여기서 대체적인 흐름만을 이야기하면, 60년대 이후 한・일 양국에서 한반도의 마제석기에 대한 본격적인 연구가 시작된 이후로 80년대 중반까지 활발하게 전개되었으나, 토기나 청동기에 대한 관심이 증가하면서 석기에 대한 연구는 점차 줄어들게 되었다. 이후 90년대 후반부터 새로운 자료의 증가와 함께 연구 분야의 확대 및 심화에 의하여 현재까지 보다 객관적이고 깊이 있는 연구가 진행되고 있다. 이러한 마제석기 연구의 전반적인 흐름에 대한 언급과 함께, 기존 연구성과의 문제점과 이를 해결하기 위한 앞으로의 과제를 제시하고자 한다.

첫 번째로 지적할 사항은 과거의 연구에서 분석의 근간이 된 마제석기 가운데 출토양상을 정확하게 파악할 수 없는 것이 많다는 점이다. 이는 연구가 진행

102) 김경칠, 2003, 「韓半島 出土 一段石斧에 對한 小考」『목포대학교박물관20주년기념논총』, 목포대학교박물관.

된 당시에 활발한 발굴조사가 이루어지지 못하였기 때문이다. 자료의 영세성을 극복하기 위하여 정확한 출토지나 출토유구의 성격, 공반유물과의 관계 등을 알 수 없는 유물도 모두 분석 대상으로 삼았으며, 이로 인하여 분석된 결과가 시간적・공간적인 의미를 가지지 못하는 동시에 그릇된 해석을 가져오기도 하였다. 그러나 현재 한반도의 고고학 상황은 대규모 구제발굴의 증가로 인하여 출토양상을 명확하게 파악할 수 있는 다수의 자료를 확보하기에 이르렀다. 따라서 출토양상이 양호한 고고학 자료만의 분석을 통하여 마제석기의 문화적 성격을 보다 명확하게 밝힐 수 있을 것으로 기대된다.

두 번째로 언급할 문제점은 형식분류에 관한 것이다. 먼저, 기존 연구의 형식분류가 너무 세분화된 점을 지적할 수 있다. 연구자에 따라 기준을 달리하며 제시한 다양한 형식에 어느 정도의 문화적인 의미가 내포된 것은 인정하지만, 계속적인 사용에 의한 재가공이 이루어지는 석기의 기본적인 성격을 생각해 볼 때 지나친 세분은 고고학적으로 무의미한 형식분류가 될 가능성이 크다.[103] 또한, 분류된 형식의 명칭도 통일성을 가지지 못해 자료의 해석에 혼란을 초래하고 있다. 이는 연구자들의 서로 다른 형식분류에 기인한 것이 대부분이지만, 기존의 형식설정과 큰 차이가 없는 경우에 새로운 형식명을 부여한 예도 있다. 따라서 이러한 혼란을 피하기 위해서는 분석의 대상을 지나치게 세분하지 않는 거시적 관점의 형식분류가 필요하며, 각 형식의 명칭도 누구나 인정할 수 있는 통일된 형식명의 설정이 요구된다.

세 번째로는 마제석기의 기능 추정에 대한 문제점을 지적하고자 한다. 앞서 언급한 석검, 석촉, 석도, 석부의 기능에 대해서는 어느 정도 일치된 견해가 제시되고 있지만, 세부적인 형태 차이에 의한 기능을 상정하려면 아직까지 더 많은 연구가 진행되어야 할 것이다. 석기의 기능을 추정하기 위해서는 유물의 출토상황을 검토하는 한편, 석기의 특징적인 형태로부터 민족지적 연구성과를 이용하거나, 동일한 석기 모형을 제작하여 사용실험을 행하는 방법, 고배율 현미경으로

103) 석기의 이러한 성격 때문에 외형에 의한 형식분류를 하는 경우, 미제품에 대한 검토가 요구되기도 한다. 그러나 완성되기 바로 직전 단계의 미제품은 출토 예가 극히 드물며, 그 이전 단계 미제품의 경우는 완성품과 크기나 형태에서 차이가 크다. 그리고 재가공의 흔적이 뚜렷한 석기의 경우에도 기본적인 외형이 크게 변경되는 예가 거의 없기 때문에, 형식분류에 있어서 미제품은 참고자료 정도로만 이용하여도 무방하다.

사용흔을 관찰하는 방법 등이 있다. 그러나 한반도 출토 마제석기에 대해서 이러한 분석방법이 시도된 경우는 거의 없다. 최근까지 사용된 유사 형태의 도구와 동일한 용도로 사용되었을 것이라는 가정에 기초하여 마제석기의 기능을 추정하거나, 상대적으로 연구가 활발히 진행된 일본 측의 연구성과를 그대로 받아들인 경우가 대부분이다. 하지만 동일한 형태의 도구가 반드시 같은 기능으로 사용되었다고 볼 수는 없다. 또한, 일본 측의 연구성과가 없는 마제석기류의 경우에는 그 기능 추정에 있어 연구자에 따라 상이한 경우도 발생한다. 따라서 객관적인 분석방법의 활용에 의한 기능 추정이 반드시 이루어져야 하며, 이러한 기능론에 입각한 석기의 분류와 해석만이 청동기인들의 생활상 복원을 가능하게 할 것이다.

마지막 네 번째로 언급할 문제점은 마제석기에 대한 연구대상 범위가 제한되어 있다는 것이다. 기존의 연구에서는 마제석기 자체만을 연구대상으로 하면서 공반유물과 출토유구의 성격에 대해서만 약간 언급하는 정도였다. 그러나 최근 대규모 취락유적의 발굴성과에 힘입어 마제석기를 통하여 유적 전체의 성격을 고찰하거나, 유적의 성격에 의하여 마제석기의 의미를 부여하는 연구가 가능하게 되었다. 이는 유구나 유물의 개별적인 연구에서 벗어나 모든 고고학 자료를 하나의 문화현상 속에서 통합적으로 파악하고자 하는 경향이 주류를 이루게 되면서 연구의 대상 범위가 확대된 것이라 할 수 있다. 이러한 연구성과로는 白石洞遺蹟[104]과 寬倉里遺蹟[105] 등에 대한 마제석기 분석이 있는데, 앞으로도 더 많은 연구가 이루어질 것으로 기대된다. 이와 함께 검토대상 시기에 있어서도 청동기시대만의 연구에서 벗어나 범위를 확장시킬 필요가 있다. 즉, 신석기시대 마제석기와의 관계, 마제석기가 소멸되고 철기로 대체되는 과정에 대한 연구 등이 활발히 이루어져야만 마제석기의 등장과 소멸과정에 대한 전체적인 흐름의 파악이 가능할 것이다. 이밖에 산지추정분석에 대한 자료의 축적도 석기의 생산과 유통에 대한 연구를 위하여 반드시 필요하다.[106]

이상 기존 연구의 문제점을 지적하고 그 해결 방안을 간단하게 정리해 보았다. 그러나 과거의 연구에 문제점만 존재하는 것은 아니다. 先學의 연구성과 중

104) 安敏子, 2001, 『前期無文土器時代 石器의 特性檢討』, 公州大學校大學院 碩士學位論文.

105) 孫晙鎬, 2003, 「磨製石器 分析을 통한 寬倉里遺蹟 B區域의 性格 檢討」『韓國考古學報』51, 韓國考古學會.

에서는 지금의 자료에 그대로 대입하여도 아무런 문제가 없는, 시대를 초월한 卓見도 다수 확인된다. 다만, 한반도의 고고학 상황이 과거와는 확연하게 달라졌기 때문에, 축적된 자료를 이용한 새로운 연구의 필요성을 주장하는 과정에서 문제점이 부각되었을 뿐이다. 따라서 새로운 자료와 방법을 이용하여 마제석기에 대한 연구를 진행하고, 이를 통하여 과거의 연구를 재검토한다면 과거상의 복원에 보다 근접할 수 있는 견해의 제시가 가능할 것이다. 이러한 성과가 지속적으로 축적되어야만 한반도 청동기시대의 문화상을 밝히기 위한 자료로서 마제석기의 위치가 정당하게 평가될 수 있으리라 생각한다.

2) 研究方向

이상과 같은 문제점에 대한 인식을 바탕으로 본고의 연구방향을 다음과 같이 상정하였다. 먼저, Ⅲ장에서는 마제석기의 변천과 지역상을 살펴보았다. 한반도 출토 마제석기의 대표적 기종인 석검, 석촉, 석도, 석부를 각각 형식분류하고 이들의 시간적 · 공간적 양상을 제시하였다. 형식분류는 출토양상이 양호한 고고학 자료만의 분석에 의해 마제석기의 문화적 성격을 보다 명확하게 밝히기 위하여, 정식 발굴조사를 통하여 보고되어 유물의 출토양상이나 공반관계 등이 비교적 확실한 것만으로 연구대상을 제한하였다. 그리고 형식을 구분함에 있어서는 마제석기의 속성을 고려하여 지나치게 세분된 형식분류를 지양해 연구상의 혼란을 피하고자 하였다. 한편, 북한지역에서는 유적의 전모를 파악할 수 있을 정도의 전면적인 발굴조사가 이루어지거나 정식으로 보고된 유적 사례가 소수에 불과하기 때문에, 남한지역 출토품에 대한 연구와는 다른 연구방법이 요구된다. 따라서 양 지역을 구분하여 각각의 마제석기 변화상을 언급한 다음, 이들의 병행관계를 상정하는 방식으로 논지를 전개하였다.

Ⅳ장에서는 연구의 지역 범위를 보다 확대시켜 주변지역과의 관계에 대하여 검토하였다. 우선, 마제석기의 기원 문제와 관련하여 중국 동북지역 출토 자료를

106) 최근 이루어진 천안 운전리유적 출토 마제석기에 대한 산지추정분석 결과, 현지에서 재료를 구한 자급형 석기(갈돌, 갈판, 석부)와 다른 지역에서 도입된 외래형 석기(석도, 석촉, 석부)의 공존이 추정된 바 있다.
이찬희 · 오규진 · 이효민 · 이명성, 2003, 「천안 운전리 청동기 유적지에서 출토된 석기의 정량분석과 고고지질학적 해석」『보존과학회지』12-1, 한국문화재보존과학회.

살펴본 다음 이를 북한지역 출토품과 비교하였다. 중국 동북의 여러 지역 가운데 遼東半島 출토 마제석기를 주요 검토대상으로 하였는데, 이는 遼東半島 지역이 한반도 청동기문화 성립과 직접적으로 관련되기 때문이다. 다음으로 마제석기의 일본열도 전파 과정을 살피기 위하여 北部九州의 대륙계마제석기와 남한지역의 마제석기를 비교하였다. 대륙계마제석기는 그 명칭에서도 알 수 있듯이 한반도에서 출토된 마제석기와 비교하여 석기의 형태와 기능은 물론, 문화적 성격에 있어서도 동일한 것으로 추정되고 있다. 따라서 한반도와 일본열도 사이의 청동기문화 전래를 연구하는 데에 중요한 역할을 한다고 생각된다. 대륙계마제석기에 대해서는 일본 측의 연구성과가 어느 정도 집적되어 있기 때문에 이를 기본적으로 참조하면서 한반도 자료와의 비교・검토를 행하였다.

Ⅴ장에서는 마제석기의 기능적 속성이 청동기시대인들의 실제 생활상을 복원하는 데에 보다 유효하다는 생각을 바탕으로, 마제석기 분석을 통하여 청동기시대 취락의 생계유형과 사회조직 복원을 시도하였다. 이는 마제석기를 이용한 연구의 다양한 방향성을 제시한다는 측면의 시론적 검토로, 기존 연구에서 석기의 개별 기종 연구에 집중되어 연구대상 범위가 제한되어 있었던 한계를 극복하기 위한 시도라 할 수 있다. 구체적인 검토는 청동기시대의 대표적 취락인 天安 白石洞遺蹟과 保寧 寬倉里遺蹟을 대상으로 하였다. 이들은 각각 청동기시대 전기와 후기를 대표하는 유적으로,[107] 동일 시기에 해당하는 대단위 취락유적이면서 다수의 마제석기가 출토되었기 때문에 취락의 성격을 살펴보기에 좋은 자료라 생각한다. 분석은 마제석기의 출토량과 조사된 주거지 기수가 상대적으로 다수인 관창리유적을 중심으로 하여 백석동유적과 비교하였다.

Ⅵ장에서는 마제석기의 기능 추정을 위한 객관적인 방법의 하나로서 사용흔 분석법을 소개하였다. 사용흔이란 사용에 의하여 석기에 생긴 물리적이고 화학적인 변화의 총칭으로, 이를 통하여 석기의 사용방법이나 피가공물의 성격, 작업량, 재가공 여부 등을 파악하는 것이 사용흔 분석이다. 사용흔 분석 방법 및 사례는 주로 일본 측 자료를 바탕으로 하였다. 사용흔 분석법 가운데 가장 일반적으

107) 청동기시대의 시기구분은 문화상 전반에 대한 급격한 변화를 기준으로 삼은 李弘鍾의 구분안을 받아들였는데, 이에 대해서는 본고의 Ⅲ장에서 보다 자세하게 언급하였다.
李弘鍾, 2000,「無文土器가 彌生土器 성립에 끼친 영향」『先史와 古代』14, 韓國古代學會, pp.5~6.

로 이용되는 고배율법의 구체적인 방법을 살펴보고, 이러한 방법이 실제 마제석기에 적용된 사례 가운데 중요한 일본 측 연구성과를 소개하였다. 또, 최근에 발표된 한반도 출토 자료에 대한 마제석기 사용흔 분석 사례를 제시하였으며, 문제점과 앞으로의 과제에 대한 지적과 함께 한반도 고고학에 있어서의 전망을 언급하였다.

이상의 내용을 요약하면, Ⅲ장과 Ⅳ장에서 고고학 연구에 있어서 가장 기본적인 과제라 할 수 있는 편년과 지역상에 대한 문제를 언급하였으며, Ⅴ장에서는 구체적인 분석사례, 그리고 Ⅵ장에서는 새로운 방법론을 제시하였다.

III

磨製石器의 變遷과 地域相

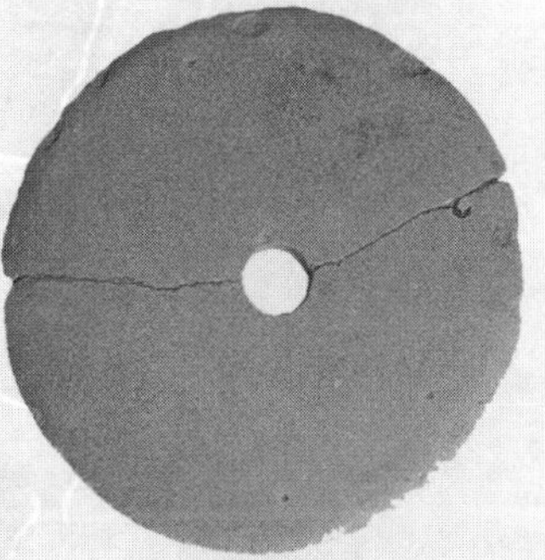

磨製石器의 變遷과 地域相

제 III 장

본 장에서는 한반도 출토 마제석기의 대표적 기종인 석검, 석촉, 석도, 석부를 각각 형식분류하고 이들의 시기적 변천과 지역상에 대하여 언급하고자 한다. 그런데 북한지역에서는 유적의 전모를 파악할 수 있을 정도의 전면적인 발굴조사가 이루어지거나 정식으로 보고된 유적 사례가 소수에 불과하기 때문에, 남한지역 출토품에 대한 연구와는 다른 연구방법이 요구된다. 따라서 양 지역을 구분하여 각각의 마제석기 변화상을 언급한 다음, 이들의 병행관계를 상정하는 방식으로 논지를 전개하였다.

1. 型式分類

형식분류의 대상으로 삼은 것은 한반도에서 출토된 마제석기이며, 정식 발굴조사를 통하여 보고되어 유물의 출토양상이나 공반관계 등이 비교적 확실한 것만으로 제한하였다. 현재 한반도의 고고학 상황은 대규모 구제발굴의 증가로 인하여 출토양상을 명확하게 파악할 수 있는 다수의 자료를 확보하기에 이르렀다. 따라서 출토양상이 양호한 고고학 자료만의 분석을 통하여 마제석기의 문화적 성격을 보다 명확하게 밝힐 수 있을 것으로 기대된다. 기존에 간략하게 보고된 신고품이나 채집품, 또는 최근에 발굴되어 아직 정식으로 보고서가 출간되지 않은 자료는 모두 분석의 대상에서 제외하였다. 그러나 북한지역 출토 마제석기에 대해서는 자료의 영세성을 극복하기 위하여 보고된 거의 모든 출토품을 참고하였다.

한편, 이렇게 정식 보고된 석기 가운데에서도 完形이나 2/3 이상 잔존하여 전체 형태가 추정될 수 있는 것만을 주된 분석 대상으로 하였다. 이는 계속적인 재가공으로 형태가 변화하는 마제석기의 기본적인 성격을 고려한 것으로, 작은 파편을 통하여 原形을 복원하는 것은 다소간의 무리가 있기 때문이다.

형식분류는 현재 학계에서 가장 일반적으로 받아들여지는 분류방법을 기본으로 하였다. 본 장의 목적이 한반도 청동기시대 마제석기의 큰 흐름을 파악하는 데에 있는 만큼, 지나치게 세분된 형식분류는 논지전개에 부합하지 않는다. 분류된 형식의 명칭도 새로운 용어의 사용이나 기호화를 피하여 기존의 型式名을 그대로 이용하였으며, 새로 설정된 형식도 기존에 행하여졌던 형식명의 설정 방식과 동일한 방법으로 명칭을 부여하였다. 이는 모두 마제석기에 대한 연구, 더 나아가 마제석기를 이용한 고고학적 연구에서 용어상의 혼란을 피하기 위함이다.

1) 石劍

본 항에서 검토대상으로 삼은 마제석검은 총 427점이다. 형식분류는 기존 연구에서 공통적으로 언급되었던 柄部의 유무를 일차적인 기준으로 하여 有柄式과 有莖式으로 구분하였으며, 이 가운데 유병식은 다시 병부의 형태에 따라 二段柄式과 一段柄式으로, 유경식은 莖部의 길이에 의하여 短莖式과 長莖式으로 분류하였다. 이 밖의 보다 세분된 분류에 관해서는 구분 가능한 형태를 모두 상정하여 각 형식의 시·공간적 의미를 살펴보았다. 그 결과 문화적 의미를 갖는 세부형식이 일부 확인되었으나, 나머지 대부분은 고고학적으로 의미가 없는 것으로 판단되어 더 이상의 세분은 행하지 않았다.[1)]

표 1 | 한반도 출토 마제석검의 형식분류

柄部의 有無	細部 形態	地域別 出土樣相									分析 對象 總數 427점	百分率 (%)		模式圖
		豆滿江	鴨綠淸川江	大同江	元山灣	漢江	嶺東	錦江	榮山蟾津江	洛東江				
有柄式	二段			3	2	5	2	11		29	52	12.2	53.4	
	一段			1	3	6		57	64	45	176	41.2		
有莖式	短莖		1	51	7	3		15	33	13	123	28.8	46.6	
	長莖 (石槍)	4	1	42	4	5	1	7	2	10	76	17.8		

1) 본고의 시기 및 지역 구분에 있어서 의미 있는 형식을 추출할 수 없었던 것일 뿐, 세분된 시기·지역별 연구에서는 보다 다양한 석검 형식이 고고학적 의미를 가질 수 있다고 생각한다.

(1) **有柄式**

有柄式은 크게 二段柄式과 一段柄式으로 구분된다. 먼저, 이단병식은 총 52점으로, 柄部에 段이나 溝, 또는 節이 존재한다. 병부의 세부형태를 기준으로 有段式(그림 7-1 · 2), 有溝式(그림 7-3~5), 有節式(그림 7-6)의 세분이 가능한데, 단이 존재하면서 동시에 절이 있는 형식도 확인된다(그림 7-7 · 8). 이 가운데 유단식이 37점을 차지하고 있어 이러한 형태의 석검이 주체를 점하면서 유구식과 유절식이 소수 존재하는 것으로 생각된다. 한편, 이단병식 가운데 병부의 아랫부분에 반원형 장식이 수반되거나 병부의 한쪽 면에 원형의 凹部가 관찰되는 것이 있는데, 이들은 모두 낙동강유역에서만 관찰되는 특징적인 형식이다(그림 7-9 · 10). 그리고 血溝의 존재는 대부분 유단식에서 확인되는 것이 특징이지만(그림 7-1 · 2), 일부 유구식과 유절식에서도 관찰된다(그림 7-3 · 4 · 8).

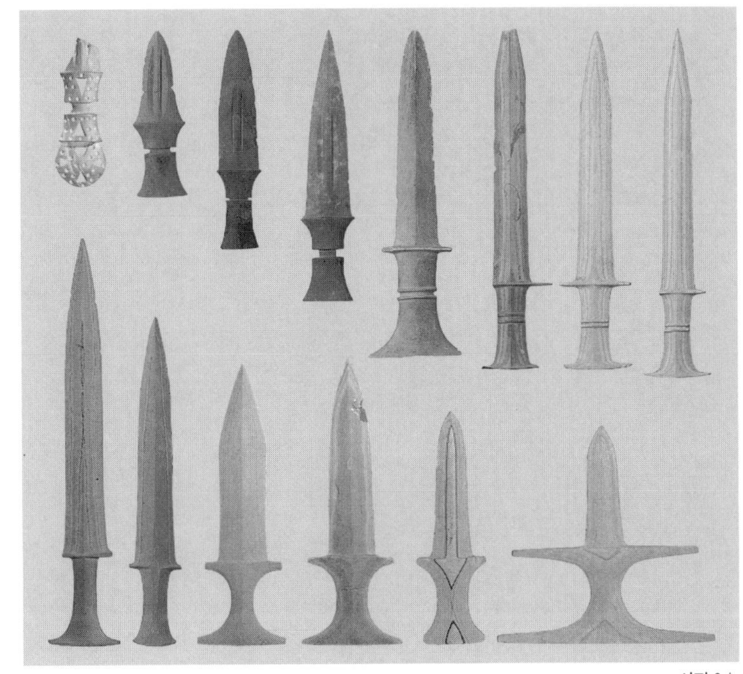

사진 6 | 유병식석검 각종

다음으로 일단병식을 보면 총 176점으로, 구분된 석검 형식 가운데 가장 많은 출토량을 보인다(그림 7-11~14). 세부적으로는 병부의 형태나 鐔部의 돌출도, 단의 유무에 따라서 구분하는 것도 가능하지만, 세부형식별 시기적 또는 지역적인 특성은 간취되지 않는다. 한편, 일단병식으로 분류 가능한 것 가운데에서 대전 官坪洞遺蹟 출토품[2)]은 검토대상에서 제외하였다(그림 7-15 · 16). 이들은 모두 가락동유형의 주거지에서 출토되었는데, 형태상 일단병식에 가깝지만 소형이면서 양측에 홈이 있는 등 재가공품일 가능성이 높다.

2) 中央文化財硏究院, 2002, 『大田 官坪洞遺蹟』, p.40 · 42.

그림 7 | 유병식석검 1 주교리, 2 안자동, 3 표대, 4 삼거리, 5 역평, 6 여의곡, 7 신촌리, 8 옥석리, 9 평성리, 10 구수리, 11 아동리, 12 마전리, 13 청학리, 14 월내동, 15 · 16 관평동

(2) 有莖式

有莖式은 柄部가 없는 형식으로, 대신 손잡이 장착을 위한 莖部가 존재한다. 유경식에 대해서는 석창으로 복원한 경우가 있었으나,[3] 松菊里遺蹟에서 木柄이 부착된 것이 출토됨에 따라 대부분 석검으로 파악하고 있다.[4] 그러나 유경식의

3) 崔夢龍, 1975, 「月出山地區의 先史遺蹟」『文化人類學』7, 韓國文化人類學會, pp.73~76.
4) 李榮文, 1997, 「全南地方 出土 磨製石劍에 관한 研究」『韓國上古史學報』24, 韓國上古史學會, p.55.

형태가 다양한 것을 볼 때, 오히려 석창이 존재하여 석검과 공존할 가능성이 높다고 판단된다. 석창은 석검과 달리 길이가 긴 자루에 장착하여 사용되기 때문에 석검에 비하여 상대적으로 강한 결박력이 요구된다. 결박력을 높이기 위해서는 경부에 홈 또는 구멍을 뚫는 등의 변형을 가하거나, 경부의 길이를 길게 하는 방법이 가능하다. 그런데 확실한 유경식석검 자료라 할 수 있는 목병이 부착된 송국리유적 출토품을 보면(그림 8-5),[5] 짧은 경부의 양측에 홈이 있어 경부의 변형보다는 길이 차이를 통하여 석검과 석창을 구분하는 것이 합리적이라 생각한다. 따라서 본 항에서는 경부의 길이를 분류 기준으로 상정하여 短莖式과 長莖式으로 세분하였으며, 이 가운데 단경식만을 석검으로 인정하여 유경식석검으로, 장경식은 석창으로 부르고자 한다. 단, 이러한 기준이 절대적인 것은 될 수 없기 때문에 본 항에서 세분된 단경식과 장경식이 일대일로 석검과 석창에 대응하여 기능의 차이를 직접적으로 나타내는 것은 아니다.

사진 7 | 유경식석검과 석창

구체적인 분류의 수치는 송국리유적 출토품을 기준으로 설정하였다. 우선, 상기한 목병 부착 유경식과 형태상 유사한 것들을 모두 석검으로 상정한 다음, 이들의 경부 길이를 계측하여 석검 전체 길이와의 비율을 산출하였다(그림 8-1~5). 그 결과 석검이라 할 수 있는 것들은 모두 경부 길이가 석검 전체 길이의 1/4을 넘지 않는 것으로 확인되었다. 따라서 이러한 수치를 기준으로 삼아 경부의 길이가 전체 길이의 1/4이 넘으면 석창, 그 이하인 것을 유경식석검으로 분류

5) 국립중앙박물관, 1987, 『松菊里』III, p.65.

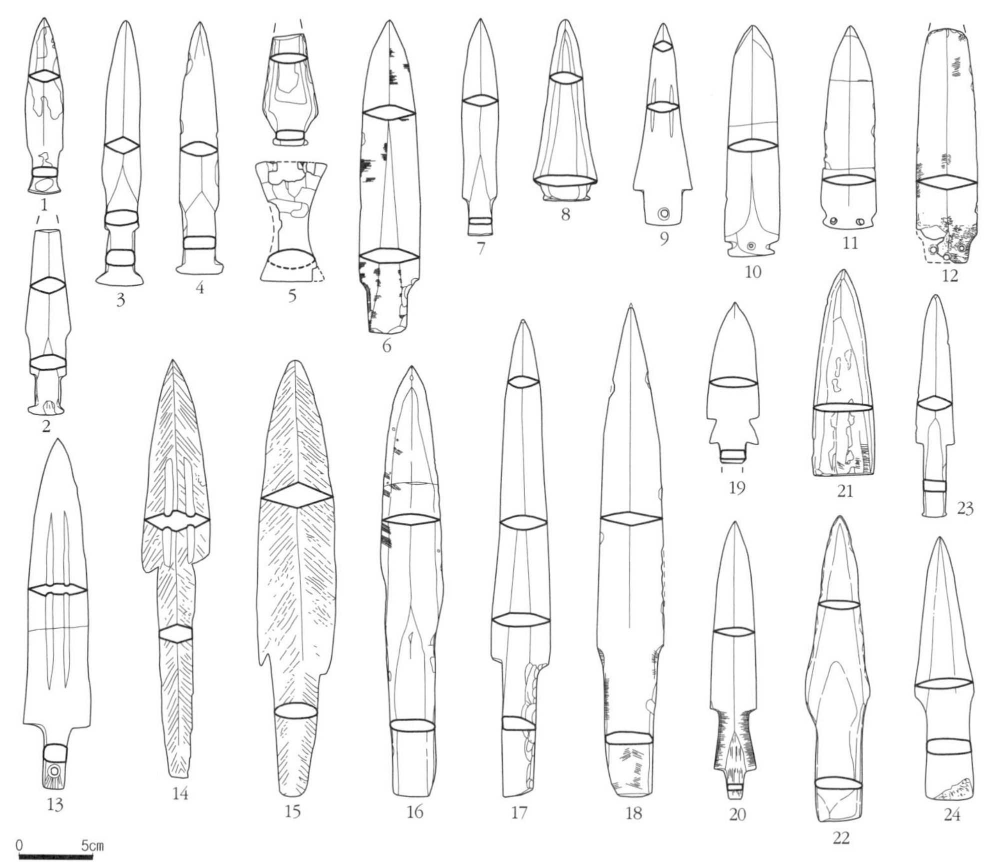

그림 8 | 유경식석검과 석창

1~5 송국리, 6 지레리, 7 석곡리, 8 마전리, 9 고강동, 10 신풍리, 11 오복동, 12 월산리, 13 남경, 14 · 15 표대, 16 망덕, 17 이금동, 18 매호동, 19 백석동, 20 천상리, 21 교성리, 22 석봉리, 23 군덕리, 24 고연리

하였다.

구분된 형식별로 보다 구체적인 내용을 살펴보면 다음과 같다. 먼저, 유경식 석검은 총 123점이 출토되었는데, 경부와 身部의 형태에 따라서 다양한 세부형식이 존재한다. 가장 많은 출토량을 보이는 것은 짧은 경부 양측에 홈을 새긴 형식으로 50점이 확인되었으며(그림 8-5 · 8), 그 다음으로 경부에 특수한 변형을 가하지 않은 형식이 40점 출토되었다(그림 8-6). 이 가운데 석검의 허리 부분이 잘록한 형태는 비파형동검을 모방한 것으로 보고 있는데(그림 8-3 · 7),[6] 석창에

6) 리기련, 1980, 『석탄리유적 발굴보고』 유적발굴보고 12, 과학 · 백과사전출판사, p.97.

서는 발견되지 않는 형식이다. 경부에 구멍이 뚫린 형태도 석검에서만 관찰되고 있다(그림 8-9~13). 하나의 석검에 穿孔과 홈을 동시에 새긴 것도 2점 확인되었으며(그림 8-10 · 11), 대부분 1개의 구멍이 뚫려있지만 2개 또는 3개가 천공된 것도 있다(그림 8-11 · 12). 이와 반대로 逆刺式 미늘을 갖는 형태와 같이 석창에서만 관찰되는 형식도 있다(그림 8-19 · 20). 한편, 비교적 소형에 경부끝이 좌우로 돌출된 형태는 기존에 '松菊里型石劍'으로 불리고 있었지만(그림 8-2~4),[7] 본항의 분류에 의하면 석창에서도 이러한 형식이 확인되고 있다(그림 8-23).

석창은 총 76점이 출토되었는데, 다른 석검 형식과는 달리 전국적인 분포를 보이고 있다. 석창 역시 다양한 형식이 공존하지만, 상기한 역자식을 제외하면 경부 길이에서 차이가 있을 뿐 유경식석검과 형태상 유사한 것이 대부분이다. 다수를 차지하는 것은 경부에 특수한 변형을 가하지 않은 형식으로 40점이 확인되었다(그림 8-22). 이 가운데에는 경부의 폭이 상대적으로 넓은 것이 존재하는데, 북한 측에서는 이를 靑銅戈와 유사한 형태로 파악하여[8] 石戈로 분류하기도 한다(그림 8-24).[9] 대동강유역에서만 4점이 확인되었다. 또, 길이 28~32cm의 대형 석창도 주목되는데, 검토대상 중에서는 단 5점만이 이에 해당한다(그림 8-14~18). 유경식석검의 길이가 10~28cm로 다양한 반면, 석창은 거의 대부분이 20cm 이하로 대형 석창과는 상당한 차이를 보인다. 대형 석창은 출토량이 소수에 불과하지만, 남한지역의 경우 모두 분묘의 부장품으로 출토되고 있으며 대동강유역 표대유적 출토품[10]에서는 血溝가 관찰되는 등의 특징이 간취된다(그림 8-14). 따라서 일반적인 석창과는 다른 상징적인 성격이 짐작되며, 이러한 상징성이 석창의 규모에 반영된 것이라 생각된다. 이밖에 〈그림 8-21〉과 같은 형태는 경부가 존재하지 않기 때문에 유경식으로 분류하는 것은 무리가 있다. 하지만 단면이 편평한 것을 볼 때 몸통을 직접 자루에 삽입하는 것으로 추정되며, 이러한 경우 삽입부위가 전체 길이의 1/4 이상이 되어야만 결박이 가능할 것으로 보이기 때문에 석

7) 趙現鐘, 1989, 『松菊里形土器에 대한 一考察』, 弘益大學校大學院 碩士學位論文, pp.50~52.

8) 석광준 · 김송현, 2002, 「고연리유적 발굴보고」『강안리, 고연리, 구룡강유적 발굴보고』, 사회과학출판사, p.148.

9) 서국태 · 지화산, 2002, 『남양리유적 발굴보고』, 사회과학출판사, p.105 · 147.

10) 김종혁, 2002, 「표대유적 제1지점 팽이그릇 집자리 발굴보고」『마산리, 반궁리, 표대유적 발굴보고』, 사회과학출판사, pp.295~296.

창으로 분류하였다.

한편, 혈구는 석검과 석창 양자에서 모두 관찰되는데, 대부분이 대동강유역 출토품에서만 확인되는 것이 특징이다(그림 8-13 · 14). 그 밖의 지역 출토 예로는 한강유역의 부천 古康洞遺蹟 출토품[11]이 유일하다(그림 8-9).[12]

2) 石鏃

석촉은 마제석기 가운데에서 가장 많은 출토량을 보이는 유물로, 본 항에서 검토대상으로 삼은 것은 총 1,545점이다. 형식분류는 身部의 단면형태를 일차적인 기준으로 하여 扁平形과 菱形으로 구분하였으며, 이 가운데 편평형은 다시 莖部의 유무에 따라 無莖式과 有莖式으로, 능형은 경부의 형태에 의하여 二段莖式과 一段莖式으로 분류하였다. 이 밖의 보다 세분된 분류는 석검의 경우와 마찬가지로 구분 가능한 형태를 모두 상정하여 각 형식의 시 · 공간적 의미를 살펴보고, 문화적 의미를 갖는 세부형식만을 추출하는 방식으로 진행하였다.

사진 8 | 석촉 각종

석촉 신부의 단면형태를 기준으로 한 형식분류는 이미 황기덕, 임세권 등에 의하여 제시된 바 있지만,[13] 최성락의 논고[14]가 발표된 이후 현재까지 莖部의 유무

11) 배기동 · 이한용 · 강병학, 1999, 『富川 古康洞 先史遺蹟 第3次 發掘調査報告書』, 漢陽大學校 博物館 · 文化人類學科, p.77.

12) 최근 발간되어 본고의 검토대상에는 포함되지 않았으나, 경주 松仙里遺蹟에서도 혈구가 존재하는 석창 1점이 확인되었다.
嶺南文化財研究院, 2005, 『慶州 松仙里遺蹟』, p.78.

를 일차 기준으로 삼는 형식분류가 가장 일반적으로 받아들여지고 있는 실정이다. 경부의 형태를 중요한 속성으로 삼는 이유에 대해서는 안재호가 구체적으로 지적한 바 있으며,[15] 최근에는 矢柄과의 결구방식에 주목하여 경부의 단면형태를 기준으로 형식을 구분한 연구사례도 있다.[16] 그러나 필자는 이러한 주장들의 사실 여부를 떠나서 대상유물의 시 · 공간적 의미를 가장 잘 나타내는 속성이 형식분류의 일차 기준이 되어야 한다고 생각한다.

본 항의 검토대상 가운데 扁平三角鏃(그림 9-1~24)과 扁平有莖鏃(그림 9-25~30) · 扁平柳葉鏃(그림 9-31 · 32)은 모두 신부의 단면형태가 편평형에 해당하지만, 경부의 유무를 기준으로 하면 전자는 무경식, 후자는 유경식에 속하게 된다. 그러나 후술할 분석결과에 의하면 이들 三者는 시간적 위치와 공간적 분포에 있어서 상호 관련성이 깊기 때문에, 동일한 범주에 포함시켜 분류하는 것이 타당하다고 생각한다. 이러한 사례를 볼 때 신부의 단면형태를 통한 형식분류가 경부 형태에 의한 구분에 앞서 선행되어야 할 일차 분류의 기준이 됨을 알 수 있다.

身部斷面形態	莖部의形態	地域別 出土樣相									分析對象總數 1,545점	百分率(%)		模式圖
		豆滿江	鴨綠淸川江	大同江	元山灣	漢江	嶺東	錦江	榮山蟾津江	洛東江				
扁平形	無莖	11	49	32	7	51	30	53	5	54	292	18.9	21.7	
	有莖	14	3	13	6	3	1	1		2	43	2.8		
菱形	二段			68	7	45	2	20	1	13	156	10.1	78.3	
	一段	14	38	126	27	94	7	176	130	442	1,054	68.2		

표 2 | 한반도 출토 마제석촉의 형식분류

13) 황기덕, 1958, 「조선에서 나타난 활촉의 기본 형태와 분포」 『문화유산』6, 과학원출판사, p.24.
임세권, 1977, 「우리나라 마제석촉의 연구」 『韓國史硏究』17, 韓國史硏究會, p.4.

14) 崔盛洛, 1982, 「韓國 磨製石鏃의 考察」 『韓國考古學報』12, 韓國考古學硏究會, p.268.

15) 그는 석촉 제작시 제작자가 경부에 보다 역점을 두었을 것이라는 점, 촉신이 뚫는다는 단순한 기능을 가진 반면 경부는 착장방법과 촉신의 기능을 강화하기 위한 보조적 기능도 겸하고 있다는 점, 그리고 경부의 형태가 촉신보다 다양하다는 점 등을 근거로 형식분류에 있어서 경부의 형태를 가장 중요한 속성으로 판단하였다.
安在晧, 1990, 『南韓 前期無文土器의 編年』, 慶北大學校大學院 碩士學位論文, pp.2~3.

16) 黃昌漢, 2004, 「無文土器時代 磨製石鏃의 製作技法 硏究」 『湖南考古學報』20, 湖南考古學會, pp.35~36.

(1) 扁平形

扁平形은 우선 無莖式과 有莖式으로 구분된다. 이 가운데 대다수를 차지하는 것은 무경식으로, 총 292점이 확인되었다. 무경식은 다시 基部의 형태에 따라 彎入(그림 9-1~20)과 平基(그림 9-22~24)로 세분되며, 만입된 기부 중앙에 돌기가 형성된 것도 있다(그림 9-9~12). 身部의 단면형태를 기준으로 하면 편평한 것(그림 9-1~4 · 22 · 23)과 오목한 것(그림 9-5~8 · 24)으로 구분되지만, 기부 형태와의 일정한 상관관계는 확인되지 않는다. 한편, 鏃身 중앙부에 홈이 관찰되거나(그림 9-13~16) 구멍이 뚫린 경우도 있는데(그림 9-17~19), 이는 모두 矢柄과의 결박을 강화하기 위한 수단으로 생각된다. 이밖에 血溝의 존재는 단 2점에서만 관찰되었다(그림 9-20 · 21). 후술할 菱形鏃의 혈구와 비교하여 형태가 불명확하고 관찰된 사례도 극소수에 불과하기 때문에, 편평형에는 혈구가 존재하지 않는 것으로 보아도 무방할 것 같다.

다음으로 유경식은 총 43점이 확인되어, 무경식에 비하여 상대적으로 소수의 출토량을 보인다. 크게 상기한 무경식과 신부의 형태는 동일하지만 경부가 존재하는 扁平有莖鏃(그림 9-25~30), 그리고 신부와 경부의 구분이 애매한 柳葉鏃(그림 9-31 · 32)으로 세분된다. 편평유경촉은 총 23점이 확인되었는데, 이 가운데 16점이 북한지역에서 출토되어 남한지역에서는 크게 성행하지 않은 형식으로 생각된다. 편평유경촉의 경부 형태는 대부분 一段莖式이지만, 단 1점 二段莖式의 출토 예가 坊內里遺蹟에서 확인되었다(그림 9-33).[17] 그러나 이 석촉의 경

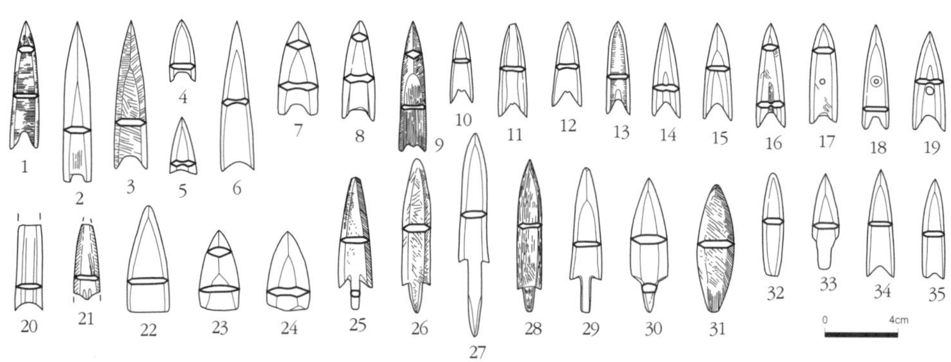

그림 9 | 편평형석촉

1 명암리, 2 지리, 3 풍암, 4 · 5 미사리, 6 룡천리, 7 마전리, 8 대련리, 9 · 27 중평리, 10 거두리, 11 월곡리, 12 흔암리, 13 구룡리, 14 용산동, 15 둔산, 16 · 17 이금동, 18 포월리, 19 검산리, 20 신암리, 21 월산리, 22 조양동, 23 송림리, 24 교성리, 25 공귀리, 26 미림리, 28 금탄리, 29 능강리, 30 대평리, 31 범의구석, 32 강안리, 33~35 방내리

우 형태상 같은 유구에서 공반된 무경식석촉(그림 9-34 · 35)의 재가공품일 가능성이 높기 때문에, 편평유경촉의 경부 형태는 모두 일단경식이라 할 수 있다. 한편, 유엽촉은 20점 모두가 북한지역에서만 확인되었으며, 특히 두만강유역에서 가장 많은 14점이 출토되었다.

⑵ 菱形

菱形은 크게 二段莖式과 一段莖式으로 구분된다. 먼저, 이단경식은 총 156점으로, 경부 중앙에 뚜렷한 단을 형성하면서 상 · 하로 나뉘어진다. 下段의 형태에 따라 尖根(그림 10-1~18)과 平根(그림 10-19~23)으로 세분되는데, 이 중 첨근이 147점으로 대다수를 차지하고 있다. 이단경식으로 분류된 것 가운데 단의 형성이 뚜렷하지 않은 것도 있지만(그림 10-1~6), 경부가 직선적으로 내려오다가 각을 이루면서 좁아지는 형태가 유사하기 때문에 동일 형식으로 보아도 무방할 것 같다. 이러한 형식은 주로 대동강유역에서 출토되며, 남한지역에서는 한강유역에서만 5점 확인되었다.

다음으로 일단경식은 총 1,054점이 확인되어, 구분된 석촉 형식 가운데 가장 많은 출토량을 보인다. 출토양상도 전국적인 분포를 보이고 있어 한반도를 대표하는 석촉 형식이라 할 수 있다. 출토량이 많기 때문에 그에 상응하여 다양한 세

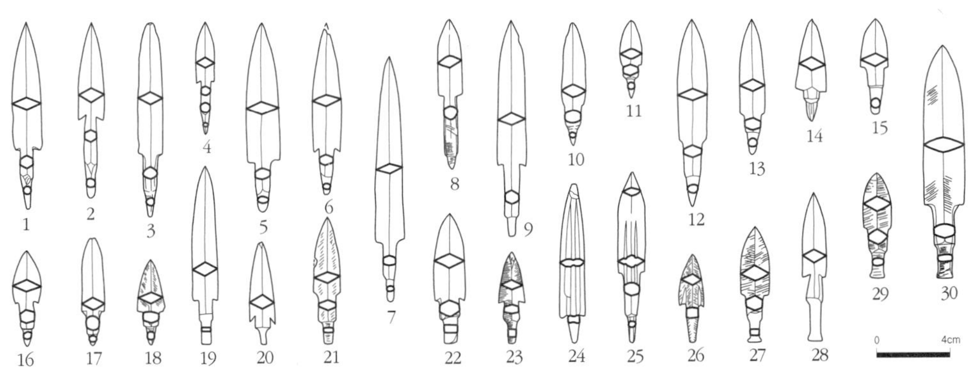

1 · 2 · 28 선암리, 3 거두리, 4 · 10 · 11 고강동, 5~7 대평리(북창), 8 명암리, 9 옥석리, 12 오석리, 13~15 흔암리, 16 군덕리, 17 포월리, 18 대봉동, 19 황석리, 20 대평리(진주), 21 관평동, 22 이금동, 23 미사리, 24 상매리, 25 백석동, 26 표대, 27 풍암, 29 · 30 영등동

그림 10 | 능형 이단경식석촉

17) 白弘基 · 池賢柄 · 高東淳, 1996,『江陵 坊內里 住居址』, 江陵大學校博物館, p.66.

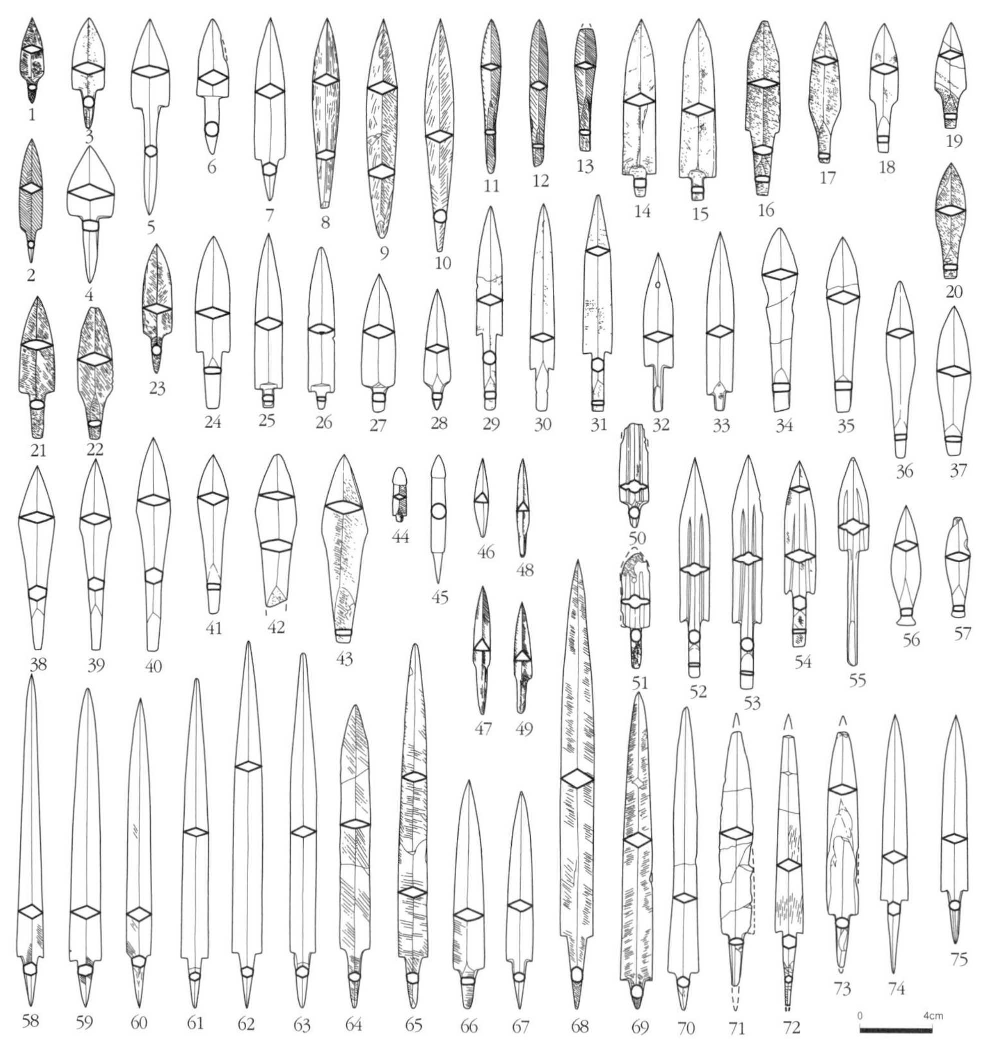

그림 11 | 능형 일단경식석촉

1 죽청리, 2 원수리, 3~5 대평리, 6 · 36 · 37 월곡리, 7 · 64~66 여의곡, 8~10 긴동, 11~13 오동, 14 · 15 상비, 16~20 동천동, 21~23 진천동, 24 동남리, 25 · 26 마전리, 27 관창리, 28 · 57 · 61~63 송국리, 29~31 상인동, 32 · 33 · 55 구룡리, 34 · 35 천전리, 38~40 황석리, 41 · 52 · 53 · 75 복성리, 42 · 43 중도, 44 구읍리, 45 흔암리, 46 금야, 47~49 토성리, 50 · 51 검단리, 54 청리, 56 부송동, 58~60 산포, 67 죽산리, 68 · 69 도항리, 70 봉계동, 71 사월리, 72 진라리, 73 풍암, 74 저포리

부형식이 존재하는데(그림 11-1~33), 이 중 시 · 공간적으로 뚜렷한 특징을 보이는 것은 細長有莖鏃(그림 11-58~75)과 경부의 구분이 애매한 소위 '一體形石鏃'이다(그림 11-34~43).[18] 세장유경촉에 대해서는 藤田亮策에 의하여 부장용으로서의 가능성이 제기된 이후로,[19] 이것이 정설로 받아들여지고 있다. 본 항의 분

류에서도 세장유경촉 378점 가운데 20점을 제외한 나머지 대다수가 무덤의 부장품으로 출토되어, 이러한 사실을 입증하고 있다. 다양한 형태와 규모를 보이기 때문에 다른 형식과 분명하게 구분되는 기준을 제시할 수는 없지만,[20] 대체로 길이가 10cm 이상이고 전체 길이에 비하여 폭이 좁아 세장한 느낌을 주면서 상대적으로 경부가 짧은 형태라 할 수 있다. 함안 道項里遺蹟 '바' 호 지석묘 출토품[21]과 같이 길이가 23.9cm에 이르는 초대형의 석촉도 존재한다(그림 11-68). 한편, 일체형석촉은 총 54점이 출토되었다. 북한강유역의 후기 유적에서 다수 확인된 것으로 알려져 있는데,[22] 본 항의 검토대상 중에서도 가장 많은 25점이 한강유역에서 출토되어 이러한 양상을 보여주고 있다.

이밖에 특이한 형태로 탄환처럼 촉신 끝부분에 턱을 만든 것이 원산만일대의 구읍리유적[23]과 한강유역의 欣岩里遺蹟[24]에서 각 1점씩 출토되었다. 전자는 끝부분이 뭉툭하며 단면 능형인데 반하여(그림 11-44), 후자는 뾰족하면서 원통형 단면을 이루고 있어 차이를 보인다(그림 11-45). 출토량이 단 2점에 불과하기 때문에 특별한 의미를 부여하기에는 무리가 있다고 생각한다. 이와 달리 단면형태가 삼각형에 가까운 三菱形의 경우는 총 8점 가운데 7점이 압록강유역에서 출토되어(그림 11-47~49), 이 지역의 특징적인 형식이라 할 수 있다.

한편, 血溝의 존재는 이단경식과 일단경식 모두에서 확인되었다. 혈구가 관찰되는 석촉은 모두 17점으로, 이단경식이 4점(그림 10-24~26), 일단경식이 13점이다(그림 11-50~55). 특히, 칠곡 福星里遺蹟 12호 석관묘에서는 혈구를 가진 일

---

18) 朴埈範, 1998,『한강유역 출토 돌화살촉에 대한 연구』, 弘益大學校大學院 碩士學位論文, p.16.

19) 藤田亮策, 1948,『朝鮮考古學硏究』, 高桐書院, p.130.

20) 세장유경촉의 분류에 있어서 촉신의 길이가 경부의 4배 이상이라는 구체적인 기준을 제시한 연구사례도 있다. 그러나 이 경우 전체적인 형태는 세장하지만 경부가 다소 길어 세장유경촉에서 제외되는 예가 발생하기 때문에(그림 11-71~75), 이러한 분류안을 그대로 받아들이기에는 무리가 있다.
董眞淑, 2003,『嶺南地方 青銅器時代 文化의 變遷』, 慶北大學校大學院 碩士學位論文, p.56.

21) 昌原文化財硏究所, 1996,『咸安 岩刻畵 古墳』, p.75.

22) 金權中, 2004,「北漢江流域 青銅器時代 住居類型과 中期 設定 試論」『文化史學』22, 韓國文化史學會, p.22.

23) 량익룡, 1961,「최근 강원도에서 발견된 원시 유물」『문화유산』6, 과학원출판사, p.43.

24) 金元龍・任孝宰・崔夢龍・呂重哲・郭乘勳, 1973,『欣岩里 住居址』, 서울大學校附屬博物館・소考古人類學科, 圖版10.

단경식석촉 6점이 세장유경촉, 관옥 등과 공반 출토되어 주목된다(그림 11-52 · 53).[25] 이밖에 경부의 끝부분이 좌우로 돌출된 형태도 이단경식과 일단경식에서 모두 관찰되는데, 대동강유역에서 1점 확인되었을 뿐 나머지 6점은 모두 금강유역에서만 출토되는 것이 특징이다. 경부끝의 좌우 돌출이 이단경식과 조합된 경우가 4점(그림 10-27~30), 일단경식과의 조합이 3점 확인되었다(그림 11-56 · 57).

3) 石刀

반월형석도는 좁은 의미로 등이나 날이 굽은 형태의 석도만을 의미하며 넓은 의미로는 모든 摘穗用石刀를 포함하는데,[26] 본 항의 전개에 있어서는 넓은 의미로 사용하겠다. 본 항에서 검토대상으로 삼은 반월형석도는 모두 합하여 406점이다. 분류의 기준은 기존의 연구성과에서 기본적으로 일치하는 背와 刃의 형태, 즉 석도의 전체적인 外觀이다. 刃의 형태는 계속적인 사용과 재가공에 의하여 가장 큰 변화를 보이는 부분으로 수확구인 반월형석도의 용도를 생각할 때 가장 기본적인 속성임에 틀림없다. 그러므로 이러한 刃部와 이에 비하여 비교적 형태의 변화가 적은 背部의 형태를 통하여 형식을 분류하는 것이 가장 타당하다고 생각한다.

기존의 연구성과 가운데 한반도의 반월형석도를 상기한 기준에 입각하여 분류한 것으로는 金元龍의 연구가 대표적이다.[27] 그는 崔淑卿의 형식분류[28]를 기본으로 하면서 이에 型式發展序列을 참작하여 長方形, 櫛形, 魚形, 短舟形, 長舟形, 三角形의 6가지로 형식을 구분하였다. 필자는 여기에 새로이 梯形, 逆梯形, 偏舟形과 再加工된 형식을 추가하였으며, 長舟形과 短舟形을 하나의 형식으로 합하여 총 9가지의 형식으로 구분하였다. 이를 인부의 외형에 의해 분류하면 直刃類(장방형 · 즐형 · 제형 · 역제형 · 편주형 · 삼각형), 弧刃類(어형 · 주형), 再加工品의 3가지로 나뉘어진다.

이밖에 인부의 형태와 구멍의 수에 따라 다시 세분하였다. 인부의 형태는 兩

---

25) 嶺南文化財硏究院, 2001, 『漆谷 福星里 支石墓群』, pp.54~55.

26) 安承模, 1985, 『韓國半月形石刀의 硏究』, 서울大學校大學院 碩士學位論文, p.1.

27) 金元龍, 1972, 「韓國 半月形石刀의 發生과 展開」 『史學志』6, 檀國大學校史學會, pp.3~4.

28) 崔淑卿, 1960, 「韓國摘穗石刀의 硏究」 『歷史學報』13, 歷史學會, pp.26~28.

刃과 片刃으로 구분하였는데, 인부의 단면을 二等分하였을 때 양측이 대칭을 이루는 것은 양인, 대칭을 이루지 못하고 한쪽으로 치우친 형태를 띠는 것은 편인으로 설정하였다. 그러나 인부의 치우친 형태가 양인의 재가공에 의한 것일 가능성도 완전히 배제할 수는 없다. 한편, 구멍의 수는 1~4개까지 존재

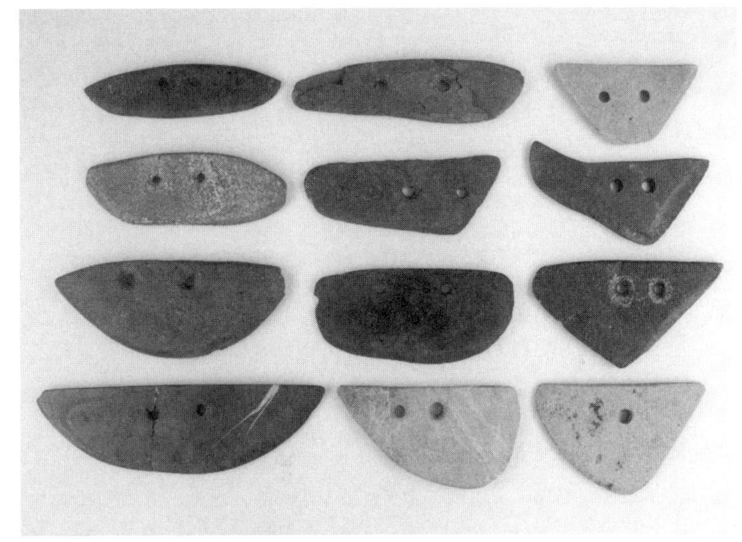

사진 9 | 반월형석도 각종

刃部의 外形	石刀의 外觀	基本形態	地域別 出土樣相: 豆滿江	鴨綠淸川江	大同江	元山灣	漢江	嶺東	錦江	榮山蟾津江	洛東江	刃部形態: 片刃	兩刃	孔의 數: 1孔	2孔	4孔	分析對象總數 406점	百分率(%)		模式圖
直刃類	長方形	直背直刃	4	1				1	1		5	9	3	3	9		12	3.0	32.6	
	櫛形	弧背直刃	1	3		1	1				4	8	2	4	5	1	10	2.5		
	梯形	直背直刃	1	7								4	4	4	4		8	2.0		
	逆梯形	直背直刃 (3개刃部)			6		3		1		1	11			11		11	2.7		
	偏舟形	直背直刃 (2개以上刃部)			3		2		11	1		17			17		17	4.2		
	三角形	直背直刃 (2개刃部交叉)							31	24	19	74		18	56		74	18.2		
弧刃類	魚形	弧背弧刃	1	5	33	2	10	4	7	1	11	71 (불명2)	1	7	67		74	18.2	65.2	
	舟形	直背弧刃		4	62	4	27	17	20	5	52	188	3	14	177		191	47.0		
	再加工品	不定形		1	1		1		4	1	1	7	2	1	8		9	2.2	2.2	

표 3 | 한반도 출토 반월형석도의 형식분류

하지만, 3개인 경우 모두 재가공에 의한 것으로 추정되기 때문에 따로 분류하지 않고 2공 석도에 포함시켰다. 구멍이 2개 뚫려있는 경우에도 1개의 구멍이 석도의 중앙에 위치하고 있는 것은 1공으로 분류하였다(그림 13-1 · 2). 이는 2공 석도가 반복된 사용에 의하여 소형화되면서 1공만을 이용하게 된 것으로 추정된다.

⑴ 直刃類

直刃類에는 長方形, 櫛形, 梯形, 逆梯形, 偏舟形, 三角形의 6가지 형식이 있다. 각각의 형식에 대하여 보다 상세히 기술하면 다음과 같다.

먼저, 장방형은 直背直刃의 형태로 분석대상인 406점 가운데 12점이 이 형식에 속한다. 이 가운데 대구 東川洞遺蹟 출토품[29]은 제형 또는 역제형으로 분류하는 것도 가능하다(그림 12-1 · 2). 그러나 이들은 본 항의 제 · 역제형과 형태상 차이가 있다. 특히, 동천동유적 출토 역제형의 경우 석도의 아래쪽에만 刃部가 형성되어 있고 인부와 양 측면이 이루는 각도가 크지 않기 때문에, 3개의 인부를 특징으로 하는 본 항의 역제형과는 완전히 다른 형식이다. 이러한 형태의 석도가 대부분 동천동유적에서 집중적으로 출토되기 때문에 별도의 형식으로 설정할 수도 있지만, 일단 본 항에서는 장방형에 가장 가까운 것으로 판단하였다. 다만, 두만강유역에서 주로 확인되는 장방형과는 형식을 달리할 가능성도 배제할 수 없다. 인부의 형태는 片刃 9점, 兩刃 3점인데, 초도유적 출토품의 경우[30] 구멍 주변의 끈 흔적이나 인부가 內彎하는 점 등을 볼 때 반복된 사용에 의하여 인부의 형태가 변화되었을 가능성도 있다(그림 12-3). 구멍의 수는 1공이 3점, 2공이 9점이다.

두 번째, 즐형은 弧背直刃의 형태로 이러한 형식에 속하는 석도는 모두 10점이다. 인부의 형태는 편인 8점, 양인 2점으로 양인은 모두 압록 · 청천강유역에 위치한 유적에서만 확인되는 것이 특징이다. 구멍의 수는 1공이 4점, 2공이 5점으로 1공의 비율이 다른 형식에 비하여 높은 편이며, 심귀리유적에서 확인된 1점[31]은 분석대상인 반월형석도 가운데에서 유일하게 구멍이 4개인 형태를 띠고 있다(그림 12-4).[32]

---

29) 嶺南文化財硏究院, 2002, 『大邱 東川洞 聚落遺蹟』, p.132.

30) 고고학 및 민속학연구소, 1955, 『라진 초도 원시유적 발굴보고서』 유적발굴보고 1, 과학원출판사, 도판XLVI.

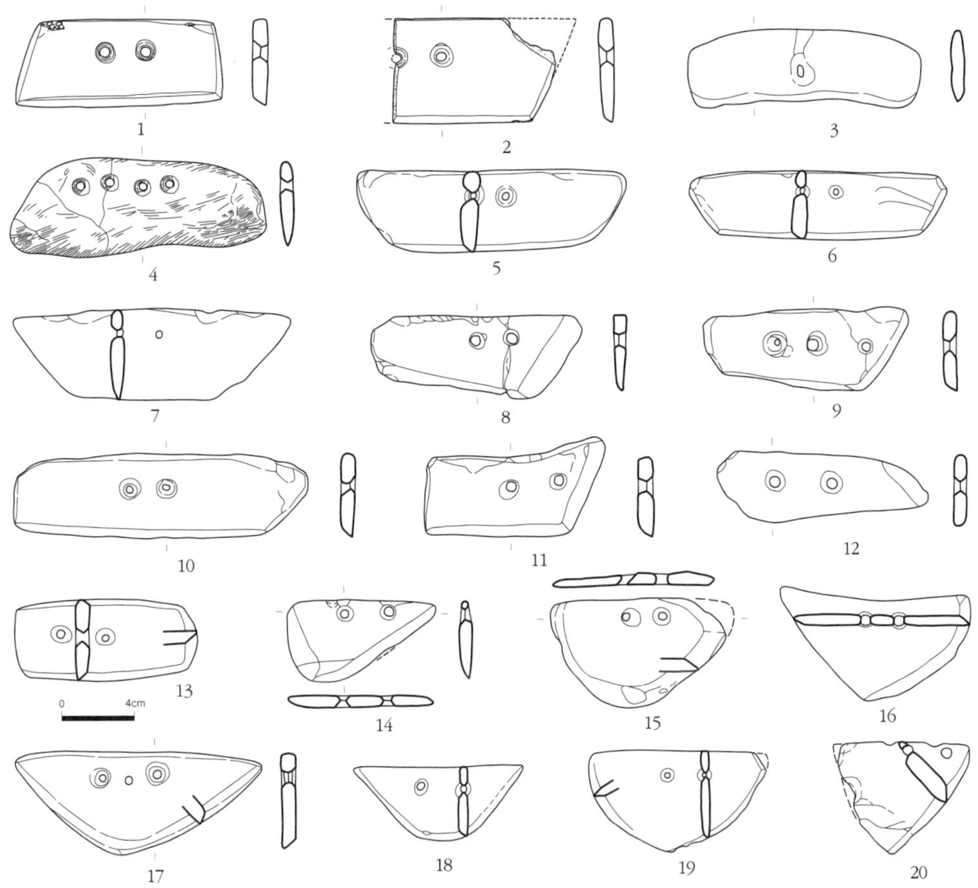

1 · 2 동천동, 3 초도, 4 심귀리, 5~7 하천리, 8~11 석곡리, 12 대홍리, 13 석탄리, 14 휴암리, 15 대곡리, 16~19 송국리, 20 고남리

그림 12 | 직인류 반월형석도

세 번째, 제형과 역제형은 본 항의 형식분류에서 새로이 추가된 형식으로 두 형식 모두 직배직인의 형태를 이루고 있다. 제형은 즐형의 반월형석도가 사용에 의하여 변화된 형식으로 볼 수도 있으나, 제형석도의 背部 형태가 직선인데 반하여 즐형석도의 배부 형태는 곡선으로 이루어져 있어 차이를 보인다. 배부는 인부

31) 정찬영, 1983, 「심귀리 집자리」『압록강 · 독로강류역 고구려유적 발굴보고』유적발굴보고 13, 과학 · 백과사전출판사, p.15.

32) 아산 명암리유적에서는 舟形에 구멍이 4개 뚫린 석도가 출토된 바 있다.
충남대학교박물관, 2001, 『아산 명암리유적』, 현장설명회자료, p.14.

에 비하여 상대적으로 마모에 의한 재가공의 가능성이 적기 때문에 이러한 배부 형태의 차이를 통하여 서로 다른 형식으로의 설정이 가능하다고 생각한다. 제형의 반월형석도는 모두 8점으로, 북한지역에서만 확인되고 있다. 인부의 형태는 편인 4점, 양인 4점이며, 구멍의 수는 1공과 2공이 각각 4점이다.

한편, 역제형에 대해서는 주형 반월형석도의 弧刃이 사용에 의한 재가공 과정에서 直刃化된 것으로서 특수한 형식으로 볼 수 없다는 견해가 있다.[33] 그러나 荷川里遺蹟에서 출토된 3점의 석도[34]가 동일하게 이러한 형태를 취하고 있으며(그림 12-5~7), 그 가운데 인부의 형태상 미제품으로 추정되는 반월형석도의 전체적인 형태가 이미 역제형을 이루고 있는 것으로 볼 때(그림 12-7), 사용에 의한 형태의 변형이 아닌 하나의 형식으로 설정하는 것이 타당하다고 생각한다. 역제형은 직배직인이면서 인부가 3개로 이루어져 있다. 모두 11점이 출토되었는데, 인부의 형태와 구멍의 수가 편인에 2공으로 통일성을 보이고 있다.

네 번째, 편주형도 이번의 형식분류에서 새로이 추가된 형식으로 직배직인에 2개 이상의 인부로 이루어지는 것을 특징으로 한다.[35] 이러한 형태의 석도에 대해서도 재가공에 의한 형태 변화로 보는 설이 있으나,[36] 최근에 발굴되는 예가 증가하면서 일정한 지역성을 보이고 있어 하나의 형식설정이 가능할 것으로 생각한다.[37] 특히 금강유역의 石谷里遺蹟에서는 출토된 모든 석도[38]가 편주형을 이루고 있으며(그림 12-8~11), 인근에 위치한 大興里遺蹟에서도 이와 같은 형태의 석도[39]가 확인되고 있다(그림 12-12). 한편, 석곡리유적과 석탄리유적에서 출토된 편주형의 석도 가운데에는 전체적인 형태가 장방형을 이루는 것[40]이 1점씩

33) 황기덕, 1959, 「1958년 춘하기 어지돈 관개공사구역 유적정리 간략보고(II)」『문화유산』2, 과학원출판사, p.72.

34) 金秉模 · 崔虎林 · 金明辰 · 沈光注, 1984, 「中原 荷川里 D地區 遺蹟 發掘調查報告」『忠州댐 水沒地區 文化遺蹟 發掘調查綜合報告書』, 忠北大學校博物館, pp.258~260.

35) 편주형의 측면 날에 대해서는 일상용 刀와 같은 용도로 사용되었을 가능성이 지적된 바 있다. 배진성, 2005, 「無文土器時代 石器의 地域色과 組成變化」『사람과 돌』, 국립대구박물관, p.381.

36) 林尚澤, 1999, 『天安 大興里遺蹟』, 忠南大學校博物館 · 서울大學校考古美術史學科, p.84.

37) 李弘鍾 · 孔敏奎 · 孫晙鎬, 2000, 『石谷里遺蹟』, 高麗大學校埋藏文化財研究所, p.111.

38) 李弘鍾 · 孔敏奎 · 孫晙鎬, 2000, 앞의 책, p.40 · 48.

39) 林尚澤, 1999, 앞의 책, p.85.

40) 리기련, 1980, 앞의 책, p.63.

있다(그림 12-10 · 13). 그러나 이러한 석도는 일반적인 장방형석도와는 달리 측면에도 인부가 형성되어 있기 때문에 편주형에 포함하였다. 편주형에 속하는 반월형석도는 모두 17점이 확인되었는데, 금강유역에서 가장 많은 11점이 출토되었다. 인부의 형태와 구멍의 수는 모두 편인과 2공으로 역제형과 같은 통일성을 보이고 있다.

마지막으로 삼각형은 다른 형식에 비하여 가장 많은 연구가 진행된 형식이라 할 수 있다. 대표적인 연구성과로는 崔仁善과 金相冕의 연구가 있으나,[41] 양자의 형식분류는 너무 세분되어 이를 따를 경우 혼란을 야기할 여지가 있다. 그러므로 본 항에서는 이 형식을 따로 세분하지 않겠다. 삼각형은 직배직인에 2개의 인부가 상반되어 交刃을 이루는 것이 기본적인 형태이지만, 그밖에 한쪽 인부가 곡선을 이루는 것(그림 12-14~16), 교인을 이루지는 않지만 직선적인 2개의 인부를 가지는 것(그림 12-17 · 18) 등이 있다. 이렇게 기본적인 형태를 벗어난 석도는 출토량이 소수에 불과한데, 인부의 형태를 볼 때 미제품이나 반복적인 사용에 의한 변형일 가능성이 크다고 할 수 있다. 다만, 교인이 아닌 형태의 석도에 대해서는 이것을 주형으로 보는 견해도 있으나,[42] 전체적인 형태가 삼각형에 가까우며 인부가 직선으로 이루어져 있기 때문에 삼각형에 포함시키는 것이 타당하다고 생각한다. 삼각형에 해당하는 반월형석도는 모두 74점이 확인되었는데, 송국리문화의 분포지역에서만 보이고 있다. 인부의 형태는 74점 모두 편인이다. 다만, 松菊里遺蹟에서 교인의 한쪽 인부가 양인인 예[43]가 1점 확인되고 있지만(그림 12-19), 이는 미완성품 또는 재가공 과정에서 발생한 예외적인 것으로 보이기 때문에 삼각형석도의 기본적인 인부 형태는 모두 편인이라고 할 수 있다. 구멍의 수는 1공이 18점, 2공이 56점 확인되어 삼각형석도의 대부분이 2공인 것으로 볼 수 있다. 한가지 주목되는 것은 구멍이 1개인 석도가 금강유역에서 단 1점만 확인된다는 것이다. 이와는 반대로 낙동강유역에서는 확인된 19점 가운데 14점이 1공을 이루고 있어 대조를 보인다. 이밖에 영산 · 섬진강유역에서도 3점의

---

41) 崔仁善, 1985, 「韓國交刃石刀에 對한 考察」 『全南文化』3, 全南大學校全南文化硏究會.
金相冕, 1985, 『三角形石刀의 一硏究』, 嶺南大學校大學院 碩士學位論文.

42) 姜仁求 · 李健茂 · 韓永熙 · 李康承, 1979, 『松菊里』 I, 國立中央博物館, p.62.
지건길 · 안승모 · 송의정, 1986, 『松菊里』 II, 국립중앙박물관, p.11.

43) 姜仁求 · 李健茂 · 韓永熙 · 李康承, 1979, 앞의 책, 圖面108.

1공 석도가 출토되었다.

⑵ **弧刃類**

弧刃類는 魚形과 舟形으로 구분된다. 기본적인 형태는 어형이 弧背弧刃, 주형은 直背弧刃으로 背部의 형태에서 차이가 있으나, 주형 가운데에서 배부가 약간 外彎하여 형식을 설정하기가 애매한 것이 존재한다. 이러한 형식분류의 혼란을 피하기 위하여 본 항에서는 어형과 주형의 구분에만 이용되는 분류의 기준을 상정하였다. 이는 池健吉・安承模가 제시한 방법[44]을 약간 변화시킨 것으로 다음과 같다. 우선 석도의 양측에 위치한 2개의 꼭지점(背部와 刃部가 만나는 점)을 잇는 선을 橫軸線이라고 하였다. 그리고 횡축선에 직교하면서 석도의 최대폭을 나타내는 선을 縱軸線으로 정하였다. 어형과 주형의 구분은 이 횡축선과 종축선이 교차하는 점이 석도의 배부로부터 종축선 1/3지점 이상에 위치하면 주형, 1/3지점 이하에 위치하면 어형으로 설정하였다. 이는 석도의 전체적인 外觀에 의하여 형식을 구분하기 위한 분류 기준이다. 상기한 방법을 통하여 분류된 각각의 형식에 대하여 보다 자세히 살펴보면 다음과 같다.

먼저, 어형은 모두 합하여 74점이 확인되었다. 인부의 형태는 보고서상에 단면 형태가 제시되지 않은 2점을 제외한 71점이 片刃이며, 兩刃은 단 1점뿐이다. 한편, 구멍의 수는 대다수가 2공이지만, 북한지역에 해당하는 압록・청천강유역과 대동강유역, 그리고 원산만일대에서 6점, 남한지역의 금강유역에서 1점의 1공 석도가 출토되었다.

다음으로 주형은 기존의 연구에서 長舟形과 短舟形으로 세분되었던 형식이다. 金元龍은 長幅比에 의해 단주형은 3 : 1 전후, 장주형은 4 : 1 전후로 구분하였으며,[45] 安承模는 석도의 길이가 16cm 이상이면 장주형, 그 이하면 단주형으로 분류하였다.[46] 그러나 이러한 양자의 형식분류는 모두 분류 기준의 근거를

---

44) 池健吉・安承模는 魚形과 長舟形의 구분을 위하여 양측의 등과 날이 만나는 점을 연결한 선이 등과 날 가운데를 연결한 선과 만나는 점이 등에서 1/3 이내일 때는 장주형으로, 날에서 1/2 이내로 떨어질 때는 어형에 포함시키는 기준을 제시하였다. 그러나 이러한 방법을 이용하여 분류를 시도할 경우 분류기준에 해당하지 않는 석도의 예가 발생하는 문제점이 있다.
池健吉・安承模, 1983, 「韓半島 先史時代 出土 穀類와 農具」 『韓國의 農耕文化』, 京畿大學出版部, p.64.

45) 金元龍, 1972, 앞의 논문, p.4.

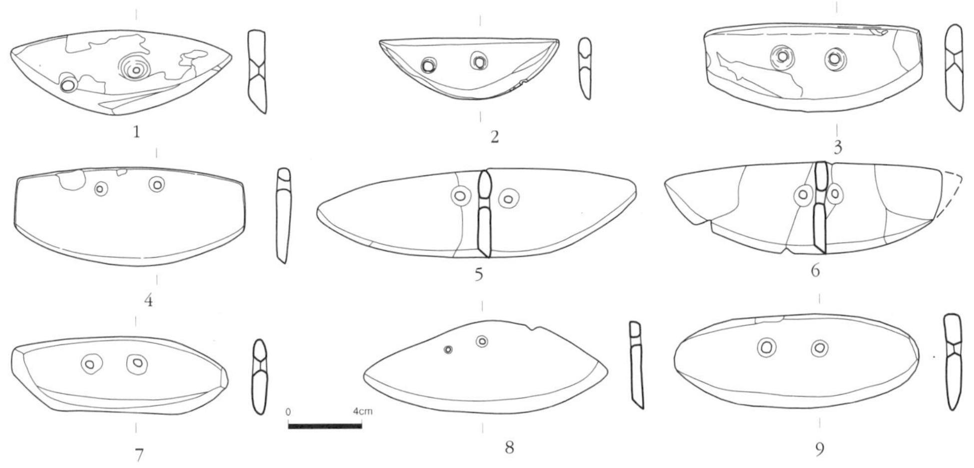

그림 13 | 호인류 반월형석도

1 검단리, 2 월산리, 3 서변동, 4 욱수동, 5 · 6 석탄리, 7 관산리, 8 고죽동, 9 미사리

뚜렷하게 제시하지 못하고 있으며, 또 영세한 자료에 의하여 도출된 기준이기 때문에 본 항에 제시된 모든 반월형석도를 분류하기에는 적합하지 않다. 그러므로 필자는 본 항에서 직배호인이라는 공통적인 형태적 특징을 가지는 장주형과 단주형을 따로 세분하지 않고 하나의 형식으로 통합하여 주형을 설정하였으며, 주형석도의 장폭비, 또는 길이의 차이를 하나의 형식 내에서 변화하는 양상으로 파악하였다.

주형은 본 항에서 분류된 형식 가운데 가장 많은 수인 191점이 확인되어 한반도에서 출토된 반월형석도 중에 가장 일반적으로 사용된 석도라고 할 수 있다. 한편, 주형 가운데 양변을 잘라서 장방형에 가까운 것을 별도의 형식으로 보는 견해가 있지만(그림 13-3 · 4),[47] 특별한 지역성이나 시간성이 간취되지 않기 때문에 본 항에서는 단순한 주형의 변형으로 파악하고자 한다. 인부의 형태는 대부분 편인이지만, 대동강유역에서 확인된 석도 가운데 3점만이 양인의 형태를 이루고 있다. 구멍의 수는 2공이 대부분으로 1공은 총 14점이 확인되었다.

46) 安承模, 1985, 앞의 책, p.9.

47) 李亨源, 2001, 「可樂洞類型 新考察」『湖西考古學』4 · 5, 湖西考古學會, p.134.

⑶ 再加工品

再加工品으로 분류된 것은 반복적인 사용, 또는 파손된 석도에 재가공이 행하여져 석도가 처음 제작되었을 당시의 형태가 변형되어 상기한 형식분류에 포함되지 않는 독특한 형태를 이루게 된 것을 말한다. 그러므로 재가공된 것이 확실한 경우라 하더라도 석도의 전체적인 형태가 일정한 형식에 속하는 것은 해당 형식에 포함하여 재가공품으로 분류하지 않았다(그림 12-20 · 13-8). 재가공품에 해당하는 석도는 모두 9점이다. 이 가운데 심귀리유적,[48] 欣岩里遺蹟,[49] 白石洞遺蹟 출토품[50]은 모두 좌측면에 구멍을 뚫으려 한 흔적이 남아 있기 때문에 재가공품으로 분류하였다(그림 14-1~3). 한편, 寬倉里遺蹟에서 출토된 2점[51]은 필자가 실견한 바에 의하면 왼쪽 측면의 파손된 부분을 다시 마연하여 부드럽게 만든 흔적을 확인할 수 있었다(그림 14-4 · 5). 이러한 예를 통해 볼 때 파손품이나 미제품으로 분류되어 본 항의 형식분류 대상에서 제외된 석도 가운데에서 재가공품으로 분류될 수 있는 석도가 상당수 존재할 가능성도 배제할 수 없다.

구멍의 수는 2공이 8점, 1공이 1점이지만, 背部 및 측면에 구멍을 뚫으려 한 것이 4점 확인되어(그림 14-1~3 · 5) 구멍의 透孔에 있어서도 재가공이 이루어진 것을 알 수 있다. 한편, 刃部의 형태는 片刃이 7점, 兩刃이 2점인데, 양인에 해당

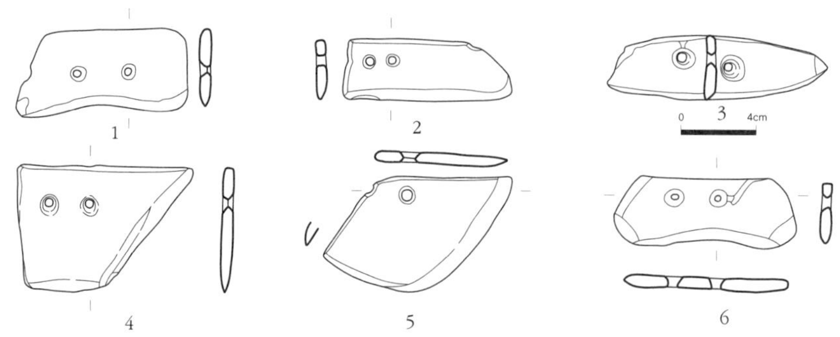

그림 14 | 재가공품 반월형석도

1 심귀리, 2 흔암리, 3 백석동, 4 · 5 관창리, 6 대평리

48) 정찬영, 1983, 앞의 논문, p.15.

49) 金元龍 · 任孝宰 · 崔夢龍 · 呂重哲 · 郭乘勳, 1973, 앞의 책, 圖版10.

50) 李南奭 · 李 勳 · 李賢淑, 1998, 『白石洞遺蹟』, 公州大學校博物館, p.164.

51) 李弘鍾 · 姜元杓 · 孫晙鎬, 2001, 『寬倉里遺蹟』, 高麗大學校埋藏文化財硏究所, p.241 · 488.

하는 석도의 인부가 모두 계속된 사용에 의하여 內彎하는 형태를 이루고 있는 점이 주목된다(그림 14-1 · 6). 이러한 예는 비교적 오랫동안 사용된 석도의 인부가 둔화되면서 兩刃化되는 과정을 보여주는 것으로, 인부의 형태가 석도의 반복적인 사용에 의하여 변화될 가능성을 시사하는 것이다.

4) 石斧

본 항에서 검토대상으로 삼은 마제석부는 총 1,340점이다. 형식분류는 먼저 刃部의 형태에 따라 蛤刃을 포함한 兩刃과 片刃으로 양분하였는데, 이는 기능의 차이에 따른 구분이다. 일반적으로 대형의 합인석부는 벌채용, 편인석부는 목재의 가공용으로 이용되었다고 본다.[52] 양인석부의 세분에 대해서는 下條信行의 분류안을 일부 받아들여 단면형태에 따라 方形系와 圓形系로 구분하였다.[53] 편인석부는 柱狀片刃石斧, 扁平片刃石斧, 石鑿으로 세분하였는데, 주상편인석부는 목기의 1차 가공용, 비교적 소형의 편평편인석부와 석착은 2차 가공용으로 각각의 기능이 상정된 바 있다.[54] 이밖에 環狀石斧와 多頭石斧는 異形으로 별도 구분하였

사진 10 | 마제석부 각종

52) 佐原眞, 1977, 「石斧論」『考古論集』, 松崎壽和先生退官記念事業會編.

53) 下條信行은 양인석부를 크게 棒形과 扁平形으로 구분하고, 봉형을 다시 횡단면의 형태에 따라 장방형과 타원형으로 세분하였다. 그러나 편평형의 구분에는 애매한 부분이 존재하며 수량도 많지 않기 때문에, 본 항에서는 방형계 또는 원형계에 포함시켜 분류하였다.
下條信行, 2002, 「北東アジアにおける伐採石斧の展開」『韓半島考古學論叢』, すずさわ書店, pp.126~129.

54) 裵眞晟, 2000, 『韓半島 柱狀片刃石斧의 硏究』, 釜山大學校大學院 碩士學位論文, pp.82~83.

다. 이들의 기능에 대해서는 무기로서의 棍棒頭,[55] 또는 전투지휘용이나 族長의 象徵具로 보는 견해가 있다.[56]

표 4 | 한반도 출토 마제석부의 형식분류

刃部의 形態	細部形態	地域別 出土樣相									分析對象總數 1,340점	百分率(%)		模式圖
		豆滿江	鴨綠淸川江	大同江	元山灣	漢江	嶺東	錦江	榮山蟾津江	洛東江				
兩刃類	方形系	12	24	62	9	5	6	35		16	169	12.6	31.6	
	圓形系	21	13	38	11	22	19	32	11	88	255	19.0		
片刃類	柱狀片刃	1	4	24	6	4	1	33	28	88	189	14.1	62.0	
	扁平片刃	42	24	80	8	43	8	164	38	138	545	40.7		
	石鑿	9	3	20	3	4		22	7	28	96	7.2		
異形	環狀	2	11	14	3	5	1	6	1	18	61	4.5	6.4	
	多頭	2	3	16	2					2	25	1.9		

(1) 兩刃類

兩刃類는 단면형태에 따라 方形系와 圓形系로 구분된다. 먼저, 방형계는 169점 확인되었으며(그림 15-1~12), 이 가운데 장방형이 128점으로 대다수를 차지하고 있다(그림 15-1 · 2 · 6~12). 장방형 중에서는 두께가 매우 얇은 것이 존재하는데, 북한 측에서는 이를 패쪽[57]도끼 또는 單札形으로 분류하고 있다(그림 15-9~12). 총 27점 가운데 20점이 북한지역에서 출토되었으며, 남한지역에서는 낙동강유역에서 6점, 한강유역에서 1점 확인될 뿐이다. 이러한 형식의 석부 가운데에는 刃部의 형태가 片刃에 가까워 후술할 대형 扁平片刃石斧와의 구분이 애매한 것도 있지만(그림 15-11 · 12), 북한 측 자료의 경우 제시된 도면만으로는 확인

55) 尹德香, 1983, 「石器」『韓國史論』13, 國史編纂委員會, p.19.
56) 盧爀眞, 1984, 「江原地方의 磨製石斧」『論文集』2, 翰林大學, p.96.
57) 갑옷에 붙인 자그마한 쇠붙이
한창균, 1996, 『북한 고고학 미술사 용어집』, 백산자료원, p.380.

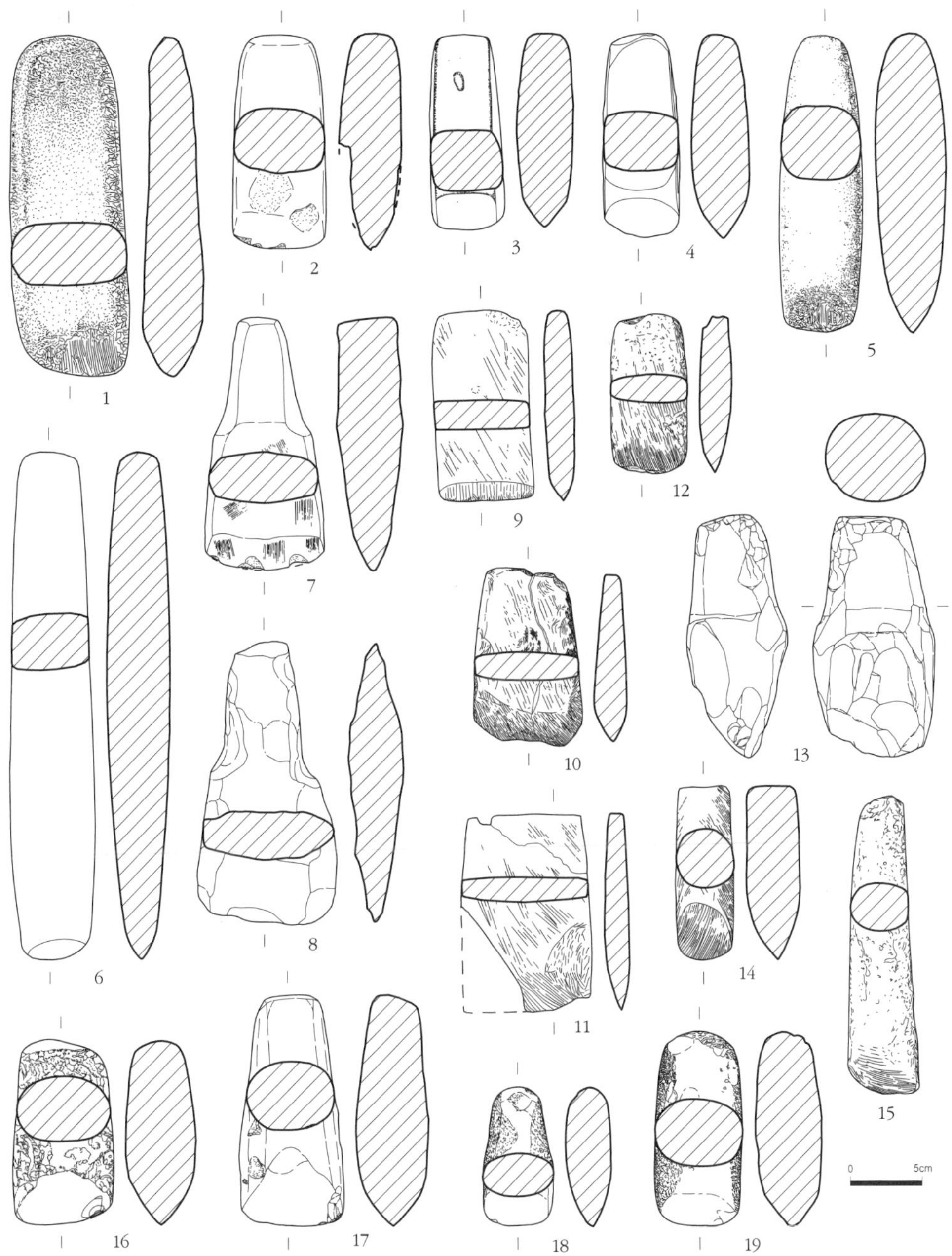

1 · 5 공귀리, 2 원북리, 3 백석동, 4 관산리, 6 석탄리, 7 · 8 오곡리, 9 송련리, 10 · 11 심귀리, 12 · 15 범의구석, 13 국산, 14 토성리, 16 검단리, 17 휴암리, 18 계수동, 19 율전동

그림 15 | 양인류 마제석부

이 어렵기 때문에 확실한 편인석부를 제외한 나머지는 모두 양인으로 분류하였다. 한편, 북한지역에서만 확인되는 특이한 형식으로 평면 세장방형의 대형 석부가 있다. 서포항유적[58]과 석탄리유적[59]에서 3점 출토되었는데, 석탄리유적 출토품의 경우 길이가 38cm에 달한다(그림 15-6). 초대형에 출토량이 소수이며 전면을 잘 마연하였다는 유물설명 등을 볼 때, 실생활용이 아닐 가능성도 있다. 이와 달리 단면 장방형의 有肩石斧는 남한지역에서만 확인되는 형식이다(그림 15-7). 낙동강유역에서 2점이 출토되었는데, 함안 梧谷里遺蹟[60]과 진주 大坪里遺蹟[61]에서 이러한 형태의 미제품이 출토되고 있어 하나의 형식으로 인정하는 것이 가능하다(그림 15-8).

다음으로 원형계를 살펴보면 총 255점이 확인되어 양인석부 가운데 가장 많은 출토량을 보인다(그림 15-13~19). 이 가운데 타원형이 230점을 차지하고 있어, 가장 일반적으로 사용된 양인석부 형식임을 알 수 있다(그림 15-16~19). 방형계와 달리 대형과 소형으로 구분 가능하며 크기에 따라 기능의 차이가 존재할 수도 있지만, 명확한 구분의 기준을 세우기에는 무리가 있다. 한편, 단면 원형의 석부 가운데 위쪽으로부터 1/2 부분에 段이 형성되어 있는 특이한 형태의 석부가 있다. 이는 遼東形伐採石斧 또는 一段石斧 등으로 불리며 출토 사례가 소수 알려져 있지만,[62] 아직까지 발굴조사된 유구 출토품이 없기 때문에 유물의 성격을 논하기에는 무리가 있다. 본 항의 검토대상 가운데에서는 국산유적에서 1점 확인되었는데,[63] 역시 지표채집품이다(그림 15-13).

⑵ 片刃類

片刃類는 전술한 바와 같이 목재의 가공용 석부로, 1차 가공용인 柱狀片刃石

58) 김용간 · 서국태, 1972, 「서포항 원시유적 발굴보고」 『고고민속론문집』4, 사회과학출판사, p.128.

59) 리기련, 1980, 앞의 책, p.24 · 73.

60) 朴東百 · 金亨坤 · 崔憲燮 · 兪炳一 · 朴文洙, 1995, 『咸安 梧谷里遺蹟』, 昌原大學校博物館, p.25.

61) 李亨求, 2001, 『晉州 大坪里 玉房 5地區 先史遺蹟』, 鮮文大學校, p.299.

62) 下條信行, 2000, 「遼東形伐採石斧の展開」 『東夷世界の考古學』, 青木書店.
김경칠, 2003, 「韓半島 出土 一段石斧에 對한 小考」 『목포대학교박물관20주년기념논총』, 목포대학교박물관.

63) 최성락 · 한옥민, 2001, 『함평 성남 · 국산유적』, 목포대학교박물관, p.198.

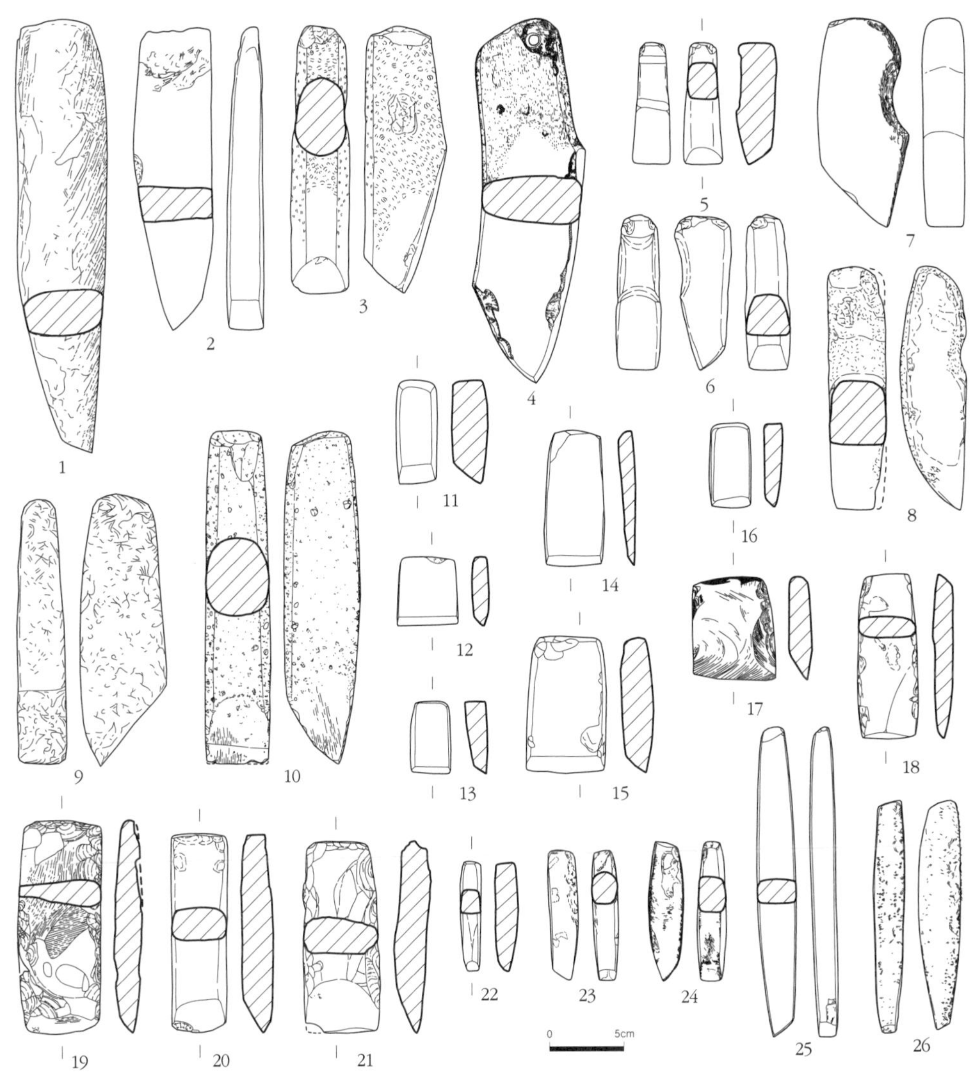

1. 금탄리 2. 고연리 3 · 16 · 21 · 22 관창리, 4 장천리, 5 · 6 송국리, 7 금야, 8 대청, 9 세죽리, 10 진라리, 11~13 당정리, 14 지리, 15 나복리, 17 심귀리, 18 · 25 중도, 19 검단리, 20 구곡, 23 죽내리, 24 황토전, 26 원암리

그림 16 | 편인류 마제석부

斧와 2차 가공용의 扁平片刃石斧, 石鑿으로 구분된다. 먼저, 주상편인석부는 목제 자루와의 장착방법에 따라 有段石斧, 有溝石斧, 그리고 狹義의 주상편인석부로 세분된다. 유단석부의 段은 주로 刃部가 형성된 면에 위치하는데, 타격시 석부가 柄孔의 뒤쪽으로 빠지는 것을 막기 위한 방지턱으로서의 기능이 상정되고

있다(그림 16-1~3).[64] 총 19점 가운데 16점이 대동강유역에서 출토되어 이 지역의 특징적인 형식이라 할 수 있다. 영산강유역의 長川里遺蹟 출토품[65]도 이러한 형식으로 분류되고 있지만, 구멍이 뚫려 있어 일반적인 유단석부와는 차이가 있다(그림 16-4). 유구석부는 유단석부와는 달리 인부가 형성된 곳의 반대쪽에 溝를 갖지만, 목제 자루와의 결박을 강화하기 위한 목적은 동일하다(그림 16-5~8). 104점이 확인되었는데, 북한지역의 9점을 제외한 대부분이 남한지역에서 출토되고 있다. 석부의 단면, 인부와 구의 형태 등 세부속성의 차이에 의하여 송국리문화단계의 梯溝石斧, 점토대토기문화단계의 弧溝石斧로 구분되기도 한다.[66] 이밖에 단 또는 구를 갖지 않는 협의의 주상편인석부는 전국적으로 66점 확인되었다(그림 16-9 · 10).

다음으로 편평편인석부와 석착은 목재의 2차 가공구에 해당한다. 이 중 편평편인석부는 총 545점이 확인되어, 본 항의 검토대상 석부 가운데 가장 많은 출토량을 보인다(그림 16-11~18). 따라서 이러한 형태의 석부를 이용하는 작업이 빈번하였음을 짐작할 수 있다. 편평편인석부 가운데에는 비교적 대형의 것도 존재하는데, 이들의 길이는 대체로 12~15cm 정도이다(그림 16-19~21). 한편, 석착은 전체 길이에 관계없이 인부의 폭이 좁은 것을 특징으로 하고 있다(그림 16-22~26). 영동지역을 제외한 한반도 전 지역에서 96점 확인되었다.

⑶ 異形

異形石斧에는 環狀石斧와 多頭石斧가 있다. 먼저, 환상석부는 61점이 확인되었는데, 전국적인 분포상을 보이고 있다(그림 17-1~8). 단면형태, 刃部의 형성여부, 천공부위의 段 유무 등으로 세분된다.[67] 이 중 단면 렌즈형에 날을 세우고 천공부위에는 단이 없는 것이 다수를 차지하고 있다(그림 17-1~3). 형태를 약간 달리하는 대전 加午洞遺蹟 출토품의 경우[68] 평면형태가 말각방형이며 구멍의

64) 裵眞晟, 2000, 앞의 책, p.22.
65) 崔盛洛, 1986, 『靈巖 長川里 住居址』Ⅰ, 木浦大學校博物館, p.75.
66) 盧爀眞, 2001, 「有溝石斧 再檢討」『古文化』57, 韓國大學博物館協會, pp.5~6.
67) 천공부위의 단은 구멍을 뚫을 때 생기는 석기의 파손과 양쪽 천공시의 어긋남을 방지하기 위한 고안이라 한다.
국립대구박물관, 2005, 『사람과 돌』, p.253.
68) 中央文化財硏究院, 2003, 『大田 加午洞遺蹟』, p.44.

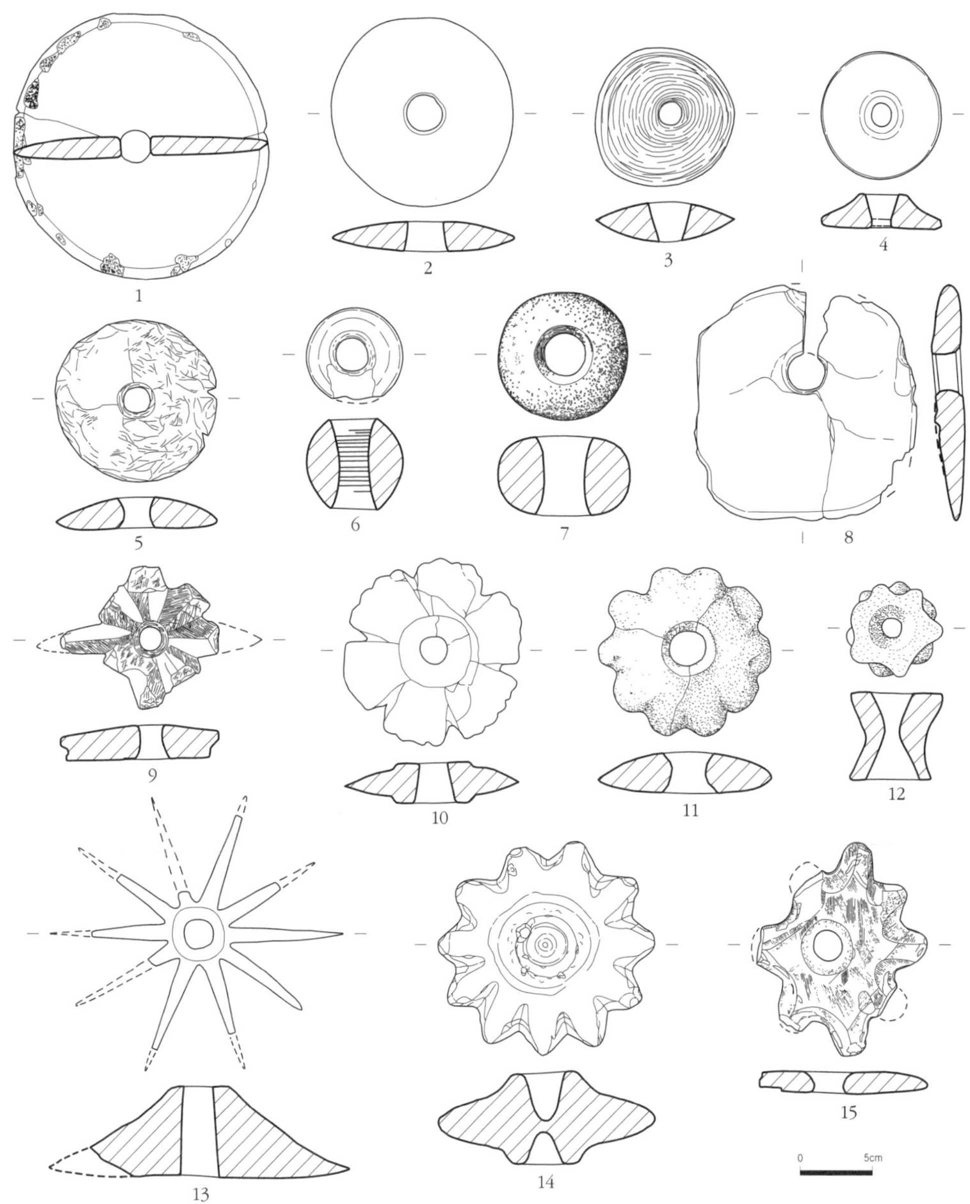

1. 송국리 2 · 9 · 13 고연리, 3 표대, 4 초곡리, 5 심귀리, 6 송현동, 7 범의구석, 8 가오동, 10 주암리, 11 · 12 공귀리, 14 서변동, 15 신정동

그림 17 | 이형석부

위치도 한쪽으로 치우쳐 있지만(그림 17-8), 일단 환상석부와 동일한 성격을 갖는 것으로 파악하였다. 한편, 환상석부 가운데 상대적으로 크기가 작고 날을 세

우지 않은 것에 대해서는 環石이라 부르며, 활비비에 장착되어 축의 회전력을 높이기 위한 加重器로 이용되었을 가능성이 제기된 바 있다(그림 17-6 · 7).[69]

다두석부는 총 25점이 확인되었는데(그림 17-9~15), 이 중 16점이 대동강유역에서 출토되어 어느 정도의 지역성을 나타내고 있다. 본 항의 검토대상 가운데 남한지역 출토품은 낙동강유역의 2점에 불과하지만(그림 17-14 · 15), 최근 한강유역에서도 출토 사례가 증가하고 있다.[70] 다양한 형태가 존재하는데, 도유호는 이 가운데 돌기가 2단으로 형성된 것을 '이중식' (그림 17-12), 방사상으로 길게 뻗은 것을 '방사선' (그림 17-13)이라 각각 명명한 바 있다.[71]

2. 北韓地域 磨製石器의 變化相

북한지역에서 마제석기가 출토되어 보고된 청동기시대의 유적은 100여 개소에 이른다. 그러나 이 가운데 유적의 전모를 파악할 수 있을 정도의 전면적인 발굴조사가 이루어진 경우는 거의 없으며, 발굴된 유적 중에서도 정식으로 보고된 사례는 소수에 불과하다. 또한, 발굴보고서에 있어서도 유적에서 출토된 모든 유물을 보고하는 예가 드물고, 도면이나 사진도 소략하여 마제석기의 전반적인 성격을 규명하는 데에는 어려움이 있다. 즉, 지금까지 제시된 북한 측의 자료를 통해서는 실물자료를 관찰할 필요가 있는 석기의 기능 추정이나 석기의 출토양상 전체를 알아야만 하는 통계적 분석 · 조성비 연구, 그밖에 자연과학적 방법의 수반이 요구되는 각종 분석 등은 불가능한 것이다.

---

69) 李白圭, 1974, 「京畿道 出土 無文土器 磨製石器」『考古學』3, 韓國考古學會, pp.70~71.
李相吉, 2006, 「朝鮮半島の玉作」『季刊考古學』94, 雄山閣, pp.76~77.

70) 新梅里 · 平昌江流域 수습품과 파주 玉石里遺蹟의 다두석부 편이 알려져 있으며, 최근 조사된 화성 泉川里遺蹟과 평택 素沙洞遺蹟에서도 출토된 바 있다.
盧爀眞, 1986, 「青銅器文化」『江原道의 先史文化』, 翰林大學아시아文化研究所, p.50 · 52.
金載元 · 尹武炳, 1967, 「玉石里遺蹟」『韓國支石墓研究』, 國立博物館, p.45.
이남규 · 권오영 · 이기성 · 이형원 · 신성혜 · 조성숙 · 이진민 · 한지선 · 김여진, 2006, 『華城 泉川里 青銅器時代 聚落』, 한신대학교박물관, p.108.
姜秉學, 2006, 「平澤 素沙洞遺蹟」『서울 · 경기지역 청동기문화의 유형과 변천』 제4회 서울경기고고학회학술대회, 서울경기고고학회, p.152.

71) 도유호, 1959, 「조선 거석문화 연구」『문화유산』2, 과학원출판사, p.20.

이와 같은 이유 때문에 북한지역의 청동기시대 마제석기를 다각도로 분석하는 것은 무리가 있다. 그러므로 현재 활발한 발굴조사를 통하여 다수의 자료가 확보된 남한지역 출토품에 대한 연구와는 다른 연구방법이 요구된다. 다행스럽게도 북한 측 자료 가운데에는 층위 발굴에 의하여 시기가 명확하게 구분된 유적이 존재하며, 최근 이들 유적에 대한 보고서 몇 편이 추가로 간행된 바 있다.[72] 고고학에 있어서 유구나 유물의 시기구분을 위한 가장 객관적인 근거가 층위의 선후관계임은 주지의 사실이기 때문에, 이들 유적을 기준으로 삼아 마제석기의 변화상을 파악하는 것이 가능하리라 생각한다.

한편, 마제석기의 절대연대에 대해서는 북한 측의 연구성과를 그대로 받아들이기에 무리가 있다. 북한 학계에서는 단군릉 발굴 이후 청동기시대의 개시 연대를 기원전 3,500~3,000년으로 보고 있다.[73] 이러한 연대관은 그 설정방식에 있어서 많은 문제가 있으며,[74] 또 남한 측의 연구성과와 비교할 때에도 너무나 큰 차이가 있다. 따라서 본 절에서는 절대연대에 대한 구체적인 언급을 피하고, 북한지역에서 확인된 마제석기의 전반적인 흐름을 파악하는 데에 그 목적을 두고자 한다.

1) 地域別 磨製石器 變化相

북한지역의 청동기시대 유적은 문화적 상사성과 상이성에 따라 크게 3개의 지역으로 구분 가능하다. 남한지역의 가락동유형과 관련된 지역으로 상정되고 있는 압록·청천강유역,[75] 두만강유역을 포함한 동해안일대의 동북지역, 그리고 팽이형토기문화 관련 유적이 집중 분포하는 대동강유역으로 구분된다. 물론,

---

72) 김종혁, 2002, 앞의 논문.
서국태·지화산, 2002, 앞의 책.
석광준·김송현·김재용, 2002, 『강안리, 고연리, 구룡강유적 발굴보고』, 사회과학출판사.

73) 류병홍, 1996, 「고조선의 문화발전에 대한 고고학적 편년에 대하여」 『조선고고연구』2, 사회과학출판사, p.3.

74) 이러한 문제점에 대해서는 한창균의 논문에 자세히 정리되어 있다.
한창균, 1999, 「최근 북한의 청동기시대 연구 동향」 『韓國上古史學報』30, 韓國上古史學會, pp.130~134.

75) 大貫靜夫, 1996, 「欣岩里類型土器の系譜論をめぐって」 『東北アジアの考古學』2, 깊은샘, p.88.
朴淳發, 1999, 「欣岩里類型 形成過程 再檢討」 『湖西考古學』1, 湖西考古學會, p.85.

지역성이 특히 강한 대동강유역을 제외한 지역에 대해서는 세분도 가능하다. 압록 · 청천강유역은 압록강 상류와 하류, 청천강유역으로 구분되며, 동북지역은 두만강유역과 원산만일대로 나눌 수 있다. 그러나 이렇게 세분할 경우 표준유적이 존재하지 않는 지역이 발생하여 지역 간 비교가 불가능하다. 또한, 마제석기는 다른 연구대상에 비하여 민감한 변화상이 관찰되지 않기 때문에 보다 넓은 지역을 포괄하여 검토하여도 무방하다고 생각한다. 따라서 본 절에서는 상기한 3

그림 18 | 북한지역의 주요 검토 대상 유적

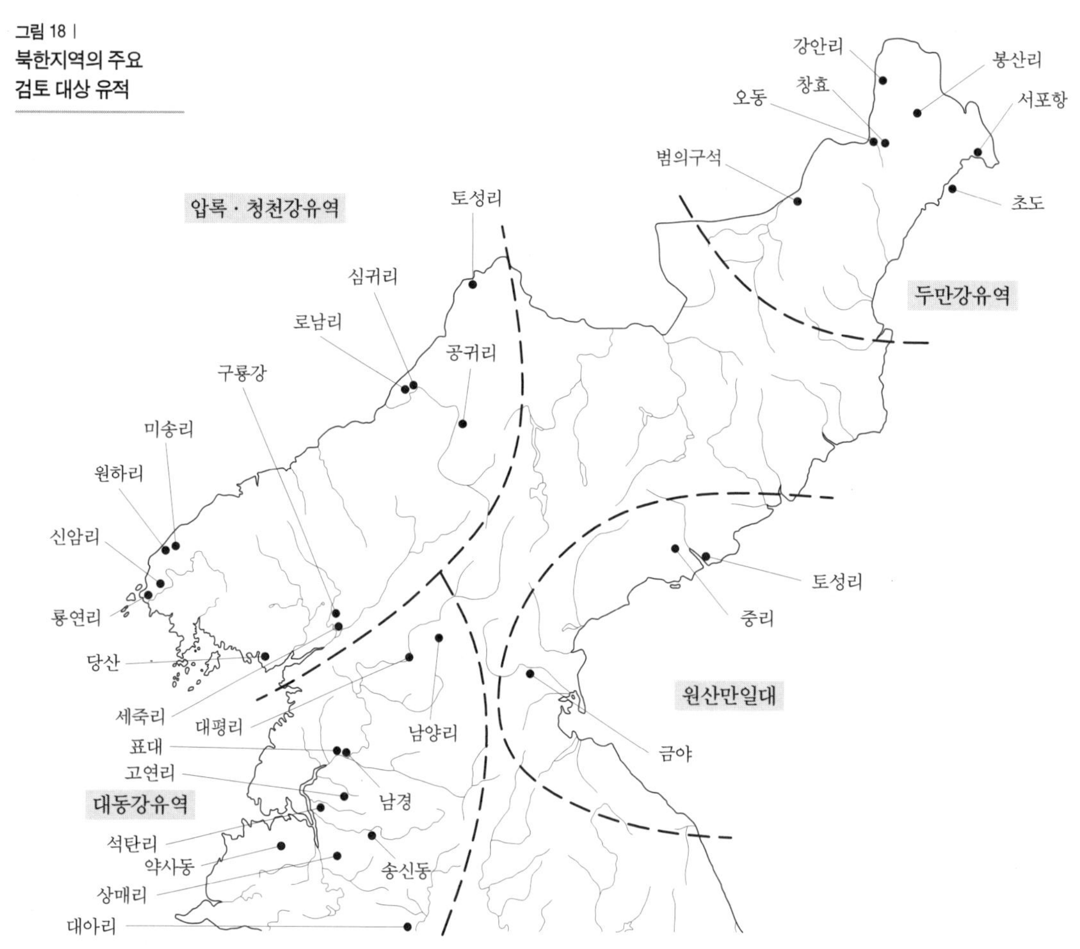

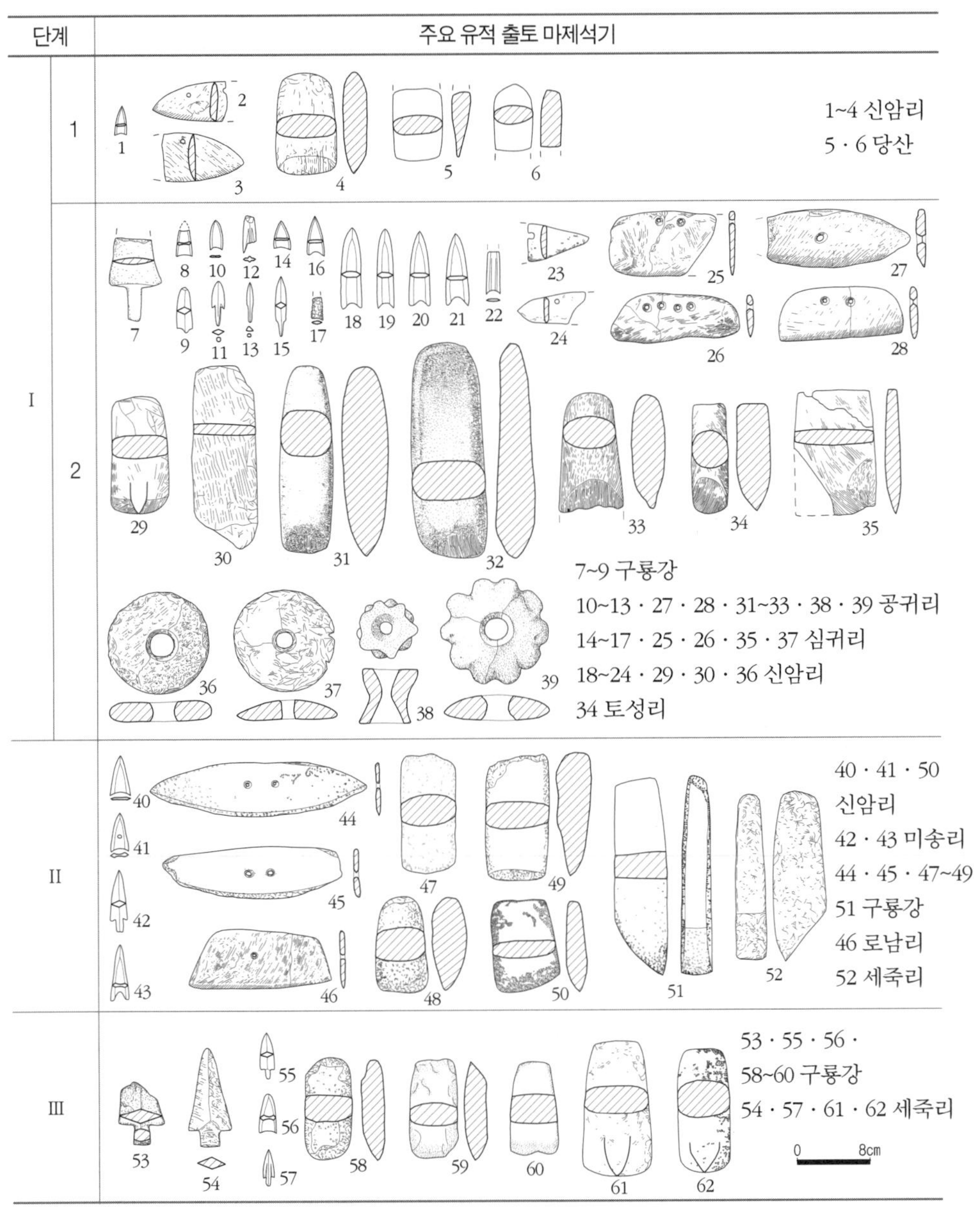

그림 19 | 압록 · 청천강유역 단계별 마제석기 변화상

개의 지역구분을 따르고자 한다. 구분된 각 지역은 문화적 성격이 상이하기 때문에 이들을 따로 구분하여 석기의 양상을 살펴본 후, 이들 상호 간의 병행관계를 파악하여 북한지역 마제석기의 전반적인 변화상을 언급하겠다.

(1) 鴨綠 · 淸川江流域

압록 · 청천강유역의 표준유적으로는 압록강 하류역의 신암리유적[76]과 청천강유역에 위치한 세죽리유적,[77] 구룡강유적[78]을 들 수 있다. 먼저, 신암리유적의 층위관계는 1문화층(청등말래) → 3지점 2문화층 → 2문화층(모래산)의 순서로 구분된다.[79] 1문화층에서 신석기시대 토기와의 공반관계가 확인되어 청동기시대의 가장 이른 시기에 해당하는 것으로 추정되고 있으며, 2문화층부터 미송리형토기와 공반되고 있다. 따라서 크게 시기를 구분하면 1문화층부터 3지점 2문화층까지를 미송리형토기 이전 단계, 2문화층을 미송리형토기 단계로 양분할 수 있다. 그런데 3지점에서 청동칼과 청동단추가 출토되며 마제석기의 변화상을 포함한 여러 가지 문화양상에 있어서 전시기와 차이점이 보이기 때문에, 1문화층과 3지점 2문화층의 사이를 分期할 필요가 있다. 다음으로 세죽리유적과 구룡강유적은 주거지 간의 중복관계와 출토유물에 의하여 3개의 문화층으로 구분되는데, 각각 공귀리형토기, 미송리형토기, 묵방리형토기가 공반되고 있다. 물론, 두 유적 사이에 토기 문양요소의 미묘한 차이를 근거로 시기적 선후관계를 상정한 논고도 있지만,[80] 마제석기의 검토에 있어서는 동일한 단계로 설정하여도 무방하다고 생각한다.

이상의 내용을 토대로 압록 · 청천강유역 청동기시대 유적의 단계를 설정하면, 미송리형토기 이전 단계(신암리유적 1문화층 → 3지점 2문화층, 세죽리 · 구룡강유적 1문화층) → 미송리형토기 단계(신암리유적 2문화층, 세죽리 · 구룡강유적 2문화층) → 묵방리형토기 단계(세죽리 · 구룡강유적 3문화층)로 정리된다.

---

76) 리순진, 1965,「신암리유적 발굴중간보고」『고고민속』3, 사회과학원출판사.
김용간 · 리순진, 1966,「1965년도 신암리유적 발굴보고」『고고민속』3, 사회과학원출판사.

77) 김정문, 1964,「세죽리유적 발굴중간보고(1)」『고고민속』 2, 사회과학원출판사.
김영우, 1964,「세죽리유적 발굴중간보고(2)」『고고민속』 4, 사회과학원출판사.

78) 석광준 · 김재용, 2002,「구룡강유적 발굴보고」『강안리, 고연리, 구룡강유적 발굴보고』, 사회과학출판사.

79) 3지점 1문화층과 4지점에 대해서는 도면으로 제시된 마제석기가 존재하지 않기 때문에 본절의 검토대상에서 제외한다.
김용간 · 리순진, 1966, 앞의 논문, pp.25~26.
강중광, 1979,「신암리 원시유적 제4지점에 대하여」『력사과학』2, 과학 · 백과사전출판사.

80) 차달만, 1993,「청천강류역 청동기시대 유적들의 년대」『조선고고연구』2, 사회과학출판사, p.11.

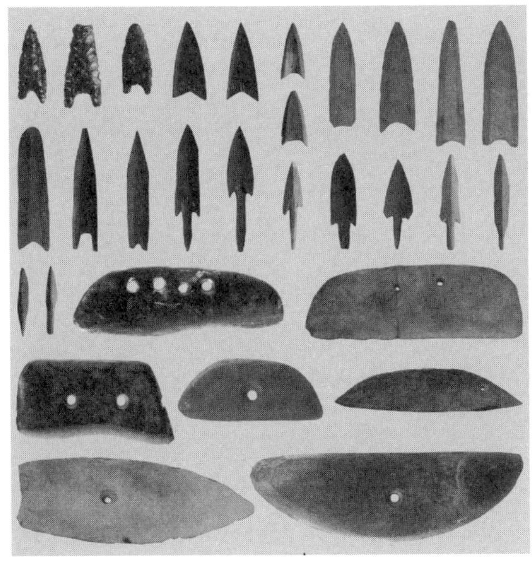
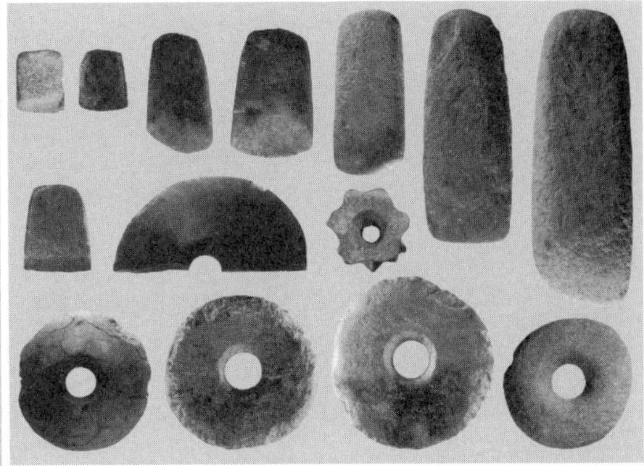

사진 11 · 12 | 압록 · 청천강유역 출토 마제석기 1 · 2

이를 기술의 편의상 각각 Ⅰ · Ⅱ · Ⅲ단계로 명명하고, Ⅰ단계를 다시 신암리유적 1문화층과 3지점 2문화층으로 구분하여 Ⅰ-1 · Ⅰ-2단계로 세분하였다. 세죽리 · 구룡강유적 1문화층도 Ⅰ-2단계에 해당한다. 이러한 단계 설정에 따라 마제석기의 기종별 변화양상을 살펴보면 다음과 같다.

먼저, 武器形石器[81] 가운데 석검은 신암리유적 1문화층에서는 발견되지 않고 있어 Ⅰ-2단계부터 등장한 것으로 판단된다. 有莖式에 단면 렌즈형이 최초로 나타나며(그림 19-7),[82] Ⅲ단계가 되면 단면 능형에 경부가 짧아진 형태가 등장한다(그림 19-53 · 54). 다음으로 석촉은 扁平三角彎入鏃이 Ⅰ-1단계부터 사용된다(그림 19-1). 단면 형태는 편평한 것과 보다 오목하게 만들어 화살대와의 결박을 강화한 것이 있는데, 신암리유적 1문화층과 3지점 2문화층에서는 전자만 출토되는데 반하여(그림 19-18~22) 구룡강유적 1문화층과 신암리유적 2문화층에

81) 무기형석기란 석검, 석창, 석촉 등을 일컫는 용어로, 정확한 기능은 알 수 없지만 형태상 무기와 유사하다는 의미로 사용된다. 따라서 무기형석기의 기능을 단순히 무기로 한정하는 것은 아니다. 무기형석기 각 기종의 기능에 대해서는 본고의 Ⅴ장에서 자세히 언급하였다.

82) Ⅰ단계에 해당하는 유경식의 실례는 구룡강유적 출토품 1점에 불과하다. 따라서 자료상의 한계가 존재하지만, 단 1점의 자료일지라도 이를 부정할 뚜렷한 근거가 없다면 인정하는 것이 옳다고 생각한다. 또, 후술할 遼東半島나 두만강유역 석창과의 관련성을 생각하여도 유경식의 Ⅰ단계 등장은 압록강유역에서 자연스러운 흐름이라 할 수 있다.

서는 전자와 후자가 공반되어(그림 19-8 · 40 · 41) 양자 간의 변화상을 살펴볼 수 있다. 단면 능형의 有莖鏃은 一段莖式만이 확인되고 있는데, Ⅰ-2단계부터 등장하기 시작하여(그림 19-9 · 11 · 15) Ⅲ단계까지 扁平鏃과 공반된다(그림 19-55 · 57). 血溝의 존재는 Ⅰ-2단계에 편평촉과 단면 능형의 석촉에서 모두 관찰되며(그림 19-12 · 22), Ⅲ단계의 일단경촉에서도 확인된다(그림 19-57). 한편, 압록강 상류역의 유적에서는 혹요석제 석촉이 나타나며(그림 19-17), 단면 삼각형의 三菱鏃도 등장한다(그림 19-13).

석도는 가장 이른 시기부터 魚形이 사용되며(그림 19-2 · 3), Ⅱ단계부터 舟形과 공반되고 있다(그림 19-45). 어형은 신석기시대 말기의 룡연리유적에서도 확인되는 것을 볼 때,[83] 한반도 청동기시대의 가장 이른 형식으로 상정할 수 있다. 석도의 단면 형태는 대부분 片刃이다. 한편, 압록강 상류역에 위치한 유적에서는 長方形과 櫛形이 Ⅰ-2단계에(그림 19-25 · 26 · 28), 梯形이 Ⅱ단계에 등장하며(그림 19-46), 구멍이 1개만 뚫린 것이나 단면 형태가 兩刃을 이루는 것 등이 다수 확인되고 있어 지역적 차이를 보인다.

蛤刃石斧는 Ⅰ-1단계 신암리유적 1문화층에서 단면 말각장방형이 확인되었으며(그림 19-4), 역시 이른 단계로 상정되는 당산패총 윗문화층에서 단면 (장)타원형의 석부가 출토되어[84] 이들을 가장 이른 형식으로 볼 수 있다(그림 19-5 · 6). Ⅰ-2단계부터는 단면 장방형과 두께가 매우 얇은 소위 '패쪽도끼' 가 등장하여 함께 사용되다가(그림 19-29~32 · 35), Ⅲ단계에는 방형계의 단면 형태만 관찰된다(그림 19-58~62). 압록강 상류역에서는 단면 원형의 석부도 확인된다(그림 19-34). 이밖에 環狀石斧와 多頭石斧는 Ⅰ-2단계부터 나타나기 시작하며(그림 19-36~39), 柱狀片刃石斧는 Ⅱ단계부터 새롭게 등장한다(그림 19-51 · 52).

⑵ 豆滿江流域

두만강유역의 표준유적으로는 범의구석유적,[85] 오동유적,[86] 강안리유적[87]

---

83) 강중광, 1974, 「룡연리유적 발굴보고」 『고고학자료집』 4, 사회과학출판사, p.68.
84) 차달만, 1992, 「당산 조개무지유적 발굴보고」 『조선고고연구』 4, 사회과학출판사, p.20.
85) 황기덕, 1975, 「무산 범의구석유적 발굴보고」 『고고민속론문집』 6, 사회과학출판사.
86) 과학원출판사, 1959, 『회령 오동 원시유적 발굴보고』 유적발굴보고 7.
87) 석광준, 2002, 「강안리유적 발굴보고」 『강안리, 고연리, 구룡강유적 발굴보고』, 사회과학출판사.

이 있다.[88] 먼저, 범의구석유적은 총 6기의 구분이 이루어지고 있는데, 이 가운데 2 · 3 · 4기가 청동기시대에 해당한다. 각각 적색마연토기, 갈색마연토기, 흑색마연토기가 공반되며, 이러한 양상은 역시 3기로 구분되는 오동유적에서도 확인된다. 한편, 오동유적 3기에는 흑색마연토기, 꼭지손잡이와 함께 철기가 출토되고 있어, 청동기시대의 마지막 단계로 상정되고 있다.[89] 강안리유적도 3개의 문화층으로 구분되었으며, 1문화층에서 갈색마연토기가 출토되었다. 2 · 3문화층에서는 흑색마연토기가 출토되지는 않았지만, 꼭지손잡이가 확인되고 있어 이를 범의구석유적 4기 · 오동유적 3기와 동일한 단계로 상정하였다.

사진 13 | 두만강유역 출토 마제석기

이상의 내용을 토대로 이 지역 청동기시대 유적의 단계를 설정하면, 적색마연토기 단계(범의구석유적 2기, 오동유적 1기) → 갈색마연토기 단계(범의구석유적 3기, 오동유적 2기, 강안리유적 1문화층) → 흑색마연토기 단계(범의구석유적 4기, 오동유적 3기, 강안리유적 2 · 3문화층)로 정리된다. 그런데 이들 유적에서는 미송리형토기가 출토되지 않기 때문에 다른 지역과의 비교에 어려움이 있다. 신석기문화와의 관련성이 보이는 적색마연토기 단계와 청동기시대 최말기인 흑색마연토기 단계를 각각 Ⅰ · Ⅲ단계로 설정하는 것은 무리가 없다고 생각하지만, 문제가 되는 것은 다른 지역에서 미송리형토기가 등장하는 Ⅱ단계를 두

88) 서포항유적도 층위에 따라 발굴 · 보고되었지만, 아래층과 위층으로 구분된 청동기시대의 문화층이 모두 Ⅰ단계에 해당하기 때문에 표준유적으로 삼기에는 무리가 있다.

89) 오동유적 3기를 철기시대로 파악하여 청동기시대를 전 · 후로 구분한 논고도 있다. 그러나 이에 대해서는 이미 비판이 이루어진 바 있어, 본 절에서는 이러한 비판과 보고서의 기술 내용을 받아들여 청동기시대로 판단하였다.
황기덕, 1970, 「두만강류역의 청동기시대 문화」『고고민속론문집』2, 사회과학출판사.
西谷正, 1975, 「會寧五洞の土器をめぐる問題」『史淵』112, 九州大學文學部.

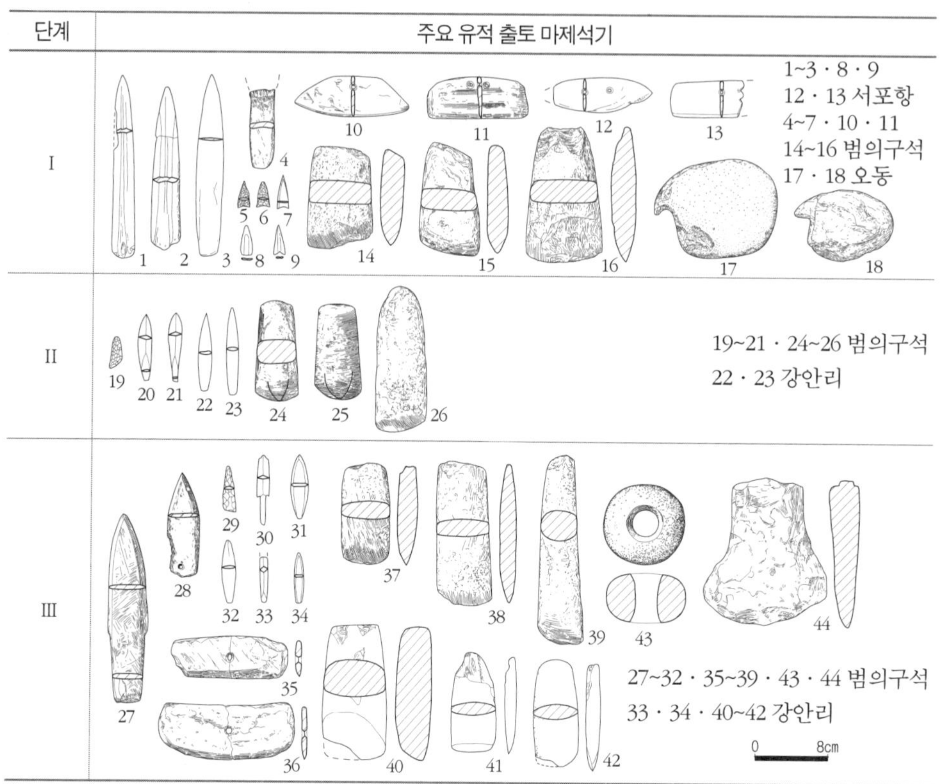

그림 20 | 두만강유역 단계별 마제석기 변화상

만강유역의 어느 시기로 보는가 이다. 여기서는 일단 잠정적으로 갈색마연토기 단계를 II단계로 상정하였는데, 이에 대해서는 뒤에서 보다 자세히 언급하겠다. 각 단계별 마제석기의 변화양상은 다음과 같다.

먼저, 무기형석기 가운데 석검은 존재하지 않지만, 血溝를 가진 骨劍이 I단계에 확인된다(그림 20-1 · 2). 석창은 I단계부터 III단계까지 확인되는데, 莖部가 뚜렷하지 않은 것은 I단계에만 나타나며(그림 20-3) III단계에는 경부의 폭이 상대적으로 넓은 것이 등장한다(그림 20-27 · 28). 석촉은 扁平三角彎入鏃이 I단계에만 확인되며(그림 20-7~9), II~III단계에는 경부의 구분이 애매한 단면 능형의 석촉과 단면이 편평한 柳葉鏃이(그림 20-20~23 · 31~34), III단계에는 단면 능형의 一段莖鏃이 새롭게 등장한다(도 20-30). 각 단계마다 흑요석제 타제석촉이 공반된다(그림 20-5 · 6 · 19 · 29).

석도는 I단계에 長方形, 魚形, 梯形이 처음으로 등장하며(그림 20-10~13), III단계에는 장방형에 구멍이 1개인 석도만 확인된다(그림 20-35 · 36). 도면으로는 제시되지 않았지만 II단계에도 석도가 출토되고 있음은 보고서를 통하여 확인할 수 있다.[90] 단면 형태는 모두 兩刃을 이루는 것이 특징이다.

석부 가운데 蛤刃石斧는 단면 장방형이 I단계에 등장하며(그림 20-14~16), II단계에는 방형이 나타난다(그림 20-24). III단계가 되면 두께가 매우 얇은 패쪽도끼와 단면 원형의 석부가 새롭게 등장한다(그림 20-37~39). 합인석부 중에는 날이 한쪽으로 치우친 것들이 다수 관찰되는데, 이 지역 석부의 특징이라 할 수 있다(그림 20-15 · 25 · 26 · 38 · 39). 環狀石斧나 多頭石斧는 봉산리유적과 창효유적에서 확인된 바 있지만,[91] 표준유적 출토품이 존재하지 않기 때문에 정확한 단계를 파악할 수 없다. 형태는 환상석부와 유사하지만 날이 없는 석기는 III단계에 나타난다(그림 20-43). 이밖에 두만강유역에서 확인되는 특징적인 석기로 곰배괭이와 부리형석기를 들 수 있다. 곰배괭이는 도면이 III단계 출토품만 제시되었으나(그림 20-44), 보고서에 I · II단계에도 출토된 사실이 기록되어 있어[92] 모든 시기에 걸쳐서 이용된 것으로 생각된다. 한편, 부리형석기는 I단계에 해당하는 오동유적의 2호 주거지에서 대부분이 출토되었다(그림 20-17 · 18).

⑶ 大同江流域

북한지역에서 상대적으로 많은 유적이 조사된 대동강유역은 팽이형토기문화의 중심지역이다. 팽이형토기에 대해서는 과거 토기의 형식변화에 대한 연구가 있었으나,[93] 모두 층위발굴에 의한 중요 유적의 보고서가 간행되기 이전에 발표된 것들이다. 대동강유역의 표준유적으로는 남경유적,[94] 표대유적,[95] 남양리유적,[96] 고연리유적[97]이 있다. 석탄리유적[98]도 시기구분의 기준으로 이용되는

---

90) 황기덕, 1975, 앞의 논문, p.171.

91) 전수복, 1960, 「최근 함경북도에서 새로 발견된 유적과 유물」『문화유산』5, 과학원출판사, pp.53~54.

92) 황기덕, 1975, 앞의 논문, p.162 · 171.

93) 田村晃一, 1963, 「朝鮮半島の角形土器とその石器」『考古學研究』10-2, 考古學研究會.
後藤直, 1971, 「西朝鮮の「無文土器」について」『考古學研究』17-4, 考古學研究會.
藤口健二, 1982, 「朝鮮・コマ形土器の再檢討」『森貞次郎博士古稀記念古文化論集』上.
韓永熙, 1983, 「角形土器考」『韓國考古學報』14 · 15, 韓國考古學研究會.

94) 김용간 · 석광준, 1984, 『남경유적에 관한 연구』, 과학 · 백과사전출판사.

95) 김종혁, 2002, 앞의 논문.

96) 서국태 · 지화산, 2002, 앞의 책.

경우가 많았는데, 실제 유구 간 선후관계에 의한 구분이 아니라 주거지 사이의 구조차이를 분기의 기준으로 삼고 있다. 그러나 석탄리유적의 보고자도 지적하고 있는 바와 같이 구분된 3개의 주거유형이 그대로 시기적인 선후관계를 나타내는 것은 아니기 때문에 표준유적으로 삼기에는 무리가 있다.

대동강유역의 팽이형토기문화는 서국태에 의하여 4기로 구분된 바 있다.[99] 이는 상기한 표준유적들의 주거지 간 중복관계, 유구의 형태 및 배치, 출토유물을 기준으로 한 시기구분이기 때문에 필자도 이를 적극적으로 수용하고자 한다. 다만, 본 절에서는 앞서 살펴본 다른 지역과의 비교를 위하여 미송리형토기와의 공반관계를 기준으로 3단계 구분을 행하였다. 이를 각각 Ⅰ·Ⅱ·Ⅲ단계로 명명하였으며, Ⅲ단계를 다시 Ⅲ-1·Ⅲ-2단계로 세분하였다.[100] 단계별 해당 유적을 살펴보면, 미송리형토기가 출토되지 않는 Ⅰ단계(남경·표대·남양리유적 1기) → 미송리형토기의 Ⅱ단계(남경·표대·남양리유적 2기, 고연리유적 1기) → 묵방리형토기의 Ⅲ-1단계[101](남경·표대·남양리유적 3기, 고연리유적 2기) → 남양형토기의[102] Ⅲ-2단계(표대·남양리유적 4기, 고연리유적 3기)로 정리된다. 각 단계별 마제석기의 변화양상은 다음과 같다.

먼저, 무기형석기 가운데 석검은 경부에 홈이 있는 有莖式과 二段柄式이 Ⅱ단계에 처음으로 등장한다. 유경식은 단면 렌즈형이 Ⅱ단계에 나타나며(그림

---

97) 석광준·김송현, 2002, 앞의 논문.

98) 리기련, 1980, 앞의 책.

99) 서국태, 1996, 「팽이그릇문화의 편년에 대하여」『조선고고연구』2, 사회과학출판사.

100) 대동강유역의 Ⅲ-2단계와 전술한 두만강유역의 오동유적 3기에는 일부 철기가 공반되고 있다. 따라서 이를 별도의 단계로 설정하는 것이 가능하지만, 석기의 변화상을 살피는 데에는 큰 의미가 없는 것으로 판단되어 본 절에서는 하나의 단계로 상정하였다.

101) Ⅲ-1단계에 해당하는 남양리유적과 표대유적의 3기 주거지에서는 비파형동모가 각 1점씩 출토되었다. 이 유물들의 형태 및 화학조성에서 보이는 차이를 근거로 선후관계가 상정된 바 있지만, 필자는 이러한 논지의 타당성 여부를 떠나서 비파형동모라는 유물의 출토 사실에 보다 큰 의미가 있다고 생각한다. 따라서 본 절에서는 양자를 동일한 단계로 상정하였다. 김종혁, 2000, 「표대유적에서 새로 발굴된 청동비파형창끝에 대한 고찰」『조선고고연구』4, 사회과학출판사.

102) 묵방리형토기와 기형, 태토, 색조, 문양구성 등이 유사하지만, 연속된 삼각형 도안 사이에 약간의 간격을 둔 점과 삼각형 내부를 특별히 잘 갈아서 돋보이게 한 점에 차이가 있다. 서국태·김광철, 1998, 「새로 발견된 남양형단지에 대하여」『조선고고연구』2, 사회과학출판사, p.2.

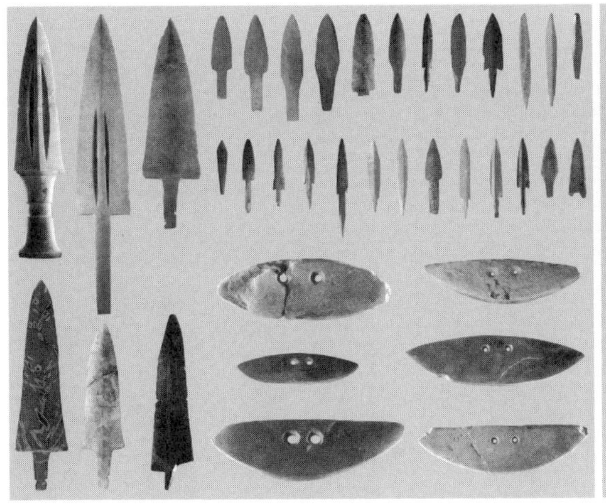

사진 14 · 15 |
대동강유역 출토 마제석기 1 · 2

21-12 · 15), Ⅲ단계부터는 단면 렌즈형과 능형이 공반하면서 경부의 길이가 짧아진다(그림 21-35~39). 이단병식은 표대유적 2기 주거지에서 출토되었는데(그림 21-13), 공반토기에 묵방리형 문양요소가 존재하기 때문에 유경식에 비하여 늦은 시기에 발생하였을 가능성이 있다. 석검의 허리부분이 잘록한 형태를 이루는 것도 Ⅱ단계부터 등장하는데(그림 21-16~19), 비파형동검을 모방한 것으로 보는 견해가 있다.[103] 血溝는 유경식과 이단병식에 모두 존재하지만, Ⅱ단계에만 확인되는 것이 특징이다(그림 21-12 · 13 · 15). 석창 가운데에도 혈구가 존재하는 것이 있는데(그림 21-14), 역시 Ⅱ단계에 해당된다. 한편, 석창에 비하여 경부의 폭이 넓은 石戈는 Ⅲ-1단계부터 등장하여 Ⅲ-2단계까지 확인된다(그림 21-40 · 41 · 64). 석촉은 Ⅰ단계부터 有莖鏃과 扁平三角彎入鏃이 공반하지만(그림 21-1~4), 유경촉이 대다수를 차지한다. 이러한 공반관계는 Ⅲ-1단계까지 계속되며, Ⅲ-2단계부터는 유경촉만 확인된다(그림 21-65~68). 유경촉은 단면 능형의 一段莖式이 대부분이며, Ⅱ단계의 대평리 돌상자무덤[104]에서 二段莖式이 처음으로 출토된다(그림 21-24 · 25). 혈구가 있는 석촉은 Ⅲ-1단계에 등장한다(그림 21-48).

석도는 Ⅰ단계부터 Ⅲ-2단계까지 舟形과 魚形이 공반되지만(그림 21-5~7),

103) 리기련, 1980, 앞의 책, p.97.
104) 정찬영, 1974, 「북창군 대평리유적 발굴보고」『고고학자료집』4, 사회과학출판사.

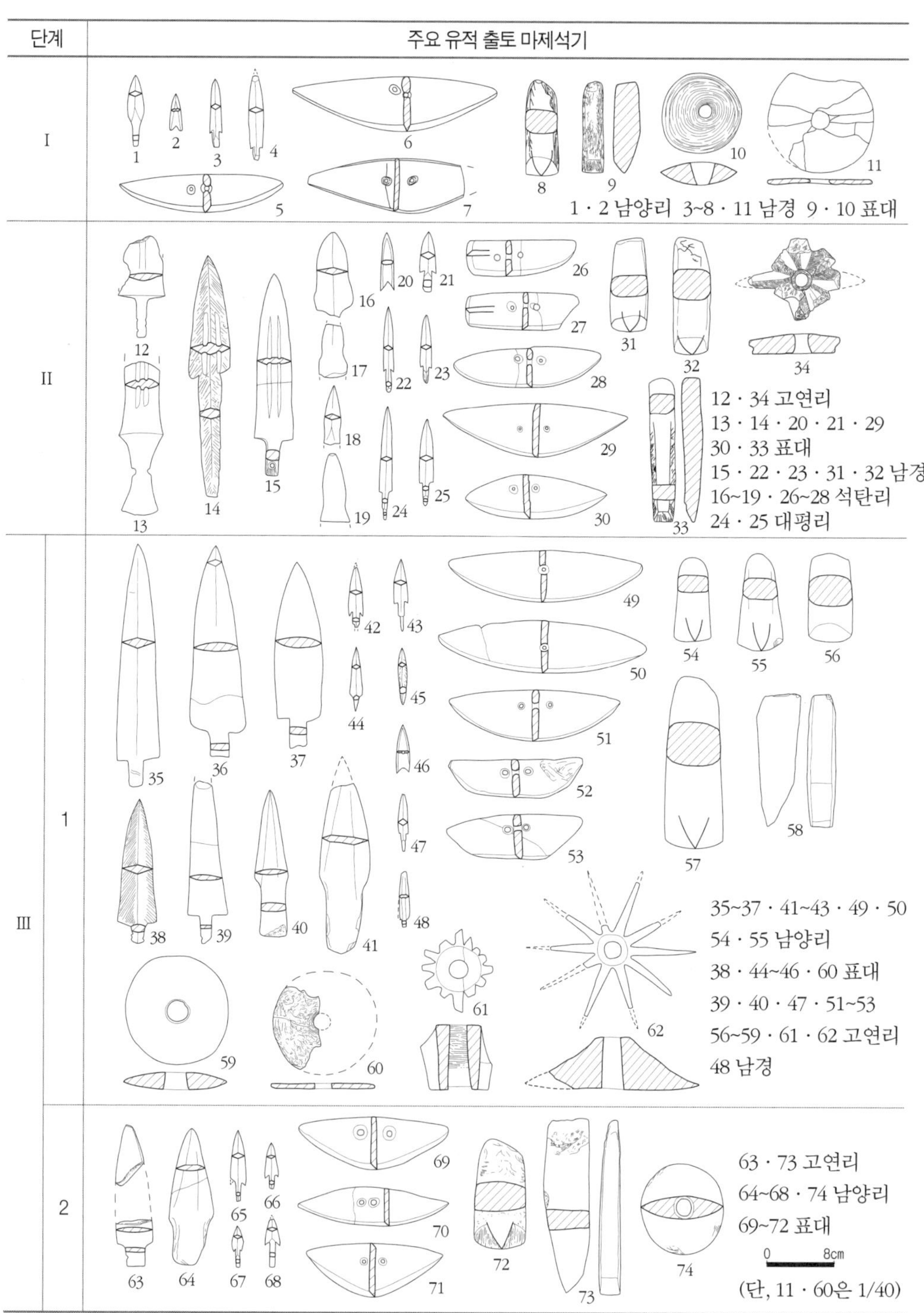
단계
주요 유적 출토 마제석기
I
1 · 2 남양리 3~8 · 11 남경 9 · 10 표대
II
12 · 34 고연리
13 · 14 · 20 · 21 · 29
30 · 33 표대
15 · 22 · 23 · 31 · 32 남경
16~19 · 26~28 석탄리
24 · 25 대평리
III
1
35~37 · 41~43 · 49 · 50
54 · 55 남양리
38 · 44~46 · 60 표대
39 · 40 · 47 · 51~53
56~59 · 61 · 62 고연리
48 남경
2
63 · 73 고연리
64~68 · 74 남양리
69~72 표대
0 8cm
(단, 11 · 60은 1/40)

그림 21 | **대동강유역 단계별 마제석기 변화상**

대다수를 차지하는 것은 주형이다. 상대적으로 늦은 시기에 출현한 형식으로는 偏舟形과 逆梯形을 들 수 있다. 편주형은 II단계에(그림 21-26 · 27), 역제형은 III-1단계에 주형과 공반 출토되고 있어(그림 21-52 · 53), 주형으로부터의 형식변천을 상정할 수 있다. 이밖에 III-2단계의 표대유적에서 삼각형에 가까운 석도가 출토된 점도 주목된다(그림 21-71). 석도의 단면 형태는 片刃, 구멍은 2孔이 대부분이지만, III-1단계의 남양리유적에서는 구멍이 1개인 석도만 확인된다(그림 21-49 · 50).

석부 가운데 蛤刃石斧는 단면 말각방형이 대부분으로 I 단계부터 마지막 III-2단계까지 지속적으로 확인된다(그림 21-8 · 72). 環狀石斧 역시 모든 시기에 걸쳐서 출토되는 반면(그림 21-10 · 59 · 74), 多頭石斧는 II단계에 등장하여 III-1단계까지 확인된다(그림 21-34 · 61 · 62). 柱狀片刃石斧도 I 단계부터 나타나는데(그림 21-9), III-1단계가 되면 有段石斧가 새롭게 등장하여 III-2단계까지 공존한다(그림 21-58 · 73). 이밖에 대동강유역에서 확인되는 특징적인 석기로 石貨가 있다(그림 21-11 · 60). 석화는 보통 두께 2~3cm에 직경 50~60cm이며, 큰 것은 80cm에 이르는 것도 있다. 석기를 만드는 재료인 동시에 교환수단일 가능성이 추정되고 있는데,[105] I 단계부터 III-1단계까지 확인된다.

2) 地域間 竝行關係 및 北韓地域 磨製石器 變化相

북한지역에서 조사된 유적들 간의 병행관계는 미송리형토기를 통하여 파악할 수 있다. 미송리형토기는 북한지역은 물론 중국 동북지역에서도 출토되고 있어, 이 지역 전체의 병행관계를 상정하는 데에 가장 중요한 유물이다. 또한, 이 토기는 비파형동검문화와 관련이 깊기 때문에,[106] 한반도 청동기시대에 있어서 하나의 획기로 인정하는 것이 가능하다. 물론, 시기에 따라 미송리형토기의 형식변천이 인정되고 있어 미송리형토기 단계 내에서의 세분도 가능하지만,[107] 상기한 바와 같이 마제석기의 분석에 있어서는 큰 의미가 없는 것으로 판단된다.

---

105) 황기덕, 1984, 『조선의 청동기시대』, 사회과학출판사, p.44.

106) 황기덕, 1989, 「비파형단검문화의 미송리류형」 『조선고고연구』3, 사회과학출판사.
______, 1989, 「비파형단검문화의 미송리류형」 『조선고고연구』4, 사회과학출판사.

107) 鄭漢德, 1990, 「美松里型土器の生成」 『東北アジアの考古學』, 六興出版.
로성철, 1993, 「미송리형단지의 변천과 그 년대에 대하여」 『조선고고연구』4, 사회과학출판사.

구분된 3개의 지역 가운데 압록·청천강유역과 대동강유역에서는 모두 미송리형토기가 출토되고 있어 이를 통한 병행관계의 상정이 가능하다. 미송리형토기를 기준으로 한 단계의 설정은 미송리형토기 등장 이전의 Ⅰ단계, 미송리형토기의 Ⅱ단계, 그리고 미송리형토기 이후의 Ⅲ단계로 구분된다. Ⅰ단계는 다시 신석기시대 토기와의 관계가 인정되는 Ⅰ-1단계와 최초로 청동기가 등장하며 공귀리형토기가 공반되는 Ⅰ-2단계로 세분된다. 또한, Ⅲ단계는 묵방리형토기가 확인되는 Ⅲ-1단계와 남양형토기가 나타나기 시작하는 Ⅲ-2단계로 구분된다.

그런데 두만강유역에서는 미송리형토기가 출토되지 않고 있다. 따라서 다른 지역과의 병행관계 설정에 어려움이 있다. 신석기문화와의 관련성이 지적되고 있는 Ⅰ단계와 철기시대로의 이행 과정을 보여주고 있는 Ⅲ단계를 다른 지역의 Ⅰ·Ⅲ단계와 평행하는 시기로 보는 것에는 무리가 없다고 생각한다. 문제가 되는 것은 Ⅱ단계의 설정인데, 앞에서는 일단 잠정적으로 다른 지역의 Ⅱ단계와 같은 시기로 판단하였다. 동일 단계로 볼 수 있는 구체적인 유물이 없기 때문에 앞으로 자료의 증가를 기다려야 하지만, Ⅱ단계에 해당하는 범의구석유적 3기를 미송리형토기의 늦은 단계로 보는 견해[108]를 참고하여 본 절에서는 두만강유역의 Ⅱ단계를 다른 지역 미송리형토기 단계의 어느 한 시점에 해당하는 것으로 보고자 한다.

이상 3개 지역의 병행관계를 바탕으로 북한지역 마제석기의 전반적인 흐름을 기종별로 정리하면 다음과 같다. 먼저, 석검은 有莖式이 Ⅰ-2단계부터 등장하여 Ⅲ단계까지 사용된다. 단면 형태는 렌즈형에서 점차 능형으로 변화하며, 경부의 길이가 짧아진다. Ⅱ단계가 되면 경부에 결박용 홈이 있는 것과 허리부분이 잘록한 석검이 나타나며, 二段柄式도 이 단계에 처음 등장한다. 석검의 血溝도 Ⅱ단계 출토품에서만 관찰된다. 두만강유역에서는 석검이 출토되지 않고 있는데, 骨劍과 석창이 Ⅰ단계부터 확인되어 이들이 석검의 기능을 대신한 것으로 추정된다. 석창과 유사한 형태이지만 경부의 폭이 상대적으로 넓은 石戈는 Ⅲ단계부터 등장하고 있어, 북한지역 청동기시대의 늦은 시기를 나타내는 표지유물이라 할 수 있다.

다음으로 석촉은 扁平三角彎入鏃이 Ⅰ-1단계에 처음 등장하는데, 단면 형태

---

108) 後藤直, 1982, 「朝鮮の青銅器と土器・石器」『森貞次郎博士古稀記念古文化論集』上, p.256.

가 편평한 것이 오목한 것보다 먼저 나타나 Ⅲ단계까지 공반된다. 有莖鏃은 Ⅰ-2단계부터 단면 능형의 一段莖式이 출토되며, 二段莖式은 Ⅱ단계에 등장하지만 다수가 확인되는 것은 Ⅲ-1단계이다. Ⅲ-2단계에는 일단경식만 출토된다. 두만강유역에서는 Ⅱ단계부터 경부의 구분이 애매한 단면 능형의 석촉과 단면이 편평한 柳葉鏃이 등장하며 전 시기에 걸쳐서 흑요석제 타제석촉이 공반되는데, 이 지역의 특징이라 할 수 있다. 흑요석제 석촉과의 공반관계는 압록강 상류역의 유적에서도 확인되는데, 이는 백두산과 가까운 지리적 위치 때문으로 판단된다. 한편, 단면 삼각형의 三菱鏃은 압록강 상류역에서만 출토되는 특징적인 석기이다. 혈구는 Ⅰ-2단계부터 扁平鏃과 단면 능형의 석촉에서 모두 관찰된다.

석도는 魚形이 가장 먼저 등장하며, 舟形, 長方形, 梯形, 櫛形이 상대적으로 이른 시기에 나타나 지속적으로 사용된다. 이와 달리 偏舟形은 Ⅱ단계에, 逆梯形은 Ⅲ단계에 주형과 공반되고 있어 주형으로부터의 형식변천을 추정케 한다. Ⅲ-2단계에는 주형이지만 형태가 삼각형에 가까운 석도가 출토된다. 석도의 단면 형태는 압록·청천강유역과 대동강유역에서는 片刃이, 두만강유역에서는 兩刃이 대다수를 차지하고 있다. 구멍의 수는 2개가 기본이지만, 두만강유역에서는 구멍이 1개인 석도가 다수 확인된다. 압록강 상류역에서는 구멍이 1개만 뚫리거나 단면 형태가 양인인 석도가 다수 출토되는데, 이는 두만강유역의 영향으로 생각된다. 대동강유역의 남양리유적에서도 Ⅲ-1단계에 구멍이 1개인 석도만 확인되는데, 이 또한 상대적으로 압록강 상류역과 가까운 남양리유적의 위치에 기인한 것으로 추정된다.

석부 가운데 蛤刃石斧는 Ⅰ-1단계에 단면 말각장방형이 최초로 등장하며, Ⅰ-2단계부터 단면 장방형과 패쪽도끼가 나타난다. 단면이 원형 또는 타원형의 석부는 Ⅰ-2단계부터 Ⅲ단계까지 출토되지만, 전 시기를 걸쳐서 단면 방형계의 석부가 대다수를 차지하고 있다. 두만강유역에서는 날이 한쪽으로 치우친 것들이 관찰되는데, 이 지역 석부의 특징이라 할 수 있다. 한편, 環狀石斧와 多頭石斧는 Ⅰ-2단계부터 Ⅲ단계까지 공반 출토되며,[109] 柱狀片刃石斧도 Ⅰ단계부터 확인되지만 Ⅲ단계가 되면 有段石斧가 새롭게 등장한다. 이밖에 두만강유역에서 주로 확인되는 곰배괭이와 부리형석기, 그리고 대동강유역에서만 출토되는 石貨는 각 지역의 특징적인 석기라 할 수 있다. 부리형석기의 경우 압록강 상류역의 공귀리유적에서도 출토되고 있어 두만강유역과의 문화적 친연성을 보여주고 있다.

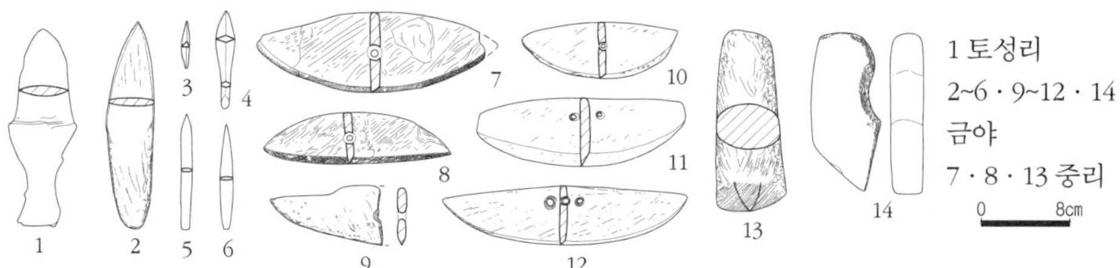

그림 22 | 원산만일대의 주요 유적 출토 마제석기

한편, 앞에서 검토대상으로 삼지 않은 지역으로 원산만일대가 있는데, 마지막으로 이 지역의 마제석기에 대하여 간략하게 정리해 보겠다. 원산만일대의 대표적인 유적으로는 금야유적,[110] 중리유적,[111] 토성리유적[112]을 들 수 있다. 이들 유적은 아직 정식으로 보고된 것이 없어 정확한 성격을 파악하기에는 무리가 있지만, 다수의 청동기 관련 유물을 통하여 금야-토성리유형으로 상정되고 있다.[113] 출토된 토기의 양상을 바탕으로 이미 압록 · 청천강유역과의 유사성이 지적된 바 있지만,[114] 마제석기에 있어서 가장 관련이 깊은 지역은 두만강유역이다. 경부의 폭이 넓은 단면 렌즈형의 석창(그림 22-2), 경부의 구분이 애매한 단면 능형의 석촉과 단면이 편평한 유엽촉(그림 22-4~6), 구멍이 1개인 석도(그림 22-7 · 8 · 10), 날이 한쪽으로 치우친 석부(그림 22-13) 등은 모두 두만강유역의 특징적인 석기류로, 양 지역의 관련성을 보여주고 있다. 이와 달리 편인의 주형석도가 대다수를 차지하는 것은 대동강유역의 영향으로 볼 수 있으며(그림 22-10~12), 삼릉촉은 압록강유역과의 관계를 시사하는 자료이다(그림 22-3). 또, 一段柄劍이나 有溝石斧는 북한지역 출토품의 대부분이 이 지역에서만 확인되고

109) 환상석부와 다두석부에 대해서는 신석기시대 유적에서 환상석부만 출토되는 것을 근거로 환상석부에서 다두석부가 발생하였다고 보는 견해가 있다. 그러나 신석기시대 환상석부에 대한 자료가 제시되지 않고 있어, 이러한 연구성과를 그대로 받아들이기에는 무리가 있다고 생각한다.
김재용, 2000, 「대동강류역에서 알려진 달도끼, 별도끼에 대하여(1)」 『조선고고연구』 3, 사회과학출판사, p.7.

110) 서국태, 1965, 「영흥읍유적에 관한 보고」 『고고민속』 2, 사회과학원출판사.

111) 안영준, 1966, 「북청군 중리유적」 『고고민속』 2, 사회과학원출판사.

112) 김용간 · 안영준, 1986, 「함경남도, 량강도일대에서 새로 알려진 청동기시대 유물에 대한 고찰」 『조선고고연구』 1, 사회과학출판사.

113) 김용간 · 안영준, 1986, 앞의 논문, p.24.

114) 大貫静夫, 1996, 앞의 논문, p.86.

있어, 남한지역과의 관련성을 상정할 수도 있다(그림 22-1·14).[115] 이밖에 背部에 단을 형성한 석도는 원산만일대에서만 출토되는, 이 지역의 특징적인 석기이다(그림 22-9).[116] 이와 같이 원산만일대는 다양한 지역의 영향을 받은 것으로 추정되지만, 마제석기에 있어서 가장 큰 영향력을 행사한 지역은 역시 두만강유역이라 생각된다.[117]

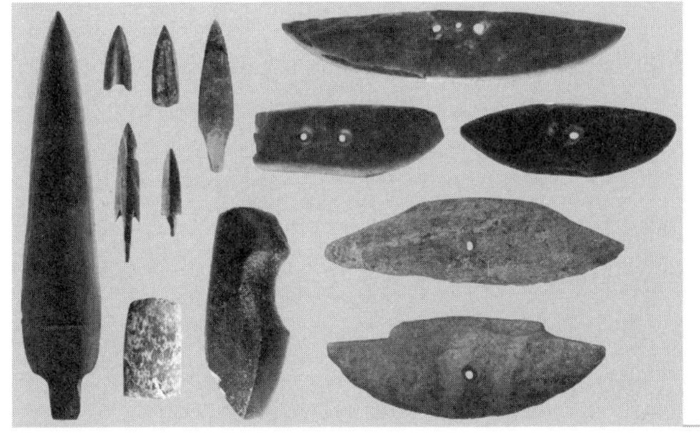

사진 16 | 원산만일대 출토 마제석기

3. 南韓地域 磨製石器의 變化相

1) 時期別 變化樣相

다음으로 남한지역 출토 마제석기의 시기별 변화상을 살펴보고자 한다. 이

115) 원산만일대 이외의 지역에서 확인된 일단병검은 대동강유역의 송신동 고인돌 출토품이 유일하다. 유구석부의 경우에는 압록·청천강유역의 세죽리유적과 원하리유적 출토품이 다른 지역의 예로 알려져 있지만, 모두 수습유물이다.
석광준, 1974, 「오덕리 고인돌 발굴보고」『고고학자료집』4, 사회과학출판사, p.98.
김영우, 1964, 앞의 논문, p.46.
김례환, 1959, 「의주군 원하리에서 원시유적 발견」『문화유산』2, 과학원출판사, p.88.

116) 본 절에 제시된 도면은 파편에 불과하지만, 토성리유적 출토품이 사진으로 보고된 바 있어 전체적인 형태를 파악할 수 있다. 이러한 석도의 예로서 초도유적 출토품이 지적되고 있는데, 단이 뚜렷하지 않기 때문에 동일한 형태로 보기에는 무리가 있다.
조선유적유물도감편찬위원회, 1988, 『조선유적유물도감』1, p.224.
김용간·안영준, 1986, 앞의 논문, p.29.
과학원, 1956, 『라진 초도 원시유적 발굴보고서』유적발굴보고1, 도판XLVI-6.

117) 이와 관련하여 두만강유역의 석기문화가 동해안을 따라 영남지역까지 南下하였다는 연구가 있어 주목된다. 양 지역의 관련성을 보여주는 구체적인 사례로는 東北型石刀, 장방형석도, 부리형석기 등을 들고 있는데, 이밖에 후술할 영남지역에서 구멍이 1개인 석도가 다수 출토된다는 점도 이러한 사실의 방증 자료라 생각된다.
裵眞晟, 2003, 「無文土器의 成立과 系統」『嶺南考古學』32, 嶺南考古學會, pp.28~29.

를 위해서는 청동기시대의 시기구분이 선행되어야 하는데, 연구자 간의 시각 차이에 따라 다양한 견해가 제시되고 있다. 그러나 이러한 연구는 토기의 변화상에 의한 分期 설정이 대다수를 차지하고 있기 때문에 마제석기의 시기설정에 직접적으로 대입하기에는 어려움이 있다. 이는 토기에 비하여 기능성이 강조된 석기가 토기와 같은 다양한 변화상을 보이지 않는 데에 기인한 것이다. 그러므로 본고에서는 단순한 토기 변화상에 의한 시기구분이 아닌 문화상 전반에 대한 급격한 변화를 기준으로 삼은 李弘鍾의 時期區分案[118]을 받아들여 연구를 진행하도록 하겠다. 그에 의하면 한반도의 청동기시대는 松菊里文化의 등장을 획기로 하여 전기와 후기로 구분된다.

그런데 이러한 시기구분안을 그대로 적용하기에는 몇 가지 문제점이 있다. 먼저, 송국리문화가 남한지역에서만 확인되기 때문에 북한지역에서는 청동기시대 후기의 유적이 존재하지 않는 모순이 발생한다. 또, 남한지역에 있어서도 송국리문화가 파급되지 않고 오랫동안 전기적인 문화요소를 지속한 집단인 경우, 시기구분상 전기에 속하는 유적이라 하더라도 절대연대상으로는 후기에 해당하는 유적보다 늦은 시기에 속할 가능성도 있다.[119]

이와 같은 문제점을 해결하고자 최근 송국리문화가 관찰되는 지역과 그렇지 않은 지역 사이의 교차편년이 지역별로 이루어지고 있다. 아직까지 모든 지역을 통합할 수 있는 뚜렷한 기준이 제시된 것은 아니지만, 어느 정도의 연구성과가 축적되고 있는 실정이다. 본 항에서는 이러한 연구들을 적극적으로 수용하여, 송국리문화의 요소가 보이지 않거나 또는 미약하게만 존재하는 지역에 대해서 송국리문화와의 시기적 병행관계를 상정하였다. 물론, 이러한 시기의 설정은 세부적으로 오류가 존재할 가능성이 있지만, 송국리문화의 등장을 획기로 가장 큰 변화상을 보여주는 마제석기의 대체적인 흐름을 파악하는 데에 큰 무리는 없을 것이라 판단된다.

이들 지역별 연구성과에 대해서 간략히 살펴보면 다음과 같다. 먼저, 한강유역의 경우 공렬문, 구순각목공렬문, 구순각목문이 시문된 토기의 증가와 외반구

118) 李弘鍾, 2000, 「無文土器가 彌生土器 성립에 끼친 영향」 『先史와 古代』 14, 韓國古代學會, pp.5~6.

119) 宋滿榮, 2001, 「南韓地方 農耕文化形成期 聚落의 構造와 變化」 『한국 농경문화의 형성』 제25회 한국고고학전국대회, 韓國考古學會, pp.76~79.

연호의 등장, 일단경촉, 일단병식석검, 유경식석검의 증가, 편인석부의 다양화, 주거지의 소형화와 별다른 시설이 확인되지 않는 주거지 등을 후기의 특징으로 보고 있다.[120] 또, 지역범위를 북한강유역으로 한정할 경우 身部와 莖部의 구분이 애매한 일체형석촉과 유구석부의 출현, 편인석부의 증가, 원형의 작업공이 존재하거나 異色粘土 다짐구역이 확인되는 주거지 등을 후기의 지표로 삼기도 한다.[121] 한편, 영동지역의 시기구분[122]에서는 공렬토기와 호형토기가 공반 출토되는 포월리단계가 다른 지역의 후기에 해당할 가능성이 높다. 이밖에 울산지역을 중심으로 한 동남해안지역에서는 낟알문, 공렬문, 횡선문 등의 토기문양, 파수부심발형토기와 적색마연의 소형옹, 그리고 송국리문화의 특징적인 석기들과 함께 外部突出溝나 外部周溝를 가진 주거지, 소형 석관묘 등으로 대표되는 檢丹里類型을 청동기시대 후기의 독특한 지역문화로 보기도 한다.[123]

(1) 武器形石器

석검, 석창, 석촉 등의 무기형석기는 분묘의 부장품으로 공반 출토되는 사례가 많기 때문에, 이들의 관계를 살펴봄으로써 각 형식의 소속시기를 파악하는 것이 가능하다. 이를 위한 선행작업으로서 청동기시대 전기와 후기를 대표하는 표지유물의 상정을 위하여, 송국리문화와의 관련 여부를 통해서 시기를 판단할 수 있는 생활유구 출토 자료를 대상으로 각 형식별 개체수를 명기하였다(표 5).

型式 / 時期	有柄式劍		有莖式劍		扁平形鏃		菱形鏃		合計
	二段	一段	短莖	長莖(石槍)	無莖	有莖	二段	一段	
前期	12		4	4	85	1	41	27	174
後期		4	17	6	15	1		115	158

표 5 | 남한지역 생활유구 출토 무기형석기 각 형식의 시기별 개체수

120) 黃銀順, 2003, 『韓半島 中部地域 無文土器文化 編年 硏究』, 서울大學校大學院 碩士學位論文, pp.70~72.
김한식, 2006, 「경기지역 역삼동유형의 정립과정」 『서울 · 경기지역 청동기문화의 유형과 변천』 제4회 서울경기고고학회 학술대회, 서울경기고고학회, pp.27~28.

121) 金權中, 2004, 앞의 논문, pp.21~23.

122) 朴榮九, 2004, 「嶺東地域 靑銅器時代 住居址 硏究」 『江原考古學報』 3, 江原考古學會.

123) 裵眞晟, 2005, 「檢丹里類型의 成立」 『韓國上古史學報』 48, 韓國上古史學會, pp.11~18.

먼저, 석검 가운데 有柄式을 보면 二段柄式이 전기에만 확인되는데 반하여, 一段柄式은 후기에만 출토되고 있어 대조를 보인다. 이단병식의 세부형식별 개체수는 有段式이 9점(그림 23-2 · 3), 有溝式이 2점(그림 23-4), 有節式이 1점으로(그림 23-5), 유단식이 대다수를 차지하고 있다. 有莖式에서는 短莖式이 후기에 주로 출토되는데, 이 중에서도 경부 양측에 홈을 새기거나 구멍이 뚫린 형태, 경부끝이 좌우로 돌출된 형태(그림 23-36~40), 그리고 석검의 허리 부분이 잘록한 형태(그림 23-39 · 40) 등은 후기의 유적에서만 확인되고 있다. 석창의 경우는 경부가 없는 삼각형의 형식이 후기에만 출토되고 있어 특징적이다(그림 23-53).

다음으로 석촉을 살펴보면, 扁平形 가운데 無莖式이 전기와 후기에 각각 출토되고 있는데, 전기의 85점은 모두 기부가 彎入된 형식이다(그림 23-7~14 · 17~19). 만입식은 전기에 비하여 소수에 불과하지만 후기에도 6점이 확인되었으나(그림 23-54 · 55), 平基式은 후기의 유적에서만 9점이 출토되어 차이를 보인다(그림 23-56 · 57). 扁平有莖鏃은 坊內里遺蹟[124]과 校成里遺蹟[125]에서 각 1점씩 출토되었는데(그림 23-21 · 59), 후기에 해당하는 교성리유적 출토품의 경우 경부의 형태가 북한지역에서 주로 확인되는 편평유경촉과는 차이가 있어 공반된 평기식의 재가공품일 가능성도 있다고 생각된다. 한편, 菱形 중에서는 二段莖式이 41점 모두 전기에만 확인되어(그림 23-25~28 · 30~34), 이 시기를 대표하는 형식으로 상정된다. 一段莖式은 주로 후기 유적의 출토량이 다수를 차지하는데, 세부적으로는 細長有莖鏃과 一體形石鏃이 후기에만 각각 8점과 5점 출토되어 시기성을 가진 형식이라 할 수 있다.

石劍 \ 石鏃			扁平形	菱形			
					一段		
			無莖	二段	細長有莖	一體形	其他
有柄式	二段	有段	6	1			1
		有溝	1		2		
		有節			7		3
	一段			1	19	2	16
有莖式	短莖				3		4
	長莖(石槍)		1	1			2

표 6 | 부장용 석검과 석촉의 형식별 공반관계

이상의 분석결과를 확실한 공반관계를 보여주는 분묘 출토 자료와 비교함으로써, 무기형석기 각 형식의 해당 시기를 보다 명확하게

124) 白弘基 · 池賢柄 · 高東淳, 1996, 앞의 책, p.66.
125) 國立扶餘博物館, 1987, 『保寧 校成里 집자리』, 그림25.

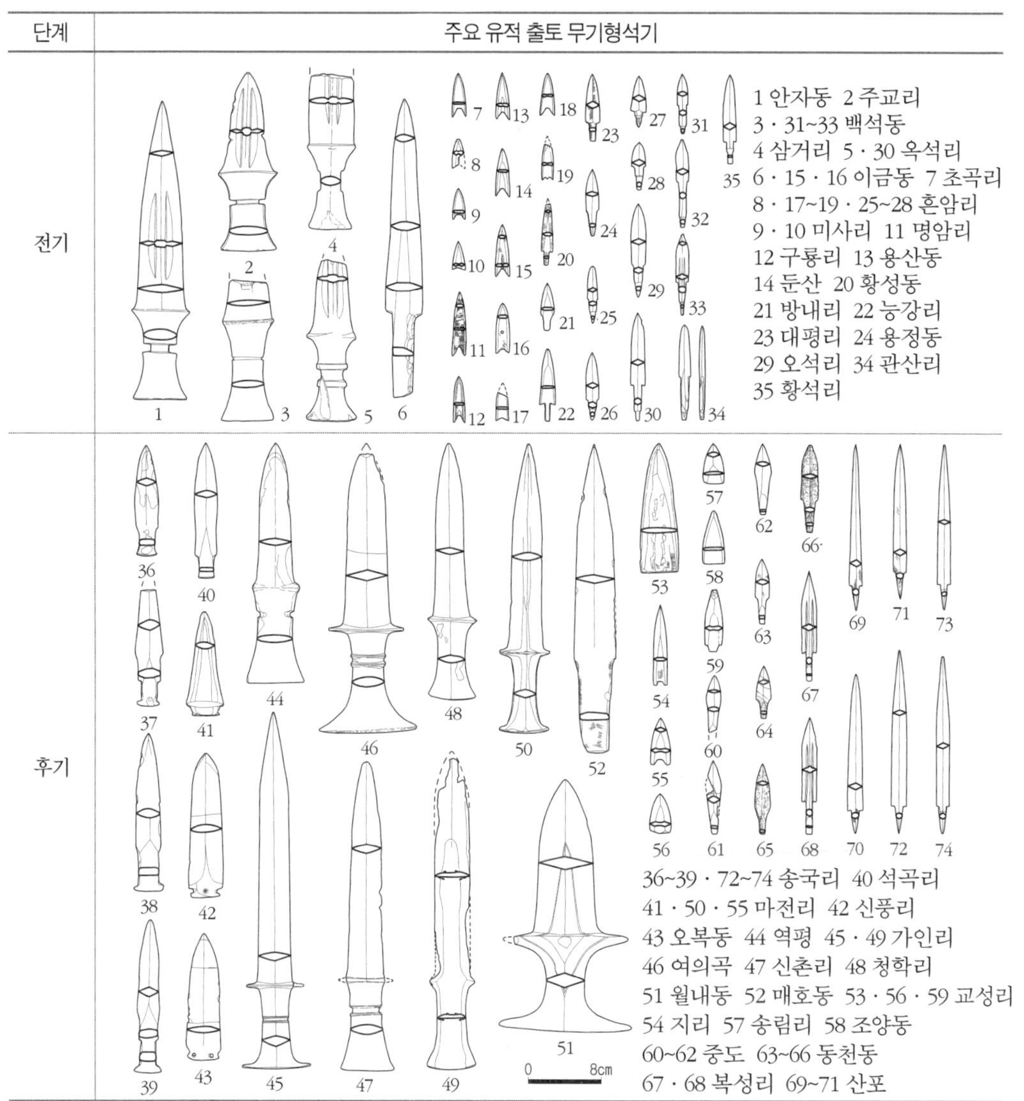

그림 23 | 무기형석기의 시기별 변화상

상정하는 것이 가능하다. 〈표 6〉은 석기의 출토량에 관계없이 형식 간의 공반 횟수를 나타낸 것이다. 석검이나 석창 1점에 다수의 석촉이 부장되는 것이 일반적인 양상이기 때문에, 공반된 석기의 개체수보다는 공반되는 횟수가 양자의 관계를 나타내는 데에 유효하다고 판단된다. 석검을 기준으로 공반된 석촉의 형식을 살펴보면 다음과 같다.

우선, 이단병식 가운데 유단식은 편평무경촉, 이단경촉, 일단경촉과 공반 양상을 보이고 있어, 이들 모두를 전기에 해당하는 것으로 보아도 무리가 없다. 이와 달리 유구식은 앞서 전기에 속하는 형식으로 판단하였지만, 후기의 표지유물인 세장유경촉과의 공반관계가 확인되기 때문에 양 시기 모두에 이용된 것으로 생각된다. 단, 후기에 해당하는 嶧坪遺蹟(그림 23-44)[126]과 陳羅里遺蹟 출토품[127]의 경우 구의 형태가 전기 유물에 비하여 상대적으로 작은 것을 볼 때 퇴화형일 가능성도 배제할 수 없다. 한편, 유절식은 세장유경촉을 포함한 일단경촉과의 공반관계만 확인되고 있어, 후기에 해당하는 것으로 추정된다(그림 23-45 · 46). 단과 절이 동시에 존재하면서 측면에만 단이 있는 형식도 공반 양상이 동일하기 때문에 유절식에 포함되는 형식으로 볼 수 있다(그림 23-47). 유절식과 일단병식석검이 공반된 佳仁里遺蹟의 출토 예[128]도 유절식의 소속시기가 후기임을 나타내는 자료 중 하나이다(그림 23-45 · 49). 문제가 되는 것은 앞서 전기로 설정되었던 玉石里遺蹟 출토품이다[129](그림 23-5). 2줄의 節帶가 존재하는 것을 볼 때 유절식에 포함되는 것은 분명하지만, 절대의 두께가 두껍고 血溝가 있는 등 일반적인 유절식과는 형태적으로 상당한 차이가 있다. 단 1점의 이질적인 형태에 불과하기 때문에 유사 자료의 새로운 발견이 있기 전까지는 판단을 유보하고 싶다.

후기의 표지유물인 일단병식은 역시 동일 시기에 해당하는 세장유경촉, 일체형석촉과 다수의 공반관계를 보이고 있다. 그런데 전기의 표지유물인 이단경촉과 공반된 사례가 黃石里遺蹟에서 1점 발견되어 주목된다(그림 23-35).[130] 7호 지석묘에서 출토되었는데, 공반된 유물이 일단병식석검과 일체형석촉으로 유구의 소속시기가 후기에 해당함을 나타내고 있다. 그러나 2호 지석묘에서 동일한 형태의 이단경촉이 전기에 속하는 유단식석검, 편평무경촉과 조합되고 있기 때문에, 7호 지석묘를 단순히 후기에 위치시키기보다는 전기에서 후기로 넘어가는 과도기적 단계로 보는 것이 좋을 듯 하다. 따라서 이 유물을 후기에 해당하는 이단경촉으로 상정하는 것은 무리가 있으며, 전기적인 요소가 지속된 사례로 이해

---

126) 林孝澤 · 郭東哲 · 趙顯福, 1987, 「嶧坪 큰돌무덤」『居昌 · 陜川 큰돌무덤』, 東義大學校博物館, p.122.

127) 嶺南文化財研究院, 2005, 『清道 陳羅里遺蹟』, p.323.

128) 國立密陽大學校博物館 · 慶南考古學研究所, 2002, 『密陽 佳仁里遺蹟』, pp.39~40.

129) 金載元 · 尹武炳, 1967, 앞의 책, p.43.

130) 金載元 · 尹武炳, 1967, 「黃石里遺蹟」『韓國支石墓研究』, 國立博物館, p.116.

하는 편이 보다 합리적이다.[131)]

유경식 가운데 단경식은 세장유경촉을 포함한 일단경촉과의 공반만이 확인되어, 후기에 해당하는 것을 알 수 있다. 무덤에 부장되는 단경식은 경부 양측에 홈을 새기거나 구멍이 뚫린 형태로, 이러한 형식이 후기에 속하는 것은 생활유구 출토품에 대한 분석결과와 일치한다. 이밖에 석창은 전·후기 모두에 해당하는 석촉 형식과 공반되는데, 역시 생활유구 출토품을 대상으로 한 분석결과와 동일한 양상을 나타내고 있다.

型式 / 時期	有柄式劍		有莖式劍		扁平形鏃		菱形鏃		合計
	二段	一段	短莖	長莖(石槍)	無莖	有莖	二段	一段	
前期	20		4	5	134	3	62	51	279
後期	10	74	23	8	22	1	1	497	636

표 7 | 남한지역 출토 무기형석기 각 형식의 시기별 개체수

앞서 언급한 내용을 바탕으로 생활유구 출토품과 분묘 부장품을 모두 합하여 무기형석기 각 형식의 개체수를 나타낸 것이 〈표 7〉이다. 이를 종합하여 전기와 후기의 표지유물을 각각 나열하면, 먼저 전기에 해당하는 것으로는 이단병식 석검 가운데 유단식과 능형이단경촉, 편평유경촉을 들 수 있다. 능형이단경촉에는 후기의 예로 황석리유적 출토품 1점이 있지만,[132)] 이에 대해서는 앞에서 과도기적 단계로 상정한 바 있기 때문에 후기의 출토 예는 존재하지 않는 것으로 볼 수 있다.[133)] 편평유경촉의 경우도 상기한 바와 같이 후기의 예가 재가공품일 가능성이 높기 때문에, 3점 모두 전기에 해당하는 유적에서만 출토되고 있다. 한편, 편평무경촉 중에서 만입식의 경우는 후기의 유적에서도 소수 출토 예가 확인되고 있지만, 대다수는 전기의 유적에서 출토되기 때문에 어느 정도의 시기성을 반영한 유물이라 생각된다.

---

131) 이러한 황석리유적 분묘군의 장기 지속성에 대해서는 宋滿榮이 공반유물의 상호관계를 통하여 이미 지적한 바 있다.
宋滿榮, 2001, 앞의 논문, pp.93~94.

132) 烏石里遺蹟 25호 석관묘에서 출토된 2점의 이단경촉을 처음에는 후기의 유물로 판단하였으나, 최근 발굴조사된 인근의 烏石山遺蹟에서 동일 형식의 묘제에 전기의 비파형동검과 공반된 이단경촉이 출토된 바 있어 전기에 해당하는 것으로 수정하였다.
李南奭, 1996, 『烏石里遺蹟』, 公州大學校博物館, p.248.
忠淸文化財硏究院, 2006, 『舒川 烏石里 烏石山遺蹟』, 현장설명회자료, p.14.

후기의 표지유물로 상정되는 석검은 이단병식 가운데 유절식, 일단병식, 유경식 가운데 경부 양측에 홈을 새기거나 구멍이 뚫린 형태, 경부끝이 좌우로 돌출된 형태, 석검의 허리 부분이 잘록한 형태, 경부가 없는 삼각형의 석창 등이다. 석촉 중에서는 편평무경촉 가운데 평기식, 세장유경촉, 일체형석촉 등을 후기의 표지유물로 볼 수 있다.

한편, 혈구는 석검의 경우 대부분이 전기에 해당하는 유단식에서 확인되는 반면, 일단병식에서는 전혀 발견되지 않기 때문에 어느 정도의 시기성을 반영한 요소로 파악된다. 일부 유구식과 유절식, 유경식에서도 확인되지만, 뚜렷한 시간성을 나타내는 자료는 없다. 그러나 석촉에 있어서는 이단경식과 일단경식에서 모두 확인되며, 福星里遺蹟에서 혈구를 가진 일단경촉 6점이 세장유경촉과 공반된 사례도 있기 때문에(그림 23-67 · 68)[134] 시간적인 의미를 부여하기에는 무리가 있다고 생각된다.

⑵ 石刀

남한지역에서 확인된 반월형석도 가운데 전기에 해당하는 석도가 137점, 후기에 해당하는 석도가 82점이다. 이밖에 출토된 유구의 성격이 명확하지 않아 해당 시기를 설정할 수 없는 40점의 석도와 기본적인 석도의 형태가 변한 것으로 판단되는 재가공품 7점은 분석의 대상에서 제외하였다.

표 8 | 남한지역 출토 반월형석도 각 형식의 시기별 개체수

型式 / 時期	魚形	長方形	櫛形	偏舟形	舟形	逆梯形	三角形	合計
前期	31	3	4	3	96			137
後期		3	1	9	7	4	58	82

133) 최근, 한국 남서부지역의 마제석촉 변천과정을 제시한 논고가 발표된 바 있는데, 분석결과에 의하면 이단경촉이 비교적 늦은 단계에 등장하는 것으로 표현되어 있다. 물론, 이글의 필자가 분석대상으로 삼은 남서부지역의 특수한 지역성이 반영되었을 가능성도 배제할 수는 없지만, 한반도 전체의 석촉 경향성과 상반되는 결론을 주장하기 위해서는 보다 뚜렷한 근거를 제시할 필요가 있다고 생각한다.
黃在焄, 2005,『韓國 南西部地域 磨製石鏃의 變遷過程』, 全南大學校大學院 碩士學位論文, pp.63~71.

134) 嶺南文化財硏究院, 2001, 앞의 책, pp.54~55.

이를 통하여 남한지역 출토 반월형석도의 각 형식이 시기별로 변화하는 양상을 살펴보면 다음과 같다. 먼저, 魚形石刀는 31점 모두 전기에 해당하는 유적에서만 확인되고 있다(그림 24-1~6). 이는 후기에 해당하는 유적에서 三角形과 逆梯形만 출토되는 것과 상반되는 양상이라 할 수 있다(그림 24-17~20 · 33~43). 따라서 어형과 삼각형 · 역제형을 각각 청동기시대 전기와 후기를 대표하는 형식으로 상정하는 것이 가능하며, 양자 간에 직접적인 형식변화의 관계는 없었음을 알 수 있다. 결국, 형식의 변화 과정을 파악하기 위해서는 전기와 후기에 모두 나타나는 형식을 살펴보아야 할 것이다.

전기와 후기에 모두 출토되는 석도의 형식으로는 長方形, 櫛形, 偏舟形, 舟形이 있다. 먼저, 장방형과 즐형은 모두 후기의 것이 전기의 석도에 비하여 날카로운 인상을 준다(그림 24-14~16). 이는 석도의 전면이 비교적 직선적으로 처리되면서, 동시에 모서리 부분이 뚜렷한 각을 이루기 때문이다. 후기에 해당하는 유일한 즐형석도인 陳羅里遺蹟 출토품[135]을 보면, 측면이 직선화되면서 背部와 각을 이루고 있어 이러한 정황을 잘 보여주고 있다(그림 24-16). 전기 유적 출토 자료에서는 이와 같은 양상이 보이지 않기 때문에 직선적인 면 처리를 후기 장방형, 즐형의 특징이라 할 수 있다.

편주형은 형태적으로 주형에서의 변화가 상정되는데, 전기에 해당하는 館山里遺蹟[136] 등에서 주형과의 공반관계가 보이고 있어 형식변화의 가능성이 큰 것으로 판단된다(그림 24-9 · 10). 한편, 후기 유적에서 출토된 9점 중 石谷里遺蹟, 大興里遺蹟의 경우는 송국리형문화단계의 유적 가운데 비교적 이른 시기에 해당하며(그림 24-21~25),[137] 松菊里遺蹟 출토품(그림 24-26)도 舌狀臺地에서 수습되어 송국리형 원형주거지와 장방형주거지 단계보다 이른 시기에 출현한 유물로 보인다.[138] 이러한 출토양상을 종합하면 편주형석도는 전기에 주형석도의 변형으로 발생하여 후기의 비교적 이른 시기에 주로 사용되었던 것으로 생각되며, 후기의 늦은 시기에 해당하는 유적에서는 확인되지 않고 있어 존속시기는 짧았

---

135) 嶺南文化財研究院, 2005, 앞의 책, p.157.

136) 尹世英 · 李弘鍾, 1996, 『館山里遺蹟』 I, 高麗大學校埋藏文化研究所, p.25.

137) 李弘鍾 · 孔敏奎 · 孫晙鎬, 2000, 앞의 책, pp.112~113.
林尙澤, 1999, 앞의 책, pp.146~154.

138) 金吉植, 1993, 『松菊里』 V, 國立公州博物館, p.128.

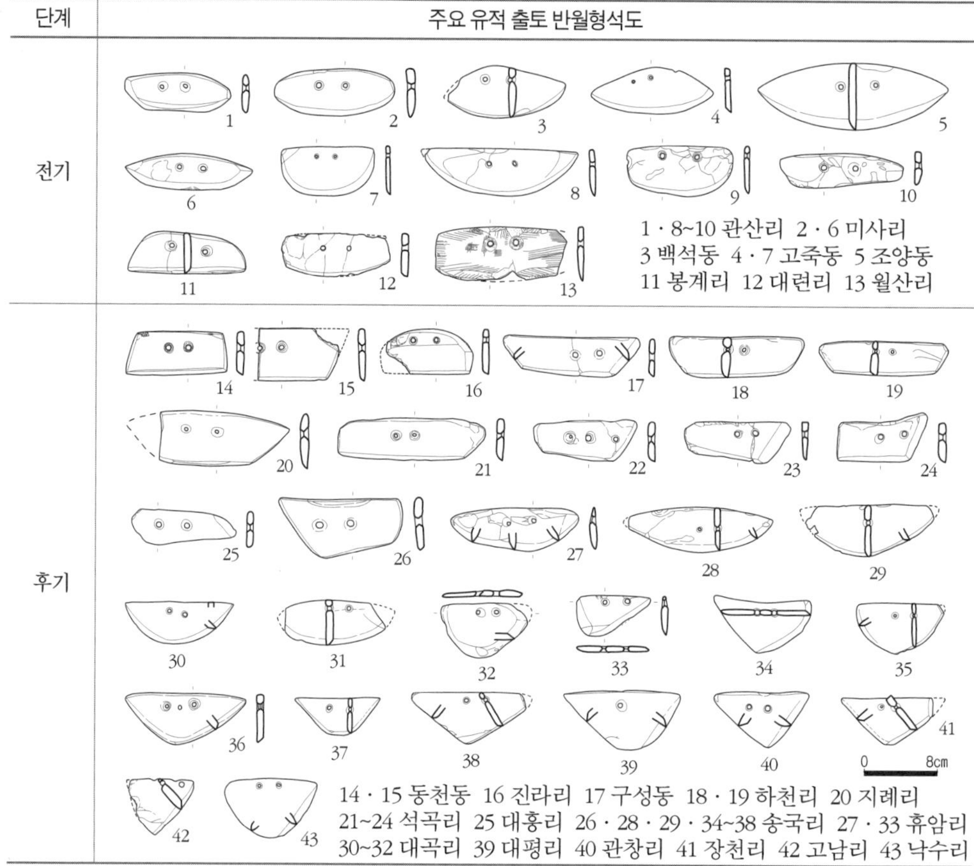

그림 24 | 반월형석도의 시기별 변화상

던 것으로 추정된다.

한편, 후기의 유적에서만 확인되는 역제형도 편주형과 마찬가지로 형태상 주형에서의 변화를 상정할 수 있으며, 실제로 북한지역의 고연리유적에서 역제형과 주형이 공반 출토되고 있다.139) 남한지역에서는 공반관계가 확인된 바 없지만, 知禮里遺蹟140)과 荷川里遺蹟141) 출토품 등 4점의 석도가 모두 늦은 시기에 등장하기 때문에 주형에서의 변화 가능성이 상정된다(그림 24-17~20).142)

주형과 삼각형의 관계를 보면 주형은 전기와 후기에 모두 사용되나, 출토 예

139) 석광준 · 김송현, 2002, 앞의 논문, p.126 · 139.

140) 啓明大學校博物館, 1989, 『臨河댐 水沒地域 文化遺蹟 發掘調査報告書』III, p.93.

141) 金秉模 · 崔虎林 · 金明辰 · 沈光注, 1984, 앞의 논문, pp.258~259.

가 전기에서 후기로 갈수록 급격하게 감소하는 양상을 보인다. 이는 후기에 주로 사용되는 삼각형석도의 등장에 기인한 것으로 생각되는데, 후기에 해당하는 休岩里遺蹟,[143] 松菊里遺蹟,[144] 大谷里遺蹟[145] 등에서 소형화된 주형이 삼각형과 공반관계를 보이고 있어 양 형식 간의 변화 과정을 상정할 수 있다(그림 24-27~31). 한편, 주형에서 삼각형으로의 단계별 변화양상을 직접적으로 보여주는 유물로 한쪽 刃部가 곡선을 이루는 것(그림 24-32~35), 交刃을 이루지는 않지만 직선적인 2개의 인부를 가지는 것(그림 24-36 · 37) 등이 있다. 이들 모두를 주형과 삼각형 사이의 과도기적 성격의 유물로 보는 데에는 다소 무리가 있으나, 양자 간의 형식변화 과정에서 발생한 유물도 존재할 것임은 틀림없다.

남한지역 출토 반월형석도의 구멍수와 인부의 형태를 시기별로 살펴보면 우선 구멍수는 전기에 1공 3점, 2공 134점이 확인되었으며, 후기에는 1공 14점, 2공 68점이 출토되었다. 따라서 일반적으로 전기와 후기 모두에서 2공이 가장 많이 사용되는 가운데 1공도 존재하였던 것으로 보이지만, 후기에 1공의 비율이 높아지는 것은 주목할 필요가 있다. 한편, 인부의 형태는 전 · 후기 모두 片刃만이 출토되어 북한지역과는 다른 양상을 보이고 있다.

마지막으로 반월형석도의 존속시기를 보면 앞서 언급한 룡연리유적 출토 예

142) 知禮里遺蹟의 보고자는 有莖式石劍과 石製劍把頭飾의 존재를 근거로 하여 유적의 조성시기를 靑銅器時代 後期에서도 이르지 않은 시기로 보았으며, 河仁秀도 지례리유적의 지석묘를 영남지방에서 마지막 단계에 등장하는 것으로 생각하였다.

啓明大學校博物館, 1989, 앞의 책, pp.154~156.

河仁秀, 1992,「嶺南地方 支石墓의 型式과 構造」『伽倻考古學論叢』1, 駕洛國史蹟開發硏究院, p.97.

한편, 荷川里遺蹟의 경우 보고자는 회색토기와의 공반을 근거로 유적의 조성시기를 서력기원 전후로 보고 있으나, 출토양상이 양호하지 못하기 때문에 공반관계로 설명하기에는 무리가 있다. 오히려 1호 지석묘의 벽석 사이에서 출토된 丹塗磨硏土器가 河仁秀 분류안의 小型典型丹塗磨硏土器Ⅳ類에 해당하기 때문에, 유적의 축조시기를 하인수 편년안의 무문토기시대 중기후반으로 보는 것이 타당하다고 생각한다.

金秉模 · 崔虎林 · 金明辰 · 沈光注, 1984, 앞의 논문, pp.243~244.

河仁秀, 1992,「嶺南地方 丹塗磨硏土器의 編年」『嶺南考古學』10, 嶺南考古學會, p.28.

143) 尹武炳 · 韓永熙 · 鄭俊基, 1990,『休岩里』, 국립중앙박물관, p.88.

144) 국립중앙박물관, 1987, 앞의 책, p.65.

145) 崔夢龍 · 權五榮 · 金承玉, 1989,「大谷里 도롱 住居址」『住岩댐 水沒地域 文化遺蹟 發掘調査報告書』Ⅵ, 全南大學校博物館, p.256.

등을 통하여 그 상한이 신석기시대 말기에까지 이름을 알 수 있으며, 하한은 洛水里遺蹟 13호 원삼국시대 주거지의 바닥면에서 출토된 삼각형석도[146]에 의해 이 시기까지 사용되었던 것으로 판단된다(그림 24-43).

⑶ 石斧

석부 가운데 전기에 해당하는 것이 213점, 후기에 해당하는 것은 331점이다. 전반적인 형식별 경향성을 살펴보면, 兩刃類와 異形은 전기에 다수를 차지하는데 반하여 片刃類는 후기에 증가하는 양상이 확인된다. 양인류 중에서는 方形系의 감소추세가 뚜렷하기 때문에, 청동기시대 전기에 방형계 석부가 많이 이용된 것으로 추정된다(그림 25-1~3). 이와 달리 圓形系는 후기가 되어도 큰 폭으로 감소하지 않고 전체 수량 또한 다수를 차지하고 있어, 시기에 관계없이 가장 일반적으로 사용된 형식임을 알 수 있다(그림 25-4·5·16·17). 한편, 단면 장방형의 有肩石斧는 단 2점에 불과하지만, 모두 후기의 유적에서만 출토되는 특징을 보이고 있다(그림 25-13·14).

표 9 | 남한지역 출토 마제석부 각 형식의 시기별 개체수

型式 / 時期	兩刃類		片刃類			異形		合計
	方形系	圓形系	柱狀片刃	扁平片刃	石鑿	環狀	多頭	
前期	31	58	9	89	10	15	1	213
後期	7	39	73	174	34	4		331

편인류의 경우 후기에 비약적으로 증가하는데, 이는 송국리문화단계에 벼농사를 중심으로 한 도구체제로의 전환이 이루어지면서 목재가공기술이 체계화된 것으로 볼 수 있다.[147] 특히, 후기가 되면 주상편인석부가 큰 폭으로 늘어나, 이러한 도구를 이용하는 작업이 증가하였음을 짐작케 한다. 이 가운데 有溝石斧 47점은 모두 후기에만 확인되고 있어 청동기시대 후기의 표지유물이라 할 수 있다(그림 25-20~22). 유구석부에 대해서는 후기 내에서의 형식변화가 상정되고 있지만,[148] 본 항의 시기구분에 있어서는 의미가 없기 때문에 더 이상 언급하지 않

146) 崔夢龍·李盛周·李根旭, 1989,「洛水里 낙수 住居址」『住岩댐 水沒地域 文化遺蹟 發掘調査報告書』VI, 全南大學校博物館, p.103.

147) 趙現鐘, 2000,「農工具의 變遷과 生産量의 增大」『韓國 古代의 稻作文化』국립중앙박물관 학술심포지움 발표요지, 국립중앙박물관, pp.50~51.

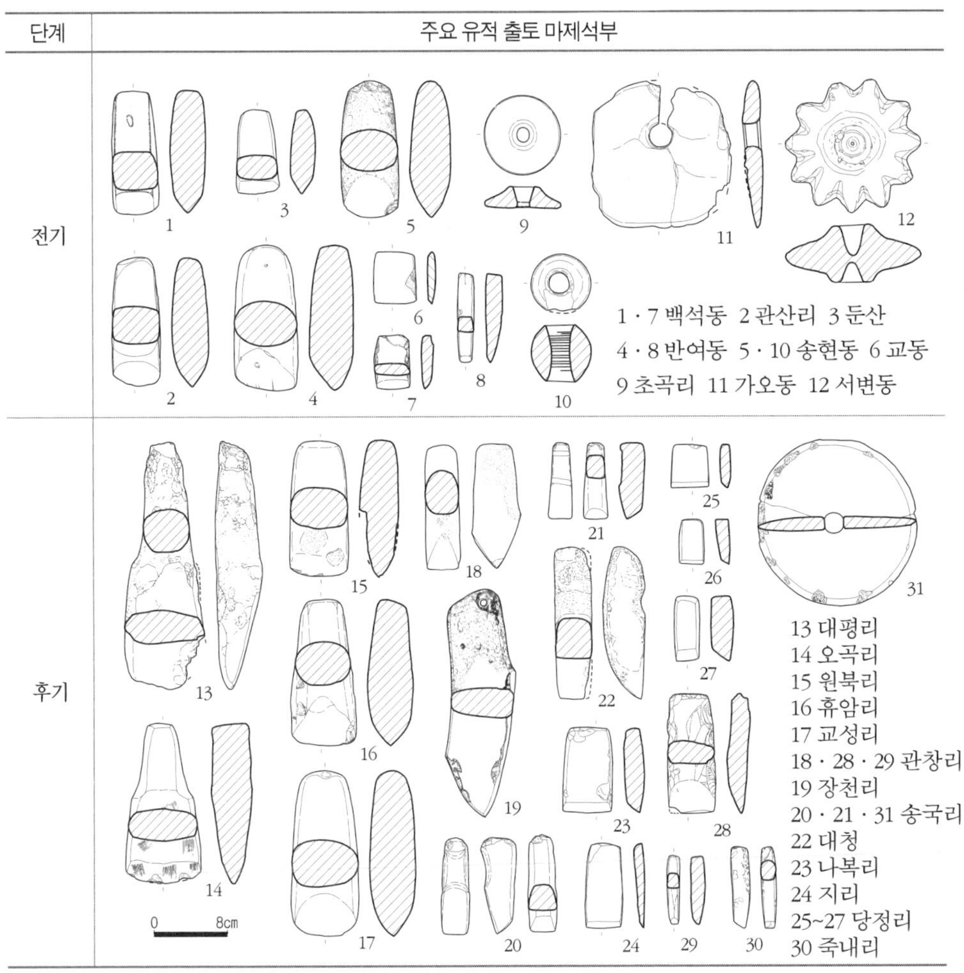

그림 25 | 마제석부의 시기별 변화상

겠다. 한편, 시기 파악이 가능한 것은 단 2점에 불과하지만, 대동강유역의 특징적인 형식인 有段石斧도 모두 후기에 출토되고 있다(그림 25-18 · 19).

이형석부는 모두 후기에 감소 추세를 보이며, 특히 多頭石斧의 경우 아직까지 후기 유적에서 확인된 예가 없다(그림 25-12). 출토량이 소수에 불과하여 단언할 수는 없지만, 이형석부에 전기적인 요소가 강하게 반영되었음은 분명한 것 같다.

148) 裵眞晟, 2000, 앞의 책, pp.43~53.

2) 地域別 出土樣相

마제석기의 지역성을 검토하기 위해서는 먼저 지역구분이 요구된다. 본 항에서는 지형적 조건을 바탕으로 5개의 지역으로 구분하였는데, 강과 산맥에 의하여 문화적 양상에 있어 차이를 보이는 圈域을 하나의 지역으로 설정하였다. 분류된 지역은 한강유역, 영동지역, 금강유역, 영산・섬진강유역, 낙동강유역의 총 5개 지역이다.

이 가운데 한강유역과 금강유역의 경계 설정에 있어서는 지형적 조건보다 문화적 특성을 우선시하였다. 지형적으로는 차령산맥을 경계로 하여 양 지역을 구분하는 것이 가장 타당하지만, 실제 청동기시대의 문화상을 통해 볼 때 송국리문화의 특징을 보이는 유적이 안성천유역을 北端 경계로 하여 그 남쪽으로 분포하고 있기 때문에[149] 이를 지역분류의 기준으로 하였다. 그런데 최근 이러한 분포권을 벗어난 지역에서도 송국리문화의 요소가 일부 확인되고 있다. 경기도 화성시 천천리유적[150]과 반월리유적,[151] 강원도 고성군 송현리・사천리유적[152]에서 송국리형주거지나 유구석부 등의 송국리문화 관련 유물이 조사된 바 있다. 아직 유적에 대한 구체적인 보고는 없지만, 지금까지 공개된 자료를 통하여 볼 때 이들은 송국리문화의 간접적인 영향권에 포함될 가능성이 높다. 따라서 이들 유적의 존재를 바탕으로 송국리문화의 분포권을 확대시킬 필요는 없다고 판단된다. 물론, 이러한 지역구분이 새로운 발굴자료의 추가에 의하여 세부적으로 변경될 가능성은 여전히 남아있지만, 지금까지의 발굴성과를 통해 볼 때 대체적인 틀은 크게 변하지 않을 것이라 생각한다.

이상과 같이 구분된 5개 지역에 대하여 마제석기의 지역별 출토양상을 살펴보도록 하겠다. 먼저, 한강유역에서 석검은 소수에 불과하지만, 4개의 형식이 유

149) 李賢淑, 2000,「中西部地方 前・中期 無文土器文化의 地域性 檢討」『先史와 古代』14, 韓國古代學會, p.103.

150) 이남규・권오영・이기성・이형원・신성혜・조성숙・이진민・한지선・김여진, 2006, 앞의 책.

151) 충남대학교백제연구소, 2005,『화성 반월리유적』, 현장설명회자료, pp.10~11.

152) 江原文化財硏究所, 2004,『동해북부선(저진-군사분계선) 철도연결구간내 유적 발굴조사 지도위원회의자료』, pp.31~33.
강원문화재연구소, 2005,『동해북부선(저진-군사분계선) 철도연결구간내 유적 발굴조사 2차 지도위원회의자료』, p.6.

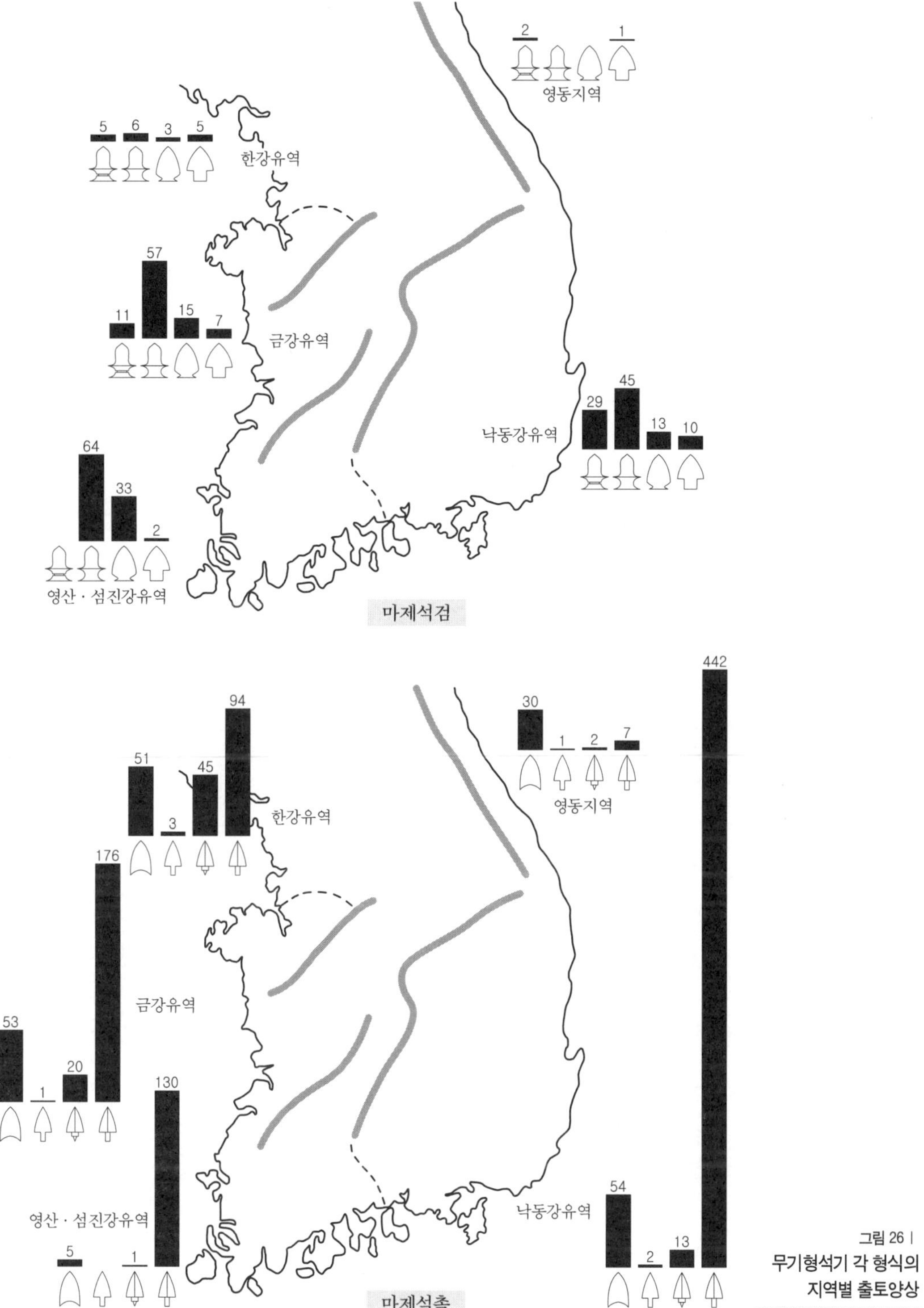

그림 26 | 무기형석기 각 형식의 지역별 출토양상

사한 비율로 출토되고 있다. 석촉은 一段莖式의 출토량이 가장 많은데, 扁平彎入式과 二段莖式의 비율도 상대적으로 높은 편이다. 북한지역에서 주로 출토되는 만입된 기부 중앙에 돌기가 형성된 형태, 扁平有莖式 등이 이 지역에서 확인되며, 특히 대동강유역이 주요 출토지인 경부가 직선적으로 내려오다가 각을 이루면서 좁아지는 이단경식은 남한지역의 한강유역에서만 5점이 출토되고 있다. 이 밖에 一體形石鏃도 가장 많은 25점이 이 지역에서 출토되어 특징적인 지역성을 보이고 있다. 석도는 舟形 27점, 魚形 10점으로 이들이 대다수를 차지하면서 刃部의 형태는 片刃, 구멍의 수는 2공으로 통일성을 보여준다. 이 지역 석부의 특징은 주로 북한지역에 분포하는 兩刃類에 단면 편평형이 1점 출토된 것과 대동강유역의 특징적인 석부인 多頭石斧의 출토 사례가 최근 증가하고 있다는 점이다.

두 번째, 영동지역에서는 후기에 해당하는 一段柄式과 有莖式石劍이 출토되지 않아 주목되지만, 석검의 수가 3점에 불과하여 조사의 부족에 기인하였을 가능성이 있다. 그러나 석촉 또한 扁平無莖式이 다수를 차지하는 것을 볼 때, 후기 유물의 不在가 이 지역의 특성이라 할 수 있다. 만입된 기부 중앙에 돌기가 형성된 석촉이나 편평유경식은 한강유역과 마찬가지로 이 지역에서도 확인되고 있어, 북한지역과의 관련성을 짐작하게 한다. 석도는 이 지역에서 주형이 가장 많은 17점, 어형이 4점 출토되었으며, 인부의 형태와 구멍의 수는 모두 편인에 2공으로 앞서 언급한 한강유역의 양상과 유사하다.

세 번째, 금강유역에서는 청동기시대 후기에 해당하는 유적이 다수 확인되면서 마제석기의 형식에 있어서도 변화가 보인다. 석검은 일단병식이 57점으로 다른 지역에 비하여 높은 점유비율을 차지하고 있다. 유경식석검 가운데에는 허리 부분이 잘록한 형태와 비교적 소형에 경부끝이 좌우로 돌출된 형식이 이 지역에서 대부분 출토되고 있다. 석촉 중에서도 경부끝이 좌우로 돌출된 형식이 존재하는데, 총 7점 가운데 6점이 금강유역에서 확인되어 이러한 형태가 이 지역의 특징적인 요소로서 석검과 석촉 양자에 모두 반영된 것으로 보인다. 석촉은 일단경식이 176점으로 대다수를 차지하며, 편평무경식도 53점이 확인된다. 석도는 三角形 31점, 주형 20점, 偏舟形 11점, 어형 7점 등 다양한 형식이 출토되며, 인부의 형태는 모두 편인, 구멍의 수는 대부분 2공이다. 시기별로 보면 전기에는 어형과 주형이 주로 사용되며, 후기에 이르러 편주형과 삼각형으로 대체된다. 석부에서는 양인류 가운데 단면 원형이 남한지역에서 총 15점 출토되었는데, 이 중 13점이 금강유역에서 확인되어 지역적 특성을 나타내고 있다. 또, 양인류 方形系

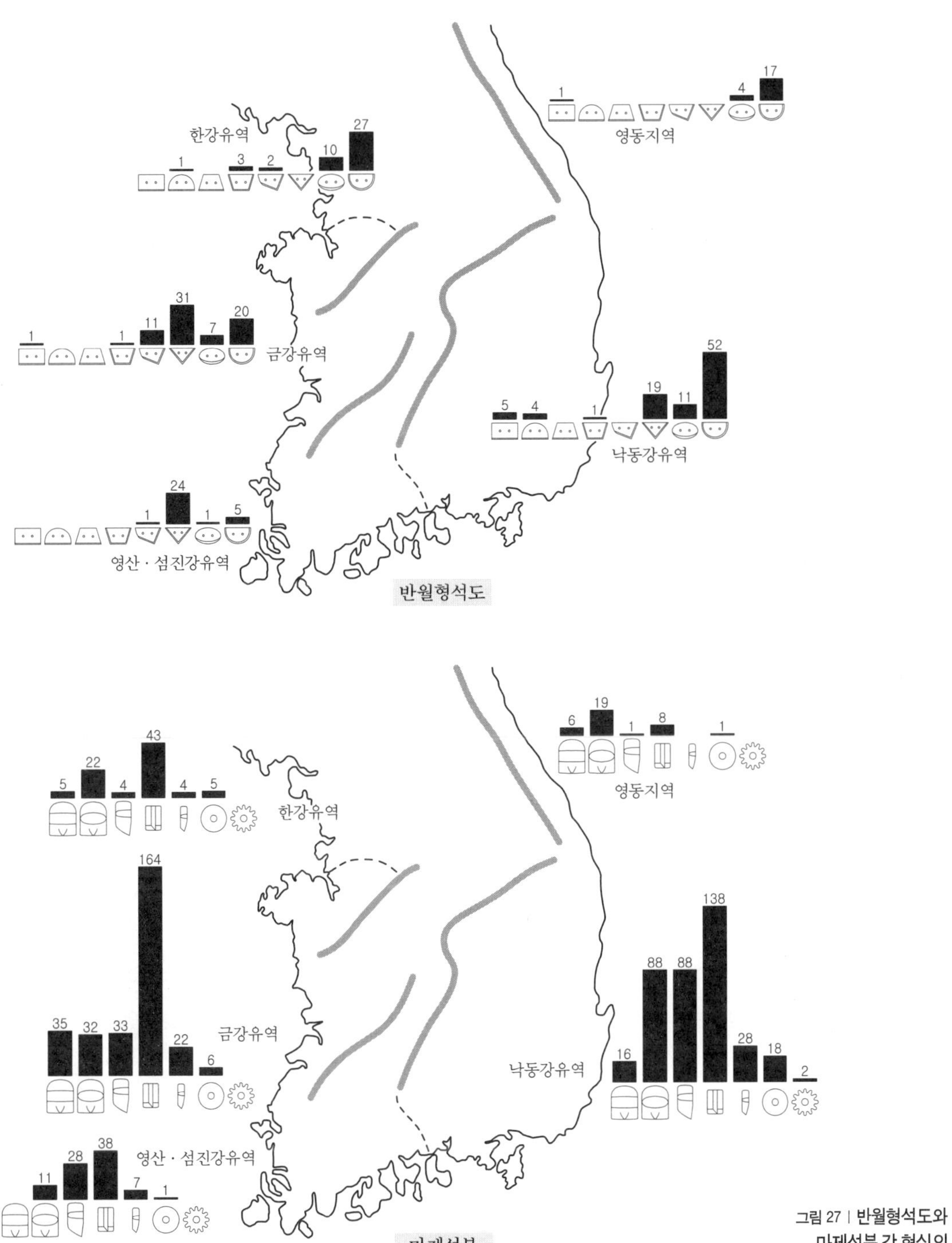

그림 27 | 반월형석도와 마제석부 각 형식의 지역별 출토양상

는 단면 장방형이 대다수를 차지하고 있지만, 금강유역의 출토품은 단면 방형이 20점, 장방형 15점으로 오히려 방형이 다수를 점하고 있어 단면 방형의 양인석부도 이 지역의 특징적인 형태라 할 수 있다.

네 번째, 영산 · 섬진강유역에서는 이단병식석검이 출토되지 않는 것이 가장 큰 특징인데, 이와 반대로 일단병식과 유경식석검이 다수 확인되고 있다. 특히, 다른 지역보다 유경식의 비율이 높은 편인데, 짧은 경부 양측에 홈을 새긴 형식이나 구멍이 뚫린 형태는 이 지역에서 가장 많은 출토량을 보인다. 석촉에 있어서도 130점이 일단경식이며, 편평무경식과 이단경식은 6점에 불과하다. 여기서 언급한 석검과 석촉이 대부분 지석묘의 부장품인 점을 감안하면, 지석묘의 소속시기가 대체로 후기에 해당함을 짐작할 수 있으며, 이는 영산 · 섬진강유역에서 전기의 취락유적이 거의 확인되지 않는 사실과 맥을 같이하는 것이라 생각된다. 석도 역시 후기에 해당하는 삼각형이 24점으로 대다수를 차지하고 있다. 인부의 형태는 모두 편인이며, 구멍의 수는 2공이 28점이지만 1공도 4점 출토되고 있다.

마지막으로 낙동강유역에서 석검은 일단병식이 45점으로 가장 많은 출토량을 보이지만, 이단병식도 29점이 출토되어 다른 지역에 비하여 높은 점유비율을 차지한다. 이단병식 가운데 병부의 아랫부분에 반원형 장식이 수반되거나 병부의 한쪽 면에 원형의 凹部가 관찰되는 것이 있는데(그림 7-9 · 10), 이 지역만의 특징적인 형식이다. 석촉은 일단경식이 442점으로 가장 많은 출토량을 보이며, 편평무경식도 54점 확인된다. 만입된 기부 중앙에 돌기가 형성된 석촉이나 편평유경식도 소수이지만 출토되고 있어, 한강유역이나 영동지역과 마찬가지로 북한지역과의 관련성을 짐작케 한다. 석도는 주형이 52점으로 가장 많은 출토량을 보이며, 삼각형 19점, 어형 11점, 長方形 5점, 櫛形 4점, 그리고 逆梯形이 1점 확인되었다. 이 지역에서 이와 같이 다양한 형식의 석도가 확인되는 것은 전기와 후기에 해당하는 유적이 다수 조사되었기 때문으로, 전기의 유적이 거의 확인되지 않는 영산 · 섬진강유역과는 대조적인 양상을 보인다. 인부의 형태는 모두 편인이며, 구멍의 수는 1공이 18점, 2공이 75점으로 2공이 다수를 점하지만 남한지역의 다른 지역에 비하여 1공이 많은 수를 차지하고 있다. 특히, 삼각형 19점 가운데 14점이 1공을 이루고 있어 주목된다. 석부에서는 주로 북한지역에서 출토되는 양인류 편평형과 다두석부가 각각 6점과 2점 확인되어 남한지역에 있어서 가장 많은 출토량을 보이고 있다. 이와 달리 단면 장방형의 有肩石斧는 남한지역의 낙동강유역에서만 출토되는 독특한 형식이다.

4. 小結 - 兩地域의 竝行關係

본 절에서는 앞서 살펴본 북한지역 마제석기의 변화 양상을 남한지역 자료와 비교하여 그 병행관계를 상정하고자 한다. 북한지역의 청동기시대는 앞서 미송리형토기를 기준으로 하여 Ⅰ·Ⅱ·Ⅲ단계로 구분한 바 있다. 또한, 남한지역에 대해서는 문화상 전반에 대한 급격한 변화를 기준으로 삼은 李弘鍾의 시기구분안을 받아들여, 松菊里文化의 등장을 획기로 전기와 후기로 구분하였다. 이와 같은 시기구분에 따라 남·북한지역의 마제석기를 기종별로 비교하면 다음과 같다.

먼저, 석검 가운데 有莖式은 북한지역에서 Ⅰ~Ⅲ단계에 걸쳐서 사용되지만(그림 28-1·15~18·31·32), 남한지역에서는 대부분이 후기 이후에 나타나고 있다(그림 29-28~30). 특히, 북한지역의 Ⅱ단계부터 등장하는 莖部에 결박용 홈이 있거나 허리부분이 잘록한 석검(그림 28-16~18)은 남한지역 후기 유적에서도 출토되고 있어, 이 시기부터 직접적인 영향이 있었던 것으로 추정된다. 有柄式은 북한지역에서 Ⅱ단계부터 有血溝二段柄式이 나타나는데(그림 28-14), 이러한 형식은 남한지역의 전기 유적에서만 출토되는 것이다(그림 29-8~11). 이와 달리 一段柄式은 남한지역의 후기를 대표하는 형식으로(그림 29-26·27), 북한지역에서는 출토량이 소수에 불과하며 출토지역도 대부분 원산만일대에 한정된다.

다음으로 석촉은 扁平鏃이 북한지역에서 Ⅰ단계부터 Ⅲ단계까지 지속적으로 이용되는데 반하여(그림 28-2~5·19·20·33·34), 남한지역에서는 거의 대부분이 전기 유적에서만 확인된다(도 29-12~15). 有莖鏃은 一段莖式과 二段莖式으로 구분되는데, 이 가운데 일단경식은 북한지역과 남한지역 모두에서 전 시기에 걸쳐서 출토된다(그림 28-6·7·21~24·35~37). 이와 달리 이단경식은 북한지역에서 Ⅱ단계부터 등장하지만(그림 28-25·26·38) 남한지역에서는 전기에만 확인되어(그림 29-16~21), 양 지역의 병행관계에 있어서 이단병식석검과 유사한 양상을 보이고 있다. 한편, 경부의 구분이 애매한 단면 능형의 석촉은 두만강유역 Ⅱ단계부터 나타나는데(그림 28-23·24), 남한지역에서는 一體形石鏃(그림 29-31~33)이라 불리며[153] 북한강유역의 후기 유적에서 다수 확인된 바 있다.[154]

153) 朴埈範, 1998, 앞의 책, p.16.
154) 金權中, 2004, 앞의 논문, p.22.

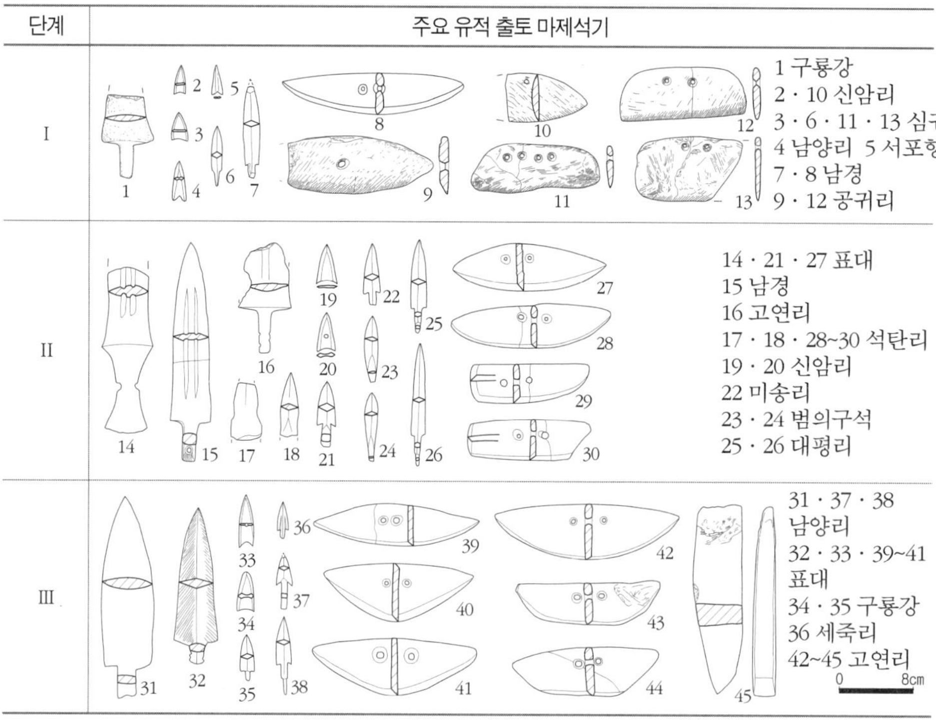

단계	주요 유적 출토 마제석기
I	1 구룡강 2 · 10 신암리 3 · 6 · 11 · 13 심귀리 4 남양리 5 서포항 7 · 8 남경 9 · 12 공귀리
II	14 · 21 · 27 표대 15 남경 16 고연리 17 · 18 · 28~30 석탄리 19 · 20 신암리 22 미송리 23 · 24 범의구석 25 · 26 대평리
III	31 · 37 · 38 남양리 32 · 33 · 39~41 표대 34 · 35 구룡강 36 세죽리 42~45 고연리 0 8cm

그림 28 | 북한지역의 단계별 마제석기 변화상

석도는 북한지역에서 魚形이 가장 먼저 등장하여 전 시기에 걸쳐서 사용되지만(그림 28-9 · 10), 남한지역에서는 전기에만 확인된다(그림 29-22~25). 이밖에 舟形, 長方形, 櫛形이 북한지역에서 I 단계부터 나타나며(그림 28-8 · 11~13), 偏舟形이 II단계에 등장한다(그림 28-29 · 30). 남한지역에서는 이들 형식이 전 · 후기에 모두 확인되는데, 앞서 기술한 바와 같이 편주형(그림 29-34)의 경우 후기의 비교적 이른 시기에 주로 이용되었다고 생각된다. 逆梯形은 북한지역에서 III단계(그림 28-43 · 44), 남한지역에서는 후기에 각각 등장하고 있다. 남한지역에서 후기 유적에서만 발견되는 三角形(그림 29-35~38)은 북한지역의 출토 예가 알려진 바 없지만, 삼각형에 가까운 석도가 대동강유역의 III-2단계에 출토되고 있어(그림 28-40) 양 지역의 시기적 관련성을 짐작할 수 있다.

석부는 남 · 북한 양 지역에서 대부분의 형식이 전 시기에 걸쳐 사용되기 때문에 시기적인 특성을 파악하기에는 무리가 있다. 단, 有段石斧가 북한지역에서 III단계에 처음으로 등장하며(그림 28-45), 남한지역에서는 有溝石斧가 후기 유적에서만 출토되고 있어 주목된다(그림 29-39~41). 이들의 관계에 대해서 유구

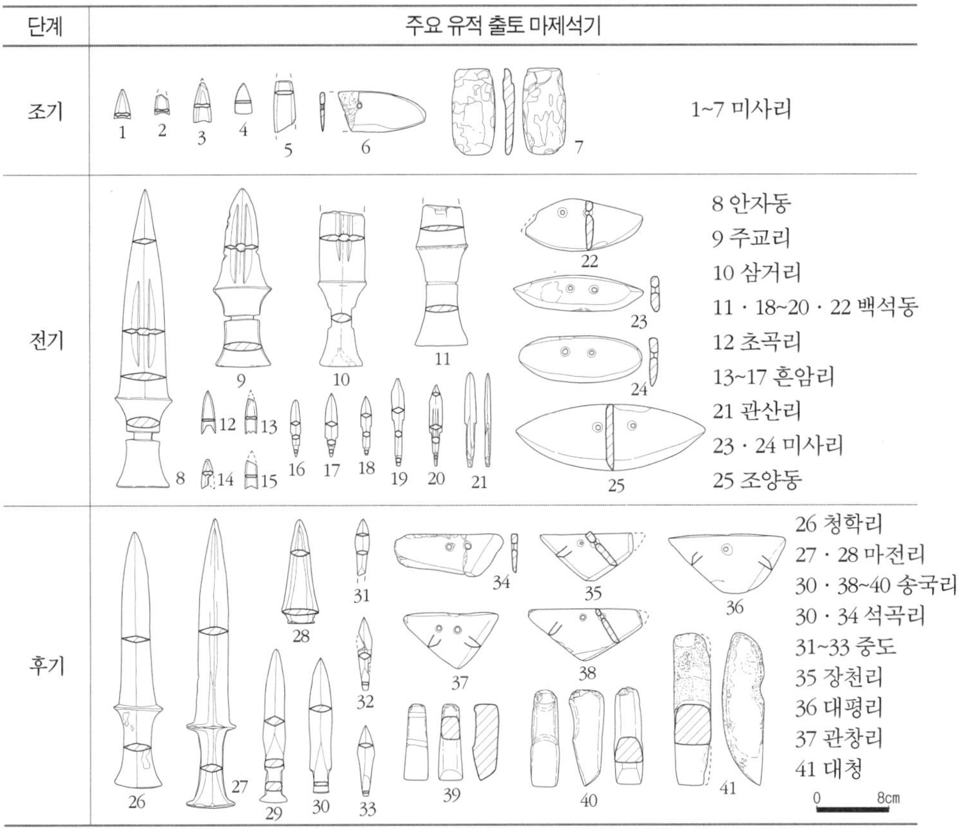

단계	주요 유적 출토 마제석기
조기	1~7 미사리
전기	8 안자동 9 주교리 10 삼거리 11 · 18~20 · 22 백석동 12 초곡리 13~17 흔암리 21 관산리 23 · 24 미사리 25 조양동
후기	26 청학리 27 · 28 마전리 30 · 38~40 송국리 30 · 34 석곡리 31~33 중도 35 장천리 36 대평리 37 관창리 41 대청 0 8cm

그림 29 | 남한지역의 단계별 마제석기 변화상

석부의 기원을 유단석부에서 구한 연구도 있지만,[155] 직접적인 파생보다는 부분적인 영향을 상정한 裵眞晟[156]의 주장이 더욱 합리적인 것으로 생각된다. 아무튼 양자 사이에 영향 관계가 존재하였음은 현재까지의 연구성과를 볼 때 분명한 것 같다.

이상과 같이 남 · 북한 양 지역에는 기종별로 유사성을 보이는 마제석기 형식이 존재한다. 이 가운데 특정 시기에 등장하는 석기들을 통하여 시기적 병행관계를 상정할 수 있다. 대체로 북한지역의 II단계에 새로운 형식의 마제석기가 다

155) 西谷正, 1969, 「朝鮮半島における初期稻作」『考古學硏究』16-2, 考古學硏究會, p.108.
後藤直, 1984, 「朝鮮半島における稻作の始まり」『考古學ジャーナル』2, ニュー・サイエンス社, p.9.

156) 裵眞晟, 2000, 앞의 책, p.15.

수 등장하는데, 유혈구이단병검과 경부에 홈이 있거나 허리부분이 잘록한 유경식석검, 이단경촉과 일체형석촉 등이 이에 해당한다. 이 중 남한지역에서 전기에만 확인되는 것으로 이단병검과 이단경촉이 있으며, 후기에만 출토되는 것으로는 유경식석검, 일체형석촉 등을 들 수 있다. 이러한 예들을 볼 때 북한지역의 II단계는 남한지역의 전·후기 모두에 해당하는 것으로 판단된다. 그 이전의 북한지역 I단계에 대해서는 남한지역에서 최근 새롭게 설정되고 있는 조기[157]와의 병행관계를 상정할 수 있다. 물론, 아직까지 남한지역에서 조기 유적의 조사예가 소수에 불과하기 때문에 자료의 증가를 기다릴 필요가 있지만, 양 지역 모두에서 이 단계에 유병식석검이 존재하지 않고 있어 그 가능성이 인정된다(그림 29-1~7).

이상의 내용을 요약하면 북한과 남한지역의 시기적 병행관계는 북한지역의 I단계가 남한지역의 조기에, II단계가 전·후기에, 그리고 III단계가 후기에 각각 해당하는 것으로 정리할 수 있다. 그러나 이러한 양 지역의 병행관계가 서로 일대일로 대응하는 것이 아니라는 점을 생각할 필요가 있다. 본 장의 목적은 상기한 바와 같이 마제석기의 전반적인 흐름을 파악하는 데에 있기 때문에 시기구분 또한 대략적일 수밖에 없다. 따라서 양 지역의 병행관계도 일정 부분 공존하는 시점이 존재한다는 의미일 뿐, 시간적 위치가 완전히 일치한다는 것은 아니다. 청동기시대의 보다 세분된 시기구분과 남·북한 양 지역의 정밀한 병행관계 설정은 마제석기 이외의 유물들과 출토 유구에 대한 종합적인 검토가 있어야 가능할 것이다.

이밖에 북한지역과 남한지역 모두에서 전 시기에 걸쳐서 확인되는 주형·장방형·즐형석도, 일단경촉 등은 시기에 관계없이 지속적으로 이용되었다고 생각된다. 이와 달리 편평삼각촉이나 어형석도의 경우 북한지역에서 전 시기에 걸쳐 사용되지만, 남한지역에서는 전기 유적에서만 확인되고 있어 차이를 보인다. 송국리문화의 등장과 함께 석촉은 일단경식으로 통일되며, 석도는 삼각형이 새롭게 등장하면서 어형이 소멸된 것으로 추정된다.

또, 남한지역에서는 확인되지만 북한지역에서 거의 발견되지 않는 형식도 있다. 대표적인 것으로 일단병검과 삼각형석도, 유구석부 등을 들 수 있는데, 이들은 모두 남한지역의 후기 유적에서만 확인되고 있다. 분포의 중심도 역시 남한

157) 安在晧, 2006,『青銅器時代 聚落研究』, 釜山大學校大學院 博士學位論文, p.9.

지역이기 때문에 남한 지역의 후기에 발생한 석기로 생각되며, 소수의 북한지역 출토품은 남한지역의 영향에 의한 것으로 볼 수 있다. 물론, 청동기 문화의 전반적인 흐름에 있어서 북 → 남으로의 방향성은 주지의 사실이지만, 모든 문화의 요소가 한 방향으로만 흘러간다고 보는 것은 무리가 있다.

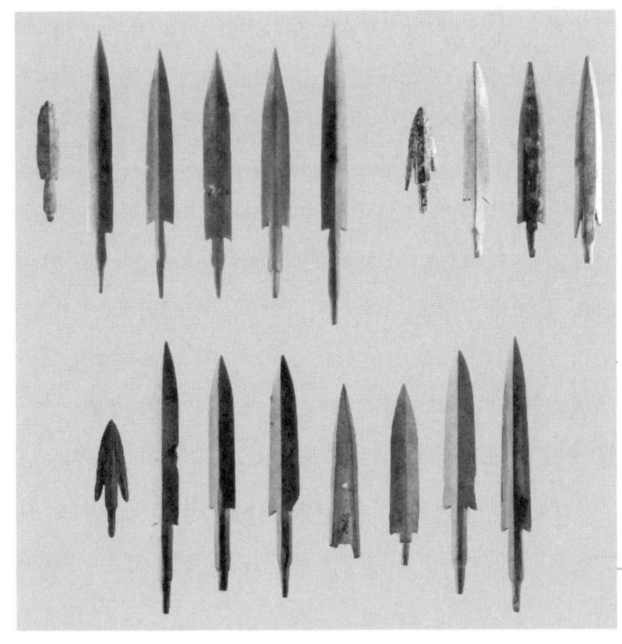

사진 17 | 동촉과 석촉의 공반사례

上左 : 약사동, 上右 : 상매리, 下 : 대아리

최근, 북한지역 출토 유구석부를 남한지역 출토품의 기원으로 상정한 연구가 발표된 바 있는데,[158] 북한지역의 유구석부를 이른 시기로 볼 수 있는 근거가 부족하며 오히려 형식상 늦은 시기에 해당할 가능성이 높기 때문에 역시 남한지역의 영향에 의한 것으로 판단된다.

한편, 상기한 마제석기의 병행관계를 통하여 이단병검과 이단경촉의 기원 문제를 생각해 볼 수 있다. 이러한 문제에 대해서는 많은 선학들의 연구가 있어 왔지만, 아직까지 뚜렷한 정설이 존재하는 것은 아니다.[159] 이단병검과 이단경촉은 모두 북한지역의 II단계에 처음으로 등장하며 남한지역에서는 전기 유적에서만 확인된다. 한반도의 주변 지역에서는 이러한 형식이 관찰되지 않기 때문에 한반도 내에서의 자체적인 변화과정이나 혹은 이 단계에 유입된 다른 器物의

158) 朴淳發, 2004, 「遼寧 粘土帶土器文化의 韓半島 定着 過程」『錦江考古』1, 忠淸文化財硏究院, pp.50~53.

159) 마제석검의 기원 문제에 관한 연구사는 II장에서 언급한 바 있다. 유경촉의 기원에 대해서는 黃昌漢이 동촉과의 관련성을 지적하였지만, 일단경촉은 遼東半島로부터의 유입을 상정할 수 있기 때문에 유경촉 가운데 이단경촉만 청동촉의 영향에 의하여 발생하였다고 보는 것이 타당하다. 遼東半島와의 관계에 대해서는 다음 장에서 보다 자세히 다루고자 한다. 黃昌漢, 2004, 앞의 논문, p.35.

영향에 의한 발생을 상정할 수 있다. 본고에서는 청동기의 모방에 의한 발생 가능성이 높다고 생각되는데, 그 이유로는 우선 유혈구이단병검과 비파형동검, 그리고 이단경촉과 청동촉의 형태적 유사성을 들 수 있다.[160] 그리고 시기적으로 북한지역에서 II단계에 동검과 동촉이 등장하고 있다는 점도 이러한 추정을 가능하게 한다. 특히, 동촉의 경우 이단경촉과의 공반예가 대아리 돌상자무덤,[161] 상매리 돌상자무덤,[162] 약사동 고인돌[163] 등에서 확인되고 있어 직접적인 계보관계를 짐작케 한다. 단, 남한지역에 있어서는 전기유적에서만 이단병검이 확인되는 것에 반하여, 비파형동검은 주로 후기에 출토되는 점이 문제가 된다. 이에 대해서는 최근 비래동유적 출토 동검을 근거로 남한지역 전기 단계의 동검이 새롭게 설정되고 있어,[164] 이러한 주장을 받아들인다면 석검의 동검조형설이 남한지역에서도 적용될 수 있으리라 생각된다.

160) 이단병검과 비파형동검의 형태적 유사성은 이미 선학의 여러 연구에서 지적된 바 있다. 대표적인 것으로는 金邱軍과 近藤喬一의 연구가 있다.
金邱軍, 1996,「韓國式石劍의 研究(1)」『湖巖美術館研究論文集』1, 湖巖美術館, p.59.
近藤喬一, 2000,「東アジアの銅劍文化と向津具の銅劍」『山口縣史 資料編考古』1, 山口縣, p.733.

161) 리규태, 1983,「배천군 대아리 돌상자무덤」『고고학자료집』6, 과학·백과사전출판사.

162) 과학원출판사, 1959,「황해북도 사리원시 상매리 석상묘 조사보고」『대동강 및 재령강류역 고분 발굴보고』고고학자료집 2.

163) 라명관, 1988,「약사동 고인돌 발굴보고」『조선고고연구』2, 사회과학출판사.

164) 庄田愼矢, 2005,「湖西地域 出土 琵琶形銅劍과 彌生時代 開始年代」『湖西考古學』12, 湖西考古學會, pp.44~48.

IV

周邊地域 磨製石器와의 比較

周邊地域 磨製石器와의 比較

본 장에서는 연구의 지역 범위를 보다 확대시켜 한반도 주변지역 마제석기와의 관계에 대하여 검토하였다. 우선, 마제석기의 기원 문제와 관련하여 중국 동북지역 출토 자료를 살펴본 다음 이를 북한지역 출토품과 비교하였다. 중국 동북의 여러 지역 가운데 遼東半島 출토 마제석기를 주요 검토대상으로 하였는데, 이는 遼東半島 지역이 한반도 청동기문화 성립과 직접적으로 관련되기 때문이다. 다음으로 마제석기의 일본열도 전파 과정을 살피기 위하여 北部九州의 대륙계마제석기와 남한지역의 마제석기를 비교하였다. 대륙계마제석기는 그 명칭에서도 알 수 있듯이 한반도의 직접적인 영향에 의하여 성립되었기 때문에, 양 지역의 문화전파를 이해하는 데에 결정적인 자료를 제공하고 있다. 이에 대해서는 일본 측의 연구성과가 어느 정도 집적되어 있어, 이를 기본적으로 참조하면서 석기의 형식과 조성에 대하여 한반도 자료와 비교 · 검토하였다.

1. 中國 東北地域 磨製石器와의 比較

중국 동북의 여러 지역 가운데에서 한반도 청동기문화 성립과의 관련성이 지적되는 곳은 遼東半島이다. 遼東半島의 표준유적으로는 雙陀子遺蹟을 들 수 있는데, 층위발굴에 의하여 1 · 2 · 3기로 구분되고 있다.[1] 이 중 신암리유적 1문화와의 영향관계가 살펴지는 雙陀子 1기부터 한반도의 기본적인 석기 조성이라 할 수 있는 석창, 석도, 편평편인석부, 석착, 환상석부 등이 遼東半島에 등장하고 있다.[2] 그리고 雙陀子 3기에 후속하는 上馬石 상층 단계부터 이러한 석기 조성

1) 사회과학원출판사, 1966, 『중국 동북지방의 유적발굴보고』.
2) 大貫靜夫, 1998, 『東北アジアの考古學』, 同成社, p.131.

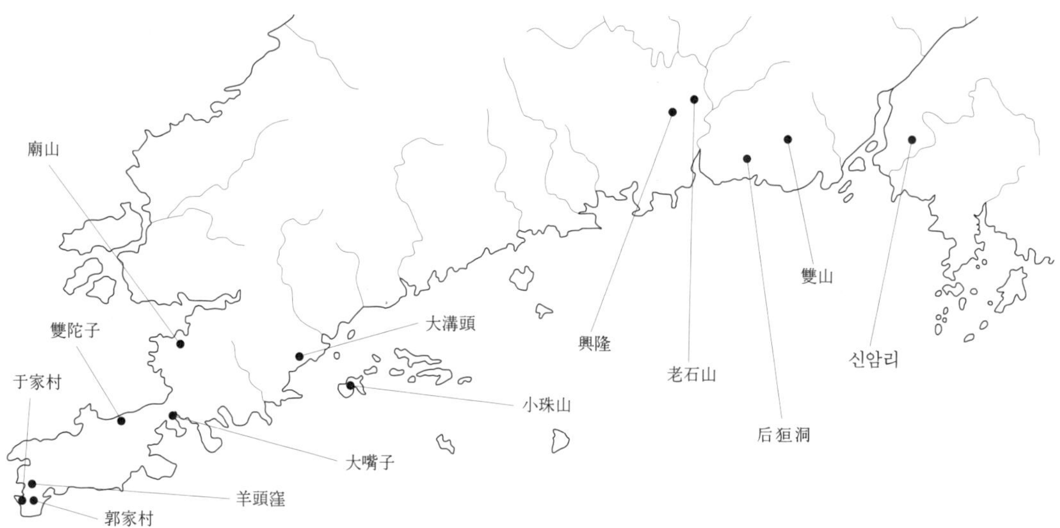

그림 30 | 遼東半島의 주요 검토 대상 유적

이 확인되지 않고 있어,[3] 이 단계에 遼東半島의 지역적인 특성이 나타나면서 한반도와의 관계가 멀어진 것으로 볼 수 있다. 따라서 한반도 마제석기와 직접적인 관련이 상정되는 시기는 雙陀子 1~3기라 할 수 있으며, 본 절에서는 이를 검토대상으로 하여 遼東半島에서의 변화상을 살펴보고자 한다.

그런데 雙陀子 1·2·3기는 山東地域의 영향을 받은 雙陀子 1·2기와 이러한 영향을 탈피한 雙陀子 3기로 양분하는 것이 가능하다.[4] 千葉基次도 雙陀子 2기를 1기에 포함시킬 수 있다는 견해를 발표한 바 있어,[5] 본 절에서는 이러한 구분에 따라 遼東半島 유적들의 단계를 설정하였다. 먼저, 雙陀子 1·2기와 병행하는 단계는 小珠山 상층,[6] 于家村 하층,[7] 郭家村 상층,[8] 東溝縣의 興隆·老石山·后洼洞·雙山,[9] 廟山 4층,[10] 大嘴子 1·2기[11] 등이 있다. 다음으로 雙陀子

3) 宮本一夫, 1991,「遼東半島周代併行土器の變遷」『考古學雜誌』76-4, 日本考古學會, p.78.

4) 宮本一夫, 1985,「中國東北地方における先史土器の編年と地域性」『史林』68-2, 史學硏究會, p.14.

5) 千葉基次, 1996,「遼東青銅器時代開始期」『東北アジアの考古學』2, 깊은샘, p.133.

6) 許明綱·許玉林·甦小華·劉俊勇·王瓘英, 1981,「長海縣廣鹿島大長山島貝丘遺址」『考古學報』1, 科學出版社.

7) 許明綱·劉俊勇, 1981,「旅順于家村遺址發掘簡報」『考古學集刊』1, 中國社會科學出版社.

8) 許玉林·甦小幸, 1984,「大連市郭家村新石器時代遺址」『考古學報』3, 科學出版社.

9) 許玉林·高洪珠, 1984,「丹東市東溝縣新石器時代遺址調查和試掘」『考古』1, 科學出版社.

3기에 해당하는 단계는 羊頭窪,[12] 于家村 상층, 廟山 2·3층, 大溝頭,[13] 大嘴子 3기 등이 있다. 한반도와의 병행관계는 雙陀子 1·2기가 신암리유적 1문화층에, 雙陀子 3기가 신암리유적 2문화층에 각각 해당된다.[14]

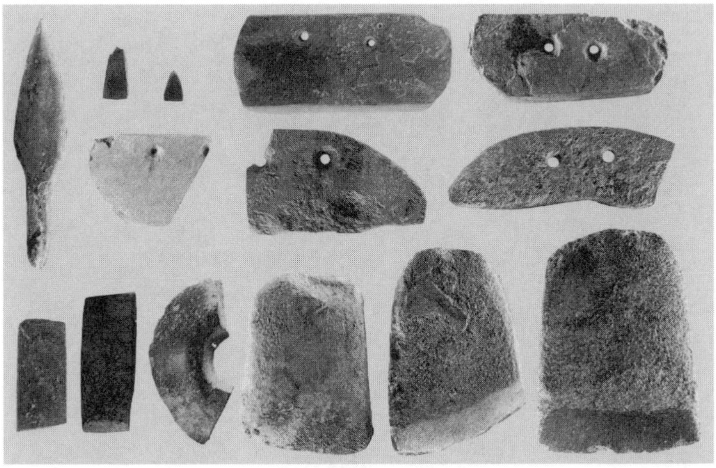

사진 18 | 雙陀子 1·2기의 마제석기

이상과 같이 구분된 단계에 따라 마제석기의 기종별 변화양상을 살펴보면 다음과 같다. 먼저, 무기형석기는 석창과 석촉이 확인되는 반면, 석검은 출토되지 않고 있다. 석창은 단면 능형이 雙陀子 1·2기에 나타나며(그림 31-1~3), 雙陀子 3기에는 경부의 폭이 넓은 단면 렌즈형이 등장한다(그림 31-33). 경부에 장착을 위한 구멍이 뚫려있는 석창은 雙陀子 3기에만 관찰되며(그림 31-34~36), 경부가 파손되어 확언하기는 어렵지만 대동강유역의 有莖式石劍과 유사한 형태도 이 시기에 확인된다(그림 31-37). 석촉은 雙陀子 1·2기부터 扁平三角鏃과 有莖鏃이 공반하며, 이러한 양상이 雙陀子 3기까지 계속된다. 편평촉은 雙陀子 1·2기에는 단면 형태가 편평한 것만 나타나는데 반하여(그림 31-4~10), 雙陀子 3기에는 오목한 것이 소수이지만 관찰되고 있어 시기적 변화상을 살필 수 있다(그림 31-41·42).[15] 유경촉은 一段莖式만 확인되는데(그림 31-11·12·45), 雙陀子 1기부터 새롭게 이 지역에 등장한 것으로 이해되고 있다.[16]

다음으로 석도는 魚形, 長方形, 舟形이 이른 시기에 등장하며(그림 31-

10) 陳國慶·萬 欣·劉俊勇·王 瑽, 1992, 「金州廟山青銅時代遺址」『遼海文物學刊』1.
11) 大連市文物考古硏究所, 2000, 『大嘴子』, 大連出版社.
12) 金關丈夫·三宅宗悅·水野清一, 1942, 「羊頭窪」『羊頭窪』, 東亞考古學會.
13) 陳國慶·王 瑽, 1992, 「金州大溝頭青銅時代遺址試掘簡報」『遼海文物學刊』1.
14) 宮本一夫, 1991, 앞의 논문, p.81.
15) 이러한 변화 양상은 이미 中村大介에 의하여 지적된 바 있다.
中村大介, 2005, 「無文土器時代前期における石鏃の變遷」『待兼山考古學論集』都出比呂志先生退任記念, 大阪大學考古學硏究室, p.61.

사진 19 | 雙陀子 3기의 마제석기

13~15), 雙陀子 2기부터 櫛形이 새롭게 추가된다(그림 31-16~18). 형식별 점유 비율은 출토 양상이 양호한 大嘴子遺蹟을 통해 볼 때, 전 시기에 걸쳐서 어형이 대다수를 차지하는 가운데 3기가 되면서 주형의 출토량이 증가하는 양상이 간취된다(그림 31-50 · 51). 한편, 즐형은 다른 형식에 비하여 세장한 편이며 구멍이 1개만 뚫린 예도 많기 때문에, 별도의 용도가 존재하였을 가능성도 있다(그림 31-17 · 18 · 49). 석도의 단면 형태는 대부분 片刃인데, 雙陀子 1기부터 편인이 遼東半島 석도의 주류가 되고 있다.[17] 구멍은 2개가 대다수이지만, 1개 또는 3개가 천공된 경우도 있다(그림 31-51).

석부 가운데 蛤刃石斧는 雙陀子 1 · 2기에는 단면 장타원형 또는 장방형이 주를 이루는데, 말각방형이나 원형 석부도 확인된다(그림 31-24~28). 3기가 되면 단면 장타원형과 말각방형도 일부 관찰되지만, 장방형의 단면을 가진 석부가 대다수를 차지하게 된다(그림 31-55~59). 비교적 소형의 扁平片刃石斧와 石鑿(그림 31-19~23 · 52~54), 그리고 環狀石斧(그림 31-32)와 柱狀片刃石斧도 雙陀子 1기부터 등장하여 지속적으로 사용된다(그림 31-29 · 60 · 61). 한편, 윗쪽으로부터 1/3~1/2 부분에 段이 형성되어 있는 특이한 형태의 석부가 있다(그림 31-30 · 31 · 62 · 63). 이는 遼東半島의 특징적인 석기로 소위 '遼東形伐採石斧'라 하는데,[18] 전 시기에 걸쳐서 출토되고 있다.

16) 宮本一夫, 2003,「膠東半島と遼東半島の先史社會における交流」『東アジアと『半島空間』: 山東半島と遼東半島』, 思文閣出版, p.13.

17) 安承模, 1993,「東아시아 初期收穫具의 種類와 分布」『민족문화』6, 한성대학교민족문화연구소, p.72.

18) 下條信行, 2000,「遼東形伐採石斧の展開」『東夷世界の考古學』, 青木書店.

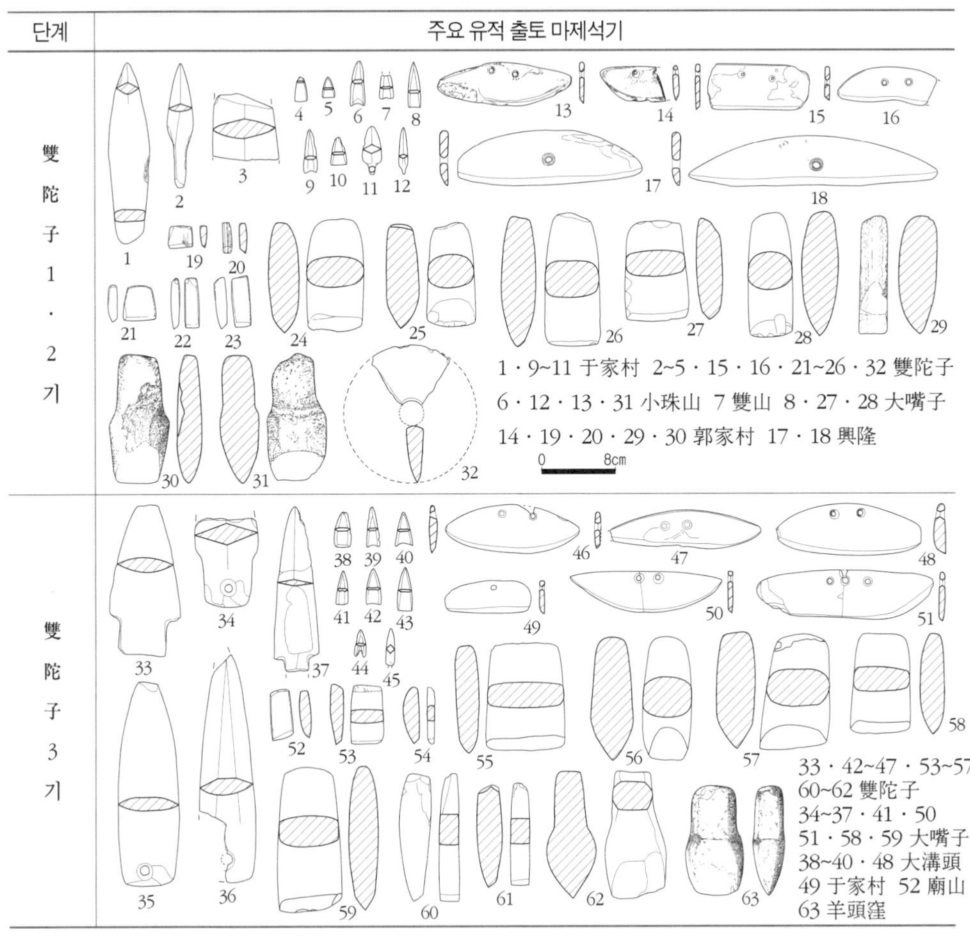

그림 31 | 遼東半島의 단계별 마제석기 변화상

이상의 기종별 변화상을 전장에서 살펴본 북한지역 출토 마제석기의 양상과 관련시켜서 생각해 보자. 먼저, 석검은 遼東半島에서 출토 예가 없지만, 이 지역의 석창에 기원을 둔 것이라 생각된다. 遼東半島의 석창은 경부의 길이가 길고 폭이 넓기 때문에 석검으로 분류하기에는 무리가 있다. 그러나 한반도의 유경식석검과 전체적인 형태에서 유사성을 보이며, 압록·청천강유역에서 이른 시기부터 유경식석검만 확인되고 있어 양자 간의 관련성을 살필 수 있다. 雙陀子 3기에 등장하는 경부에 구멍이 뚫려있는 석창도 대동강유역의 II단계에 관찰되는 莖部有孔石劍과 관련된 것으로 추정된다.

이밖에 석촉이나 석도, 석부에 있어서도 양 지역은 유사한 변화 양상을 보이고 있다. 석촉에 있어서 이른 시기부터 편평촉과 일단경식의 유경촉이 공반하는 것이나 편평촉 단면 형태가 편평한 것에서 오목한 것으로 변화하는 과정 등은 양 지역이 동일하다. 또, 석도의 대부분이 단면 편인에 2공이며, 어형이 주류를 이루면서 점차 주형의 비율이 증가하는 양상도 양 지역의 유사성을 보여주고 있다. 그리고 단면 장방형계의 합인석부가 대다수를 차지하는 것, 환상석부나 주상편인석부의 등장 시점 등은 모두 양 지역의 관련성을 시사하는 자료라 할 수 있다. 따라서 석검을 포함한 이들 석기에 대해서는 遼東半島와 한반도의 직접적인 관련을 상정해도 무리가 없다고 생각한다.

그러나 이와 달리 遼東半島에서 기원을 찾을 수 없는 석기의 양상도 존재한다. 有柄式石劍과 二段莖鏃, 그리고 이들 석기에 나타나는 血溝의 존재 등은 遼東半島에서 확인되지 않는 양상이다. 이러한 양상은 대체로 북한지역의 II단계 이후부터 나타나며 遼東半島 이외의 주변 지역에서도 관찰되지 않기 때문에, 한반도 내에서의 자체적인 변화과정이나 혹은 이 단계에 유입된 다른 器物의 영향에 의한 발생을 상정할 수 있다. 이에 대해서는 전장에서 자세히 언급한 바 있다. 한편, 遼東形伐採石斧는 북한지역에서 전혀 확인되지 않고, 한반도 남부지역에서의 출토 예가 소수 알려져 있다. 이를 통하여 海路를 통한 전파의 가능성이 제시된 바 있지만,[19] 아직까지 유적 출토 사례가 많지 않기 때문에 자료의 증가를 기다려야 할 것 같다.

이상과 같이 한반도 마제석기의 기원문제와 관련하여 遼東半島 지역의 마제석기 변화상에 대하여 살펴보았다. 그러나 遼東半島의 마제석기만을 분석 대상으로 하여 이러한 문제에 접근하는 것은 무리가 있다. 특히, 吉林地域과 연해주 일대 자료에 대한 검토는 두만강유역의 마제석기를 이해하는 데에 반드시 필요한 작업이라 생각한다. 최근, 이들 지역과 한반도 동북지역과의 관계에 대한 논고가 발표되고 있지만,[20] 아직까지 충분한 연구성과가 축적된 것은 아니다. 따라서 본 절에서는 집적된 연구성과를 바탕으로 유적 간의 병행관계가 비교적 상세히 정리되어 있는 遼東半島의 자료만을 검토대상으로 하였다. 필자의 능력이 부족

19) 김경칠, 2003, 「韓半島 出土 一段石斧에 對한 小考」『목포대학교박물관20주년기념논총』, 목포대학교박물관, p.94.

20) 김재윤, 2004, 「韓半島 刻目突帶文土器의 編年과 系譜」『韓國上古史學報』46, 韓國上古史學會.
강인욱, 2005, 「한반도 동북한지역 청동기문화의 지역성과 편년」『江原地域의 青銅器文化』 2005년 추계학술대회, 江原考古學會.

하여 다루지 못한 부분에 대해서는 앞으로의 진전된 연구성과를 기대해 본다.

2. 日本列島 出土 韓半島系磨製石器 (大陸系磨製石器)의 檢討

일본열도에서 출토된 한반도 계통의 마제석기를 이르는 것으로 大陸系磨製石器라는 용어가 있다. 이러한 용어는 藤田等에 의하여 최초로 사용되기 시작하였는데,[21] 下條信行은 이를 중국이나 한반도 등 동아시아 대륙에서 출현 · 생성하여 도작농경과 함께 일본열도로 전파된 새로운 마제석기의 一群이라 정의한 바 있다.[22] 이와 같은 정의에서도 알 수 있듯이 대륙계마제석기는 한반도에서 출토된 마제석기와 비교하여 석기의 형태와 기능은 물론, 문화적 성격에 있어서도 동일한 것으로 추정되고 있다. 따라서 한반도와 일본열도 사이의 청동기문화 전래를 연구하는 데에 중요한 역할을 한다고 생각된다.

그러나 이에 대한 연구는 주로 일본인 학자들에 의해서 진행되었기 때문에, 연구의 초점이 일본 측 자료의 분석에만 집중되고 있다. 즉, 수용자의 입장만이 강조되어 왔다고 할 수 있다. 전파와 수용의 문제는 양자의 입장이 균형을 이루면서 다루어졌을 때, 보다 사실에 근접한 결론을 이끌어낼 수 있다고 생각한다. 필자의 연구 또한 전파자의 입장에서 기술된 것이기 때문에 완벽한 균형감각을 유지하는 것은 불가능하겠지만, 일본 측의 연구만이 일방적으로 이루어지고 있는 현실을 감안할 때 전체적으로는 연구의 균형을 맞추는 데에 一助할 수 있을 것으로 기대된다. 단, 일본의 대륙계마제석기에 대해서 직접 자료를 수집하고 그것을 정리하는 것은 필자의 능력을 벗어나기 때문에, 최근 어느 정도 자료의 집적이 이루어진 일본 측의 연구성과를 받아들여 연구를 진행하고자 한다.

일본에서 대륙계마제석기에 대한 연구는 1930년대부터 기능론을 중심으로 시작되었으며,[23] 40년대부터 문화적 측면에서의 접근이 이루어졌다.[24] 본격적

---

21) 藤田等, 1964, 「大陸系石器」『日本考古學の諸問題』考古學研究會10周年記念論文集.

22) 下條信行, 1995, 「大陸系磨製石器の時代色と地域色」『考古學ジャーナル』8, ニュー・サイエンス社, p.2.

23) 山内清男, 1932, 「磨製片刃石斧の意義」『人類學雜誌』47-7, 東京人類學會.
森本六爾, 1933, 「彌生式文化と原始農業問題」『日本原始農業』, 東京考古學會.

인 연구는 1970년대부터 下條信行에 의하여 진행되었는데,[25] 이를 계기로 다양한 시각에서의 연구성과가 축적되고 있다. 그러나 대부분의 연구가 개별 유물이나 유적 또는 지역 단위를 대상으로 하였기 때문에, 일본열도에서의 전반적인 전개 양상을 살피기에는 무리가 있었다. 이러한 문제점을 극복하기 위한 시도로서 1994년 下條信行은 기존의 연구성과를 통합하여 일본열도의 전체적인 시점에서 대륙계마제석기의 변화상을 살핀 바 있다.[26] 이는 현재까지 발표된 대륙계마제석기에 대한 논고 가운데 가장 종합적인 연구라 할 수 있다. 이후 여러 학자들에 의하여 지역별 연구성과의 집적이나,[27] 석기 조성비의 검토[28] 등이 이루어지고 있다.

본 절에서는 이러한 일본 측 연구자들의 종합적인 연구성과들을 기본적으로 참고하면서, 이후 개별적인 유물이나 유적의 연구를 통해 새롭게 추가되거나 변경된 내용을 덧붙여 일본열도 대륙계마제석기의 형식과 조성에 대하여 언급하였다. 단, 본 절의 목적이 한반도 자료와의 비교에 있기 때문에, 여기서는 대륙계마제석기가 가장 먼저 받아들여진 곳으로 생각되는 北部九州地域에 대한 양상을 보다 집중적으로 살펴보았다. 彌生時代 개시의 특징은 도작농경 기술과 금속기의 전래이며, 그 최초 渡來地가 北部九州地域임은 주지의 사실이다.[29] 따라서 대륙계마제석기 또한 이 지역에서 최초로 등장하기 시작하였으며, 이러한 이유로 한반도 출토품과의 관계를 살피는 데에 가장 중요한 지역이 北部九州라 생각된다.

---

24) 森貞次郎, 1942, 「古期彌生式文化に於ける立岩文化期の意義」『古代文化』13-7, 東京考古學會. 藤岡謙二郎・小林行雄, 1943, 「石器類」『大和唐古彌生式遺跡の硏究』, 京都帝國大學文學部考古學教室.

25) 下條信行, 1977, 「九州における大陸系磨製石器の生成と展開」『史淵』114, 九州大學文學部.

26) 下條信行, 1994, 『彌生時代・大陸系磨製石器の編年網の作製と地域間の比較硏究』平成5年度科學硏究費補助金(一般硏究C)硏究成果報告書.

27) ニュー・サイエンス社, 1995, 『考古學ジャーナル』8 特集 大陸系磨製石器硏究の現狀.

28) 國立歷史民俗博物館, 1996・1997, 『農耕開始期の石器組成』1~4.

29) 小田富士雄, 1986, 「北部九州における彌生文化の出現序說」『九州文化史硏究所紀要』31, 九州大學九州文化史硏究施設, p.142.

1) 兩地域의 竝行關係

본격적인 논의에 앞서 韓日 양 지역의 병행관계를 상정하였다(표 10). 한반도 청동기시대의 시기구분에 대해서는 문화상 전반의 급격한 변화를 기준으로 삼은 李弘鍾의 구분안[30]을 받아들여 전 · 후기로 양분하였다. 송국리문화의 등장과 함께 마제석기의 양상이 크게 변화하기 때문에 석기의 연구에 있어서는 이러한 시기구분안을 적용하는 것이 가장 타당하다고 생각한다. 그러나 최근 새롭게 설정되고 있는 早期[31]에 대해서는 해당하는 유적이 소수에 불과하여 아직까지 그 문화의 내용이 불분명하기 때문에 따로 구분하지 않았다. 일본열도의 시기구분과 한반도와의 병행관계에 대해서는 家根祥多,[32] 庄田愼矢[33] 등의 연구성과를 수용하였다. 이들을 종합하면 본 절에서 다루고자 하는 양 지역의 시간적 범위는 한반도의 청동기시대 전 · 후기, 그리고 이와 병행하는 일본열도의 繩文 만기~彌生 중기가 된다. 한편, 구분된 각 시기의 절대연대에 대해서는 논란이 존재하기 때문에[34] 본 절에서는 구체적인 언급을 피하고자 한다.

한반도	청동기시대			
	전기	후기		
일본열도	만기	조기	전기	중기
	繩文時代	彌生時代		

표 10 | 한일 양 지역의 병행관계

30) 李弘鍾, 2000,「無文土器가 彌生土器 성립에 끼친 영향」『先史와 古代』, 韓國古代學會, pp.5~6.

31) 安在晧, 2006,『靑銅器時代 聚落硏究』, 釜山大學校大學院 博士學位論文, p.9.

32) 家根祥多, 1997,「朝鮮無文土器から彌生土器へ」『立命館大學考古學論集』Ⅰ, p.56.

33) 庄田愼矢, 2004,「比來洞銅劍の位置と彌生曆年代論(上)」『古代』117, 早稻田大學考古學會, p.25.

34) 특히, 彌生時代의 개시기 연대에 대하여 AMS법에 의한 방사성탄소연대 측정치를 근거로 기원전 1000년 정도로 보는 견해가 새롭게 제기된 바 있다.
春成秀爾 · 今村峯雄, 2004,『彌生時代の實年代』, 學生社.
발표 당시부터 일본 고고학계에 커다란 반향이 있었으며, 현재 이에 대한 다각적인 검증이 이루어지고 있는 실정이다.
雄山閣, 2004,『季刊考古學』88 特集 彌生時代の始まり.

2) 石器 型式 比較

(1) 北部九州 大陸系磨製石器

北部九州地域에서 彌生 조기에 새롭게 등장한 대륙계마제석기는 크게 武器形(磨製石劍 · 磨製石鏃), 收穫具(半月形石刀), 石斧(柱狀片刃石斧(有溝石斧) · 扁平片刃石斧 · 石鑿)로 구분된다.[35] 이들은 어느 정도 완성된 조합상을 보이면

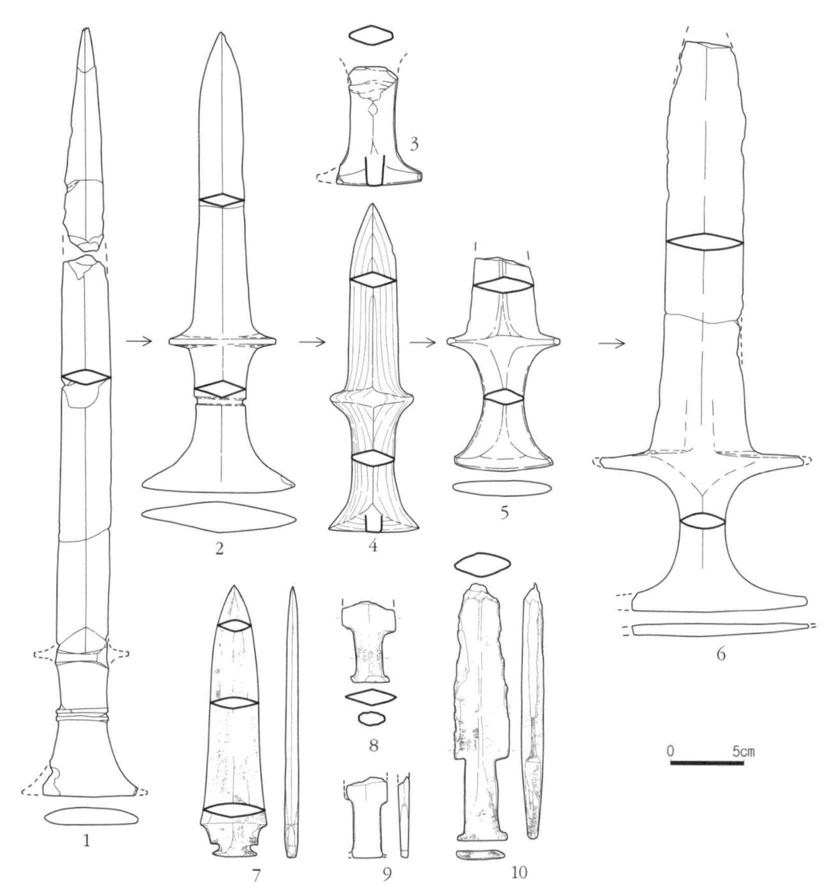

그림 32 | 유병식석검의 변화상과 유경식석검

下條信行 1991 · 寺前直人 2004의 도면을 재편집

1 泉, 2 垣生, 3 鹿部, 4 永吉, 5 鍋倉, 6 太田原丘, 7 菜畑, 8 雀居, 9 大井三倉, 10 市田齊當坊

35) 下條信行, 1995, 앞의 논문, p.2.

서 北部九州에 전래되는데, 각 기종별로 형태의 다양성은 심하지 않은 편이다.[36] 전체 석기 출토량 가운데 대륙계마제석기가 점유하는 비율을 살펴보면, 彌生時代 조기부터 전기 전반에 걸쳐서는 약 20% 정도를 차지하던 것이 전기 후반~중기 초두가 되면 약 25%로 증가하고, 중기 후반이 되면 금속기로 대체되면서 소멸되는 과정을 나타낸다.[37] 일본열도 내에서의 전반적인 전개양상은 크게 2단계로 구분되는데, 彌生 조기~전기의 1단계에는 한반도 마제석기의 특징이 유지된 상태로 北部九州로부터 동쪽으로 전래되며, 전기 말~중기의 2단계에는 각 지역의 특성이 발현되기 시작한다.[38] 대륙계마제석기의 기종별 양상을 보다 자세히 언급하면 다음과 같다.

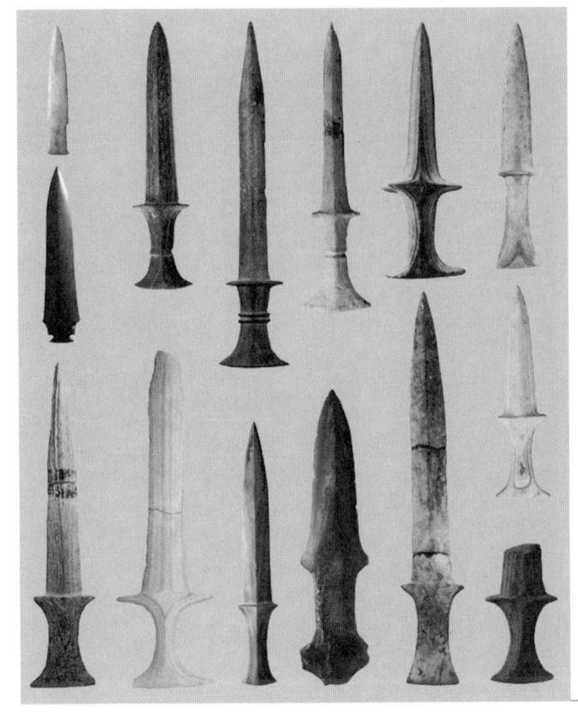

사진 20 | 北部九州 출토 마제석검

먼저, 마제석검은 有柄式과 有莖式이 출토되는데, 이 가운데 유병식은 有節式과 一段柄式만 확인되고 있다(그림 32-1~6).[39] 공반관계가 양호한 자료는 많지 않지만 대체로 유절식에서 일단병식으로의 변화가 상정되며, 이는 손에 잡기 어려운 형태로의 변화이기 때문에 실용성이 소멸되는 과정으로 이해되고 있다.[40] 유경식으로는 경부 양측에 홈을 새긴 형식과 경부끝이 좌우로 돌출된 것

36) 梅崎惠司, 2000, 「西日本の彌生時代早期と前期の石器」『彌生文化の成立』第47回 埋藏文化財研究集會 發表要旨集, 埋藏文化財研究會, p.14.

37) 山口讓治, 1995, 「北部九州の大陸系磨製石器」『考古學ジャーナル』8, ニュー・サイエンス社, pp.7~8.

38) 下條信行, 1994, 앞의 책, pp.62~63.

39) 沈奉謹, 1989, 「日本 彌生文化 初期의 磨製石器에 대한 硏究」『嶺南考古學』6, 嶺南考古學會, pp.19~22.

사진 21 | 北部九州 출토 마제석촉

이 존재한다(그림 32-7~9).[41] 이들의 일본열도 내에서의 전파양상에 대해서는 유병식의 경우 對馬, 北部九州, 遠賀川流域, 松山平野에서 다수 출토되어, 초기 도작농경 전파루트상의 요충지에 유병식석검이 집중되는 양상을 보이고 있다.[42] 이와 달리 유경식은 최초 도작농경의 도입기에는 本州로 전파되지 않았으나, 일정 기간이 지난 다음 彌生時代 전기 말~중기 전반에 청동기 생산을 포함한 새로운 기술체계가 한반도로부터 파급되면서 그 영향으로 近畿地域에까지 등장하게 된다(그림 32-10).[43]

마제석촉은 동시기에 병존하는 타제석촉에 비하여 양적으로나 질적으로 실용성이 부족하며,[44] 실용구로 사용되었다 하더라도 보조적인 역할에 머물렀을 가능성이 높은 것으로 보고 있다.[45] 有莖式과 無莖式이 모두 확인되는데, 유경식은 유병식석검과 거의 동시에 출현·소멸하며 身部와 莖部의 길이가 모두 긴 비실용적인 형태가 대다수를 차지한다(그림 33-1~3·12~14).[46] 무경식에는 基部가 편평한 것과 오목한 것이 출토되며, 유경식과 달리 彌生時代 전기 전반에

40) 下條信行, 1991, 「西日本-第 I 期の石劍・石鏃」『日韓交涉の考古學』, 六興出版, pp.70~72.

41) 寺前直人, 2004, 「彌生時代における石製短劍の傳播過程」『古代武器硏究』5, 古代武器硏究會, p.21.

42) 下條信行, 1994, 「瀨戶內海の有柄式磨製石劍の諸問題」『「社會科」學硏究』28, 「社會科」學硏究會, pp.12~13.

43) 寺前直人, 2004, 앞의 논문, pp.25~26.

44) 藤森榮一, 1943, 「彌生式文化に於ける攝津加茂の石器群の意義に就いて」『古代文化』14-7, 日本古代文化學會, p.10.

種定淳介, 1990, 「銅劍形石劍試論(下)」『考古學硏究』37-1, 考古學硏究會, p.46.

45) 松木武彦, 1989, 「石製武器の發達と地域性」『考古學硏究』35-4, 考古學硏究會, p.74.

46) 下條信行, 1991, 앞의 논문, p.73.

출현하여 중기 후반이 되면 福岡平野에서 소멸된다(그림 33-27).[47] 한편, 近畿地域에서 마제석촉은 彌生時代 전기 전반에 처음으로 등장하여 짧은 기간 동안만 존속한다.[48]

사진 22 | 北部九州 출토 석도 · 편인석부

일본열도의 반월형석도 가운데 가장 이른 시기에 등장하는 형식은 擦切에 의한 穿孔과 片刃으로 이루어진 비교적 소형의 석도이다(그림 33-4~6).[49] 이러한 형식을 포함하여 舟形과 魚形이 北部九州地域에 최초로 전래된 후 곧바로 兩刃化가 진행되는데, 彌生 전기 전반에는 日本化된 양인석도가 주체를 이루게 되며 중기 이후에는 다양한 형식이 공존하면서 각각의 지역성이 나타나기 시작한다(그림 33-15 · 21 · 22 · 28 · 29).[50] 한편, 櫛形은 彌生 전기 후반에 東北部九州에서 처음으로 출현하며, 전기 후반~중기 초두에 걸쳐 같은 지역에서 長方形이 새롭게 등장한다.[51]

北部九州地域에서 출토된 마제석기 가운데 가장 출토량이 많은 것은 벌채 또는 가공용 석부류이다.[52] 그런데 최근의 연구성과에 의하면 비교적 대형의 벌채석부는 繩文 석부를 계승 · 발전시킨 것으로 한반도의 영향이 보이지 않기 때문에,[53] 가공에 이용된 편인석부만이 한반도로부터 전래되었다고 할 수 있다.

47) 山口讓治, 1995, 앞의 논문, p.5.

48) 寺前直人, 1999, 「近畿地方の磨製石鏃にみる地域間交流とその背景」『國家形成期の考古學』, 大阪大學考古學硏究室, p.416.

49) 下條信行, 1986, 「日本稲作受容期の大陸系磨製石器の展開」『九州文化史硏究所紀要』31, 九州大學九州文化史硏究施設, pp.126~127.

50) 下條信行, 1994, 앞의 책, pp.5~6.

51) 下條信行, 1994, 앞의 책, pp.4~5.

52) 山口讓治, 1995, 앞의 논문, p.24.

53) 下條信行, 2002, 「北東アジアにおける伐採石斧の展開」『韓半島考古學論叢』, すずさわ書店, p.150.

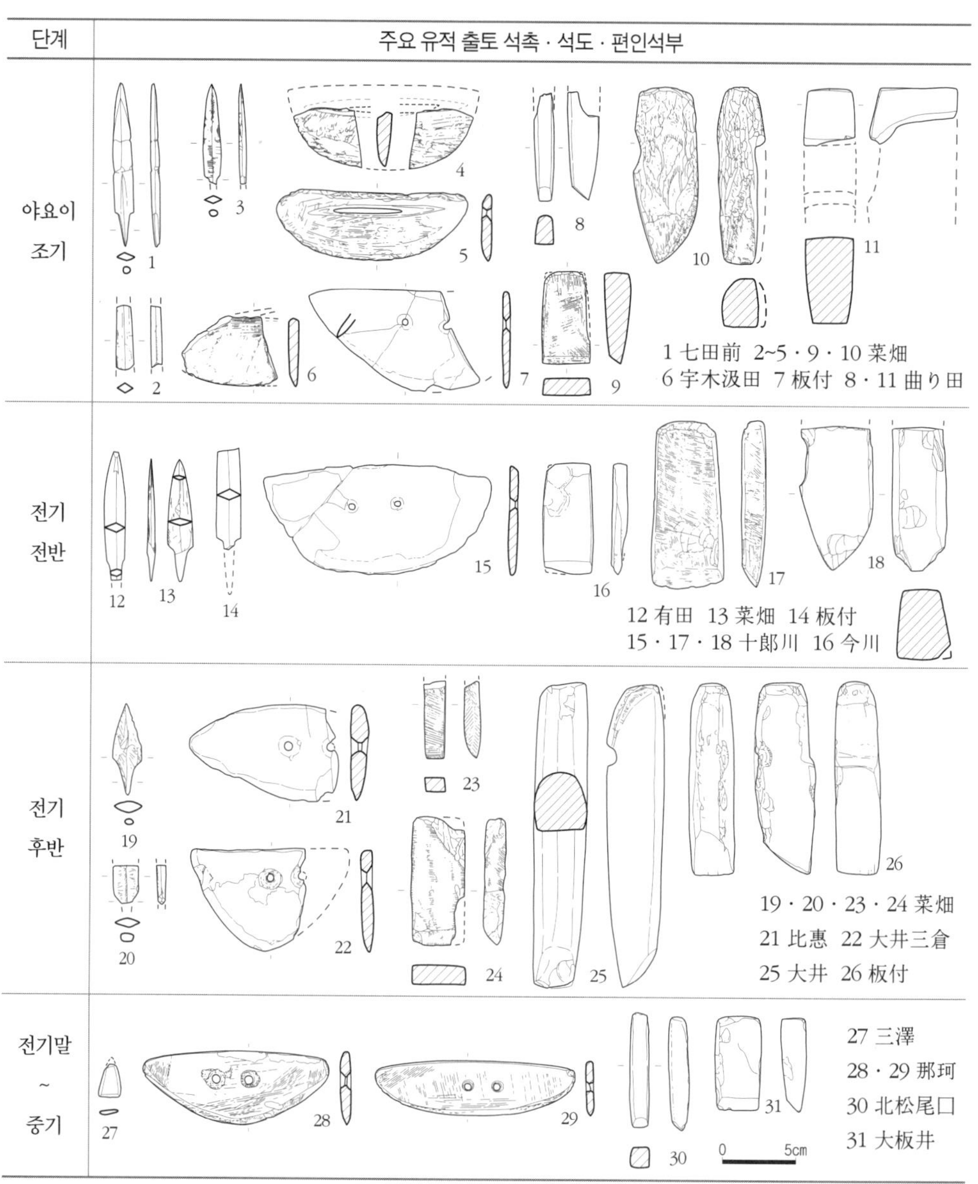

그림 33 | **北部九州 출토 석촉 · 석도 · 편인석부의 시기별 변화상**

下條信行 1986 · 1994의 도면을 재편집

편인석부 가운데 유구석부는 한반도 남부 출토품의 특징을 그대로 수용한 형식이 처음으로 등장하지만, 곧바로 형식적인 변화과정을 거치면서 다른 지역으로 전파되어 彌生 중기에는 溝가 없는 형식이 瀨戶內~關西地域에서 새롭게 추가된다(그림 33-10 · 11 · 18 · 25 · 26).[54] 편평편인석부도 이와 동일한 변화과정을 보이는데, 彌生 중기에 보급된 철기의 영향으로 北部九州에서 양자가 소멸되는 양상도 유사하다(그림 33-9 · 16 · 17 · 24 · 31).[55] 鑿狀片刃石斧라 불리는 석착 역시 유사한 변화양상이 간취되는데(그림 33-8 · 23 · 30),[56] 이는 상기한 가공부 3종이 서로 조합되어 전파 · 이용되었음을 보여주는 현상이라 생각한다.

이밖에 수확구인 석겸[57]과 제초구인 대형 반월형석도[58]도 대륙계마제석기의 일종으로 보고 있다.[59] 이들은 일본열도 등장시점이나 한반도에서의 출토 예 등을 볼 때 彌生時代 조기에 전래된 석기임은 분명하지만, 한반도의 출토 사례가 소수에 불과한데 반하여 北部九州地域에 집중적으로 분포하고 있어 앞서 언급한 대륙계마제석기들과는 차이를 보인다. 이는 한반도에 비하여 상대적으로 빈번한 사용이 있었음을 나타내는 것으로, 문화의 수용에 있어서 필요에 따라 능동적으로 대처하는 수용자의 일면을 보여주는 자료라 생각된다. 한편, 환상석부도 대륙계마제석기의 하나로 상정되는데,[60] 彌生 전기 후반부터 등장하기 때문에 조기의 도작농경 전파 이후에 2차적으로 이루어진 문화 파급의 산물로 보고 있다.[61]

(2) 韓半島 磨製石器와의 比較

여기서는 앞서 언급한 대륙계마제석기의 전개양상을 한반도 출토 마제석기와 비교함으로써, 도작문화 전파의 시 · 공간성에 대한 몇 가지 문제를 살펴보고자 한다.

北部九州의 초기 도작 수용기 · 彌生文化의 형성기가 한반도의 청동기시대 후기에 해당된다는 것은 주지의 사실이다.[62] 이는 송국리형주거지의 존재, 토

---

54) 下條信行, 1997, 「柱狀片刃石斧について」『古文化論叢』伊達先生古稀記念論集, pp.82~83.

55) 下條信行, 1996, 「扁平片刃石斧について」『愛媛大學人文學會創立20周年記念論集』, 愛媛大學人文學會, pp.149~154.

56) 下條信行, 1994, 앞의 책, pp.44~50.

57) 齋野裕彦, 2001, 「石鎌の機能と用途(上)」『古代文化』53-10, 財團法人古代學協會, p.25.

58) 齋野裕彦 · 松山聰 · 山村信榮, 1999, 「大型石庖丁の使用痕分析」『古文化談叢』42, 九州古文化硏究會, pp.46~47.

59) 下條信行, 1991, 「大形石庖丁について」『愛媛大學人文學會創立十五周年記念論集』, 愛媛大學人文學會, pp.163~164.
下條信行, 1995, 앞의 논문, p.2.

60) 全榮來, 1987, 「石器의 比較(日本과의 比較)」『韓國史論』17, 國史編纂委員會, pp.224~235.

61) 中間研志, 1985, 「磨製穿孔具集成」『石崎曲り田遺跡』Ⅲ, 福岡縣教育委員會, pp.173~174.

62) 藤口健二, 1986, 「朝鮮無文土器と彌生土器」『彌生文化の研究』3, 雄山閣, p.157.

기·석기상의 유사성 등을 통하여 추정된 것으로, 특히 마제석기의 경우 동일 형식이 양 지역 모두에서 출토되어 병행관계를 상정하는 데에 결정적인 자료를 제공하고 있다. 앞에서 살펴 본 有節式[63]과 一段柄式石劍, 경부 양측에 홈을 새기거나 경부 끝이 좌우로 돌출된 有莖式石劍, 비실용적인 細長有莖鏃, 有溝石斧 등은 모두 한반도 청동기시대 후기의 표지유물로, 양 지역의 시기적 관계를 명확하게 나타내는 자료들이다. 그런데 청동기시대 후기의 대표적 유물인 三角形交刃石刀는 일본열도의 彌生 조기에 전혀 관찰되지 않는다. 그 원인은 무엇일까?

본 절에서는 이에 대한 몇 가지 해석의 가능성을 제시함으로써 도작문화의 전파과정에 대하여 언급하고자 한다. 첫 번째는 한반도에서 삼각형석도의 발생이 다른 청동기시대 후기 유물에 비하여 다소 늦었을 가능성이다. 즉, 도작농경문화의 일본열도 전파시기는 한반도 청동기시대 후기 가운데 삼각형석도 등장 이전의 일정 시점이 되는 것으로, 이러한 편년안은 이미 庄田愼矢에 의하여 제기된 바 있다.[64] 이후에도 일본열도에서 삼각형교인석도는 발견되지 않지만, 삼각형상을 이루거나[65] 交刃을 갖는 석도[66]가 彌生 전기 또는 중기 후반에 새롭게 등장하고 있다. 이는 한반도 삼각형석도의 영향에 의한 것으로 보이며, 상기한 환상석부와 마찬가지로 2차적인 문화 파급의 산물일 가능성이 높다고 생각한다.

하지만 여기서 문제가 되는 것은 일본열도에 최초로 등장한 석도의 형식 가운데 魚形이 포함된다는 사실이다. 어형은 송국리문화 관련 유구에서 검출된 사례가 없기 때문에 한반도 청동기시대 전기의 표지유물이라 할 수 있다.[67] 따라서 대륙계마제석기의 다른 기종과 달리 반월형석도가 상대적으로 이른 시기에 일본열도에 전래되었을 가능성이 제기된다. 즉, 彌生文化의 성립 이전 단계인 청

---

63) 庄田愼矢는 공반관계와 형식학적 서열을 근거로 이단병식 → 유절병식 → 일단병식으로의 석검 변화상을 상정하였으며, 이와 관련하여 유절병식의 소속시기를 전기에서 후기의 사이에 위치시켰다. 그러나 아직까지 유절병식이 이단병식과 공반된 사례가 없고 일단병식과의 공반관계만이 확인되고 있어, 본고의 III장에서는 후기에 해당하는 것으로 보았다.
庄田愼矢, 2004, 「韓國嶺南地方南西部の無文土器時代編年」『古文化談叢』50-下, 九州古文化研究會, p.167.

64) 庄田愼矢, 2004, 앞의 논문, p.21.

65) 能登原孝道, 2005, 「大陸系磨製石器類」『吉野ケ里遺跡』, 佐賀縣教育委員會, p.58.

66) 西谷正, 1973, 「三角形石庖丁について」『考古學論叢』1, 別府大學考古學硏究會, p.102.

67) 孫晙鎬, 2002, 「韓半島 出土 半月形石刀의 變遷과 地域相」『先史와 古代』17, 韓國古代學會, p.120.

동기시대 전기에 반월형석도가 먼저 전래되었을 수도 있다. 北九州 貫川遺蹟에서 출토된 舟形 석도는 繩文 만기에 해당되어,[68] 이러한 가설을 지지하는 사례 중 하나로 생각된다. 또, 일본열도 내 대륙계마제석기의 확산과정에 있어서도 수확구인 반월형석도가 다른 기종에 비하여 먼저 전파되는 양상이 확인되는데,[69] 동일한 양상이 한반도에서 일본열도로의 전파과정에서도 존재할 가능성은 충분하다.

그러나 대륙계마제석기가 어느 정도 완전한 조합을 이루면서 전파되었음은 앞서 언급한 北部九州의 양상을 통해서도 확인되기 때문에, 기종마다 전래시기에 큰 차이가 있었던 것은 아니라고 할 수 있다. 반월형석도의 경우도 상기한 바와 같이 繩文 만기까지 소급되는 자료가 존재하지만, 이는 극히 예외적인 사례에 불과하다. 또, 도작농경의 기술체계 가운데 수확구로서 중요한 의미를 갖는 반월형석도만이 시기를 달리하면서 전래된다는 것도 쉽게 납득하기에는 무리가 있다. 즉, 약간의 시기 차이를 인정한다고 하더라도 고고학적으로 의미를 가질 정도는 아니라고 볼 수 있으며, 따라서 삼각형교인석도의 不在에 대한 새로운 해석이 요구된다. 본 절에서는 그 실마리를 擦切穿孔石刀에서 구하고자 한다.

찰절천공석도는 일본열도의 반월형석도 가운데 이른 시기에 등장하는 형식으로, 비교적 소형이면서 주형 또는 어형을 이루고 있다. 한반도에서는 진주 大坪里遺蹟[70]과 고흥 雲垈里遺蹟[71]에서 확인된 바 있는데(그림 34-1・2), 이들은 모두 삼각형교인을 이루고 있어 일본열도 출토품과는 차이를 보인다.[72] 이에 대하여 반월형석도의 전래에 있어서 찰절천공이라는 속성은 수용하였으나 삼각형

---

68) 北九州市教育文化事業團埋藏文化財調査室, 1989, 『貫川遺跡』2, p.195.
출토위치뿐만 아니라 석도의 형식에 있어서도 한반도 공렬토기문화와의 관련성이 지적된 바 있다.
前田義人・武末純一, 1994, 「北九州市貫川遺跡の繩文晩期の石庖丁」『九州文化史研究所紀要』39, 九州大學文學部九州文化史研究施設, p.86.

69) 梅崎惠司, 2004, 「無文土器時代と彌生時代の石器生産」『文化の多樣性と比較考古學』, 考古學研究會, p.50.

70) 文化財研究所, 1994, 『晋陽 大坪里遺蹟』, p.197.

71) 趙現鐘・申相孝・宣在明・尹孝男, 2003, 『高興 雲垈・安峙 支石墓』, 國立光州博物館, p.67.

72) 주형에 찰절천공된 것으로 泗川 출토품이 알려져 있지만(그림 34-3), 출토맥락이 명확하지 않기 때문에 이러한 형식의 한반도 자료로 인정하기에는 무리가 있다.
六興出版, 1991, 『日韓交渉の考古學』, p.102.

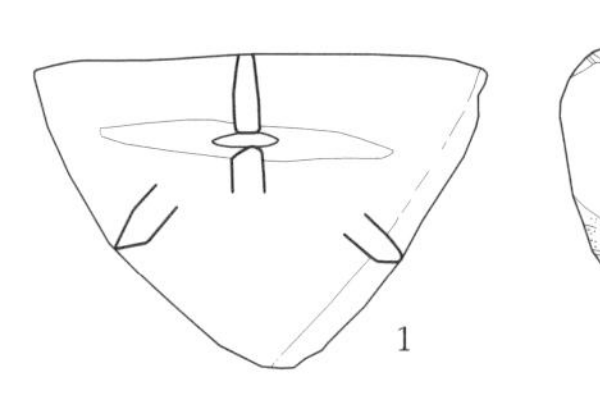

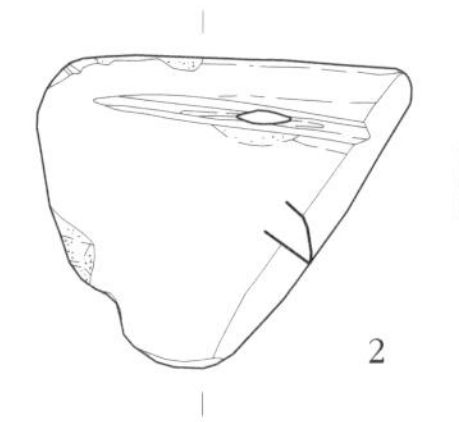

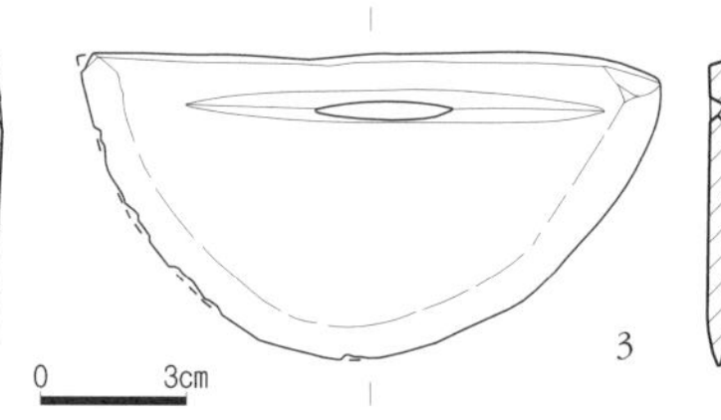

그림 34 | 한반도 출토 찰절천공석도

1 대평리, 2 운대리, 3 (傳)사천

사진 23 | 한반도 출토 찰절천공석도

교인이라는 형식은 받아들이지 않는 수용자 측의 선택이 존재하였다고 해석할 수 있다. 물론, 이 해석에는 한반도의 찰절천공석도가 일본열도의 출토품보다 시기적으로 선행하며, 양자가 직접적인 영향관계에 있었다는 것이 전제가 되어야 한다.[73)]

그런데 한 가지 의문이 드는 것은 일본열도에서 삼각형교인이라는 형식을 받아들이지 않은 이유이다. 삼각형교인석도에 대해서는 崔淑卿이 表裏面을 모두 사용하기 위한 개량의 과정에서 直線刃이 발생하였다는 견해[74)]를 제시한 이후 제작상의 간략화,[75)] 날의 사용면적을 최대한 넓히기 위한 시도,[76)] 작업대상물의 차이에 의한 석도 사용방법의 변화[77)] 등 대부분의 연구에서 기능적으로 상당히 발전한 개량품임을 인정하고 있다. 이와 같이 제작과 사용이라는 측면에서 모두 우수한 제품을 수용자의 입장에서 받아들이지 않았다는 것은 납득하기 어렵다. 따라서 필자는 이러한 기능상의 장점이 과연 실질적으로 존

73) 北部九州 출토 찰절천공석도의 계보가 한반도 남부지역에 있음은 이미 지적된 바 있다. 桑畑光博, 1994, 「擦り切り孔をもつ石庖丁」『大河』5, 大河同人, pp.97~99.

74) 崔淑卿, 1960, 「韓國摘穗石刀의 硏究」『歷史學報』13, 歷史學會, p.35.

75) 金元龍, 1963, 「靈岩郡 月松里의 石器文化」『震檀學報』24, 震檀學會, p.141.

76) 安承模, 1985, 『韓國半月形石刀의 硏究』, 서울大學校大學院 碩士學位論文, p.54.

77) 全榮來, 1987, 앞의 논문, pp.191~198.

재하였는가에 대한 의문을 던지고 싶다. 즉, 여러 연구자들이 지적하고 있는 기능상의 장점이란 것은 상식적인 수준에서의 추론일 뿐 실증적으로 확인된 것은 전무하기 때문에, 기능적 측면을 벗어난 한반도 남부지역의 강한 지역성으로서 송국리문화의 문화적 속성이 반영되었을 가능성도 배제할 수는 없다고 생각한다.[78)]

이러한 문화전파에 있어서의 선택적 수용은 앞서 언급한 벌채용 합인석부를 받아들이지 않는 양상에서도 확인된 바 있다. 한반도의 합인석부가 일본열도로 전래되지 않은 이유에 대해서 수용자 측의 선택이 존재하였을 가능성 이외에, 도작농경의 기술체계 안에 처음부터 벌채석부가 포함되지 않았을 가능성도 제기될 수 있다. 그러나 비실용구로 상정되는 마제석검이나 마제석촉이 도작농경에 직접적으로 관련되는 수확구, 가공부와 함께 전파되는 양상을 볼 때, 이러한 가능성은 희박한 것으로 생각된다. 따라서 합인석부를 수용하지 않은 것은 繩文時代부터 존재하였던 벌채석부가 이미 어느 정도의 효율성을 확보한 상태이므로 굳이 한반도 측의 석기를 받아들일 필요성이 없었기 때문이라 판단된다. 그리고 앞서 언급한 석겸이나 대형 석도에 대한 일본열도에서의 多用도 필요에 따른 이러한 수용자 측의 능동적인 선택과 동일한 맥락에서 이해할 수 있을 것이다.

이상과 같이 도작문화 전파의 일면에 대해서 양 지역 석기의 비교를 통하여 살펴보았다. 그렇다면 과연 어떠한 경로를 통하여 이러한 도작문화가 전파되었을까? 일반적으로 일본열도의 대륙계마제석기는 한반도의 동남부에서 北部九州로 전파되었다고 보고 있다. 신석기시대부터 존재한[79)] 이러한 경로의 선택에는 직선상 최단거리에 해당한다는 점과 함께, 경로상에 위치한 對馬島, 壹岐島 등에 의하여 가시거리의 확보가 가능하다는 측면이 작용하였을 것이다.[80)] 고고자료에 대한 검토에 의해서는 마제석검의 비교를 통하여 낙동강유역과의 관련성이

---

78) 송국리유형에 해당하는 석기 가운데 유구석부, 일단병식석검, 유경식석검 등이 문화접촉의 흔적으로서 동일시기의 비송국리문화 유적에서도 확인되는 반면, 삼각형교인석도는 송국리문화 관련 유적에서만 출토되고 있어 상대적으로 강한 지역성을 보여 주고 있다.

79) 廣瀨雄一, 2005,「對馬海峽을 사이에 둔 韓日新石器時代의 交流」『韓國新石器研究』9, 韓國新石器學會.

80) 이와 같이 지형지물을 육안으로 확인하면서 항해하는 방법을 地文航法이라 한다.
尹明喆, 1989,「海路를 통한 先史時代 韓 · 日 兩地域의 文化接觸 可能性 檢討」『韓國上古史學報』2, 韓國上古史學會, p.104.

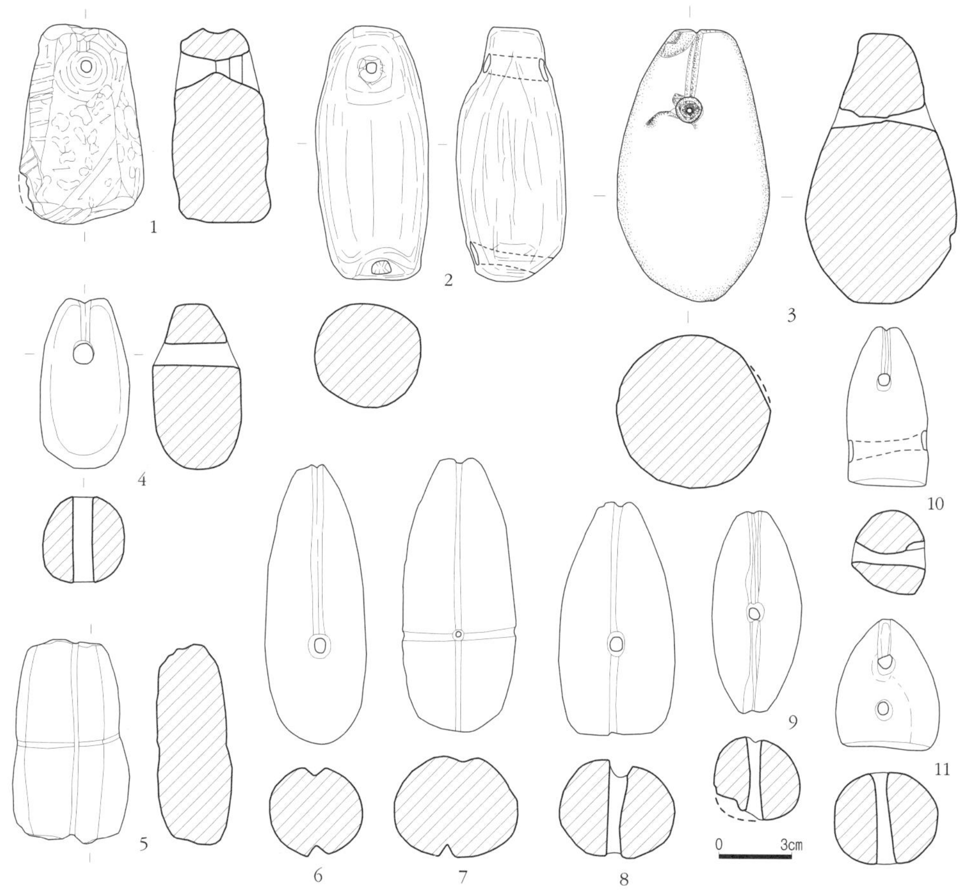

그림 35 | **한반도 출토 석추와 九州型石錘**

下條信行 1984의 도면을 재편집

1 관창리, 2 한성리, 3 고남리, 4 도삼리, 5 당정리, 6 小葎, 7 · 8 宮の前, 9 御床松原, 10 · 11 御床

지적된 바 있으며,[81] 토기의 문양요소[82]나 지석묘,[83] 반월형석도[84] 등의 비교를 바탕으로 남강유역일대가 보다 구체적인 전파의 후보지로 상정되기도 하였다. 또 다른 경로로서 동해를 직접 건너가는 북방 루트의 존재가 제기되기도 하였지만,[85] 다양한 측면에서의 비판이 있어 이를 받아들이기에는 무리가 있다.[86] 이

81) 沈奉謹, 1989, 앞의 논문, p.23.

82) 安在晧, 1992, 「松菊里類型의 檢討」『嶺南考古學』11, 嶺南考古學會, p.32.

83) 端野晋平, 2003, 「支石墓傳播のプロセス」『日本考古學』16, 日本考古學協會, pp.18~19.

84) 端野晋平, 2005, 「韓半島南部の「弧背弧刃系」石庖丁」『東アジア考古學會第66回例會發表要旨』.

밖에 토기의 유사성을 근거로 한반도 서해안과의 관련성을 지적한 연구도 있는데,[87] 彌生 중기 이후에 北部九州의 玄海灘沿岸에서만 확인되는 소위 '九州型石錘'[88]도 한반도 서해안 일대의 유적에서만 출토되는 석추[89]와 재료・형태상 유사성을 보이고 있어 양 지역의 관련성을 짐작케 한다(그림 35). 그러나 이 경우 일본열도와의 경로 설정에 약간의 무리가 있기 때문에, 이를 적극적으로 주장하기에는 어려움이 있다. 아무튼 한반도 동남부에서 北部九州로의 흐름이 가장 주요한 문화의 전파 경로였음은 분명하며, 이 밖의 다른 경로에 대해서는 그 가능성 정도만을 언급하는 데에서 그치고자 한다.

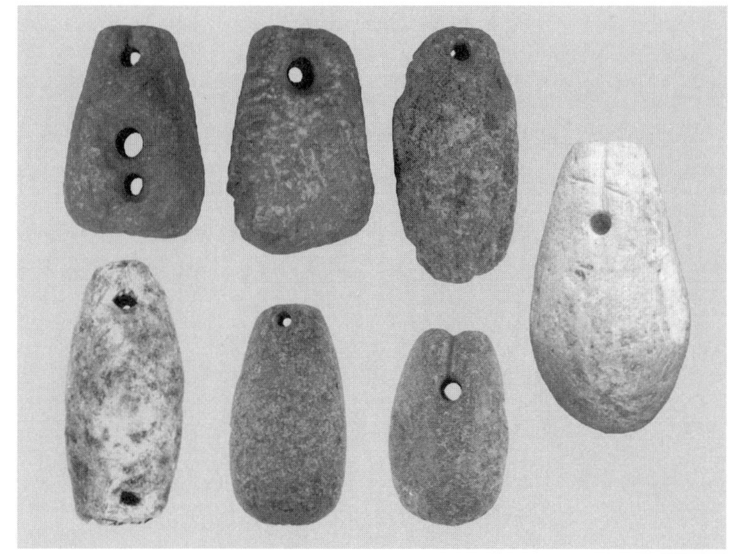

사진 24 | 한반도 출토 석추

85) 寺澤薰, 2000,『王權誕生』日本の歷史 2, 講談社, pp.42~44.

86) 齋野裕彦, 2002,「『東北彌生文化硏究の地平-遺物からみた樣相-』に寄せて」『古代文化』54-10, 財團法人古代學協會, p.2.

高瀨克範, 2002,「岩寺洞(Amsa-dong)遺跡出土石庖丁の使用痕分析」『岩手縣文化振興事業團埋藏文化財センター紀要』ＸＸＩ, p.88.

大貫靜夫, 2003,「石庖丁は日本海を渡ったか」『異貌』21, 共同體硏究會.

87) 家根祥多, 1997, 앞의 논문, p.54.

88) 下條信行, 1984,「彌生・古墳時代の九州型石錘について」『九州文化史硏究所紀要』29, 九州大學九州文化史硏究施設, p.73.

89) 이러한 유물이 출토된 서해안일대의 유적으로는 古南里, 堂丁里, 漢城里, 寬倉里, 道三里遺蹟 등이 있다.

金秉模・兪炳隣, 1997,『安眠島 古南里 貝塚』, 漢陽大學校博物館.

國立扶餘文化財硏究所, 1998,『堂丁里』.

國立扶餘博物館, 2000,『舒川 漢城里』.

李弘鍾・姜元杓・孫晙鎬, 2001,『寬倉里遺蹟』, 高麗大學校埋藏文化財硏究所.

李弘鍾・孫晙鎬・趙은지, 2005,『道三里遺蹟』, 高麗大學校考古環境硏究所.

3) 石器 組成 比較[90)]

본 절에서는 한반도 청동기시대와 北部九州 繩文 만기~彌生 중기를 대표하는 대단위 취락유적 출토의 석기 조성비를 비교 · 검토하였다. 석기 출토량이 소수인 유적 자료는 당시의 생활상을 왜곡할 가능성이 크기 때문에, 검토대상 유적은 생활유구에서 출토된 석기의 총량이 100점을 넘는 것만으로 제한하였다.[91)] 분묘에서 출토된 석기의 경우 생활상을 반영한다고 보기 어렵기 때문에 검토대상에서 제외하였다. 보고서가 출간된 대단위 취락유적 중에서 석기 출토량이 100점을 넘는 것은 한반도에서 14개, 北部九州에서 19개이다. 시기별로 보면 청동기시대 전기와 후기의 유적이 각 7개씩, 北部九州의 경우는 繩文 만기 5개, 彌生 조기 2개, 전기 4개, 전기~중기 2개, 중기 6개이다. 유적의 입지환경에 따라서는 구릉지와 충적대지로 구분된다.

석기는 기능에 따라 수렵구, 굴지구, 수확구, 식량처리구, 석부(벌채부 · 가공부 · 기타), 석기가공구의 총 6가지로 분류하였다.[92)] 수렵구는 석촉 · 석창 · 투석 등을 이르며, 반월형석도 · 석겸은 수확구에 포함시켰다. 석부 가운데 타제석부는 굴지구, 蛤刃을 포함한 양인석부는 벌채부, 그리고 주상편인석부 · 유구석부 · 편평편인석부 · 석착 등의 편인석부는 가공부로 세분하였다. 또, 硏石 · 磨石 · 石皿 · 凹石 · 敲石 등은 식량처리구로, 지석 · 천공구 · 찰절석기 등은 모두 석기가공구로 분류하였다.

양 지역 석기 조성비의 비교를 용이하게 하기 위하여 도면으로 나타낸 것이 〈그림 36〉이다. 먼저, 한반도의 석기 조성비를 볼 때 가장 눈에 띄는 것은 전기부터 후기까지 지속적으로 석기가공구의 비율이 높다는 점이다. 시간의 흐름에 따

---

90) 본 절은 필자가 庄田愼矢 씨와 공동으로 발표하였던 내용을 본고의 목적에 적합하도록 수정한 것이다. 발표문의 부분적인 전재를 허락해준 庄田 씨에게 감사의 뜻을 전하고 싶다.
庄田愼矢 · 孫晙鎬, 2006, 「水稻農耕は石器をどう變えるか」『共生の考古學-過去との對話, 遺産の繼承』世界考古學會議中間會議大阪大會, 大阪歷史博物館.

91) 酒井龍一은 마제석기 출토량 50~100점 정도를 어느 정도의 신뢰성을 가진 자료로 인정하였다. 단, 50점 정도라면 다른 유적 출토품과의 비교 · 검토가 필요하다고 한다.
酒井龍一, 1986, 「石器組成からみた彌生人の生業行動パタ-ン」『文化財學報』4, 奈良大學, pp.19~20.

92) 석기의 기능 추정에 대한 자세한 내용은 본고의 V장에서 언급하였다. 단, 분류된 항목에 약간의 차이가 있는데, 이는 北部九州地域과의 비교를 위한 것으로 분류의 기준이나 방법이 다른 것은 아니다.

유적명	시기	입지	수렵구	굴지구	수확구	식량 처리구	석부			석기 가공구	계 (%)	참고 문헌
							벌채부	가공부	기타			
봉계리	전기	구릉	28	0	6	8	3	8	0	64	117	①
			(23.9)	(0)	(5.1)	(6.9)	11(9.4)			(54.7)	(100)	
백석동	전기	구릉	76	0	35	16	22	18	9	88	264	②
			(28.8)	(0)	(13.2)	(6.1)	49(18.6)			(33.3)	(100)	
방기리	전기	구릉	13	3	16	15	4	15	6	92	164	③
			(7.9)	(1.8)	(9.8)	(9.2)	25(15.2)			(56.1)	(100)	
흔암리	전기	구릉	142	19	38	17	24	39	19	21	319	④
			(44.5)	(6.0)	(11.9)	(5.3)	82(25.7)			(6.6)	(100)	
미사리	전기	충적대지	46	27	7	12	13	22	11	50	188	⑤
			(24.5)	(14.3)	(3.7)	(6.4)	46(24.5)			(26.6)	(100)	
조동리	전기	충적대지	88	112	26	50	14	48	2	54	394	⑥
			(22.3)	(28.4)	(6.6)	(12.7)	64(16.3)			(13.7)	(100)	
대평리	전기	충적대지	12	1	22	16	11	9	6	69	146	⑦
			(8.2)	(0.7)	(15.1)	(10.9)	26(17.8)			(47.3)	(100)	
관창리	후기	구릉	294	1	41	93	5	99	16	223	772	⑧
			(38.1)	(0.1)	(5.3)	(12.0)	120(15.6)			(28.9)	(100)	
검단리	후기	구릉	52	0	21	5	11	16	5	34	144	⑨
			(36.1)	(0)	(14.6)	(3.5)	32(22.2)			(23.6)	(100)	
송국리	후기	구릉	79	0	44	14	9	40	1	107	294	⑩
			(26.9)	(0)	(14.9)	(4.8)	50(17.0)			(36.4)	(100)	
용강리	후기	구릉	18	0	1	16	2	13	5	62	117	⑪
			(15.4)	(0)	(0.8)	(13.7)	20(17.1)			(53.0)	(100)	
동천동	후기	충적대지	37	9	37	13	11	65	12	79	263	⑫
			(14.1)	(3.4)	(14.1)	(4.9)	88(33.5)			(30.0)	(100)	
대곡리	후기	충적대지	83	0	28	6	1	17	1	34	170	⑬
			(48.8)	(0)	(16.5)	(3.5)	19(11.2)			(20.0)	(100)	
대평리	후기	충적대지	537	65	248	283	21	205	116	1,701	3,176	⑦
			(16.9)	(2.1)	(7.8)	(8.9)	342(10.7)			(53.6)	(100)	
평균조성비(%)			25.4	4.1	9.9	7.8	18.2			34.6	100	

① 嶺南大學校博物館, 2000, 『蔚山 鳳溪里遺蹟』.

② 李南奭 · 李 勳 · 李賢淑, 1998, 『白石洞遺蹟』, 公州大學校博物館; 李南奭 · 李賢淑, 2000, 『白石 · 業成洞遺蹟』, 公州大學校博物館.

③ 金亨坤 · 兪炳一 · 高恩英, 2003, 『蔚山 芳基里 青銅器時代 聚落』, 國立昌原大學校博物館.

④ 金元龍 · 任孝宰 · 崔夢龍 · 呂重哲 · 郭乘勳, 1973, 『欣岩里 住居址』, 서울大學校附屬博物館 · 仝考古人類學科; 서울大學校附屬博物館 · 同考古人類學科, 1974, 『欣岩里 住居址』; 서울大學校博物館 · 同考古學科, 1976, 『欣岩里 住居址』3; 任孝宰, 1978, 『欣岩里 住居址』4, 서울大學校博物館 · 同人文大考古學科.

⑤ 渼沙里先史遺蹟發掘調査團, 1994, 『渼沙里』1 · 2; 林炳泰 · 崔恩珠 · 金武重 · 宋滿榮, 1994, 『渼沙里』3, 渼沙里先史遺蹟發掘調査團; 任孝宰 · 崔鍾澤 · 林尙澤 · 吳世筵, 1994, 『渼沙里』4, 渼沙里先史遺蹟發掘調査團; 尹世英 · 李弘鍾, 1994, 『渼沙里』5, 渼沙里先史遺蹟發掘調査團.

⑥ 李隆助 · 禹鍾允, 2001, 『忠州 早洞里 先史遺蹟』 I , 忠北大學校博物館; 李隆助 · 禹鍾允 · 李承源, 2002, 『忠州 早洞里 先史遺蹟』 II, 忠北大學校博物館.

⑦ 趙榮濟 · 柳昌煥 · 李瓊子 · 孔智賢, 1999, 『晋州 大坪里 玉房 2地區 先史遺蹟』, 慶尙大學校博物館; 趙榮濟 · 柳昌煥 · 宋永鎭 · 孔智賢, 2001, 『晋州 大坪里 玉房 3地區 先史遺蹟』, 慶尙大學校博物館; 李亨求, 2001, 『晉州 大坪里 玉房 5地區 先史遺蹟』, 鮮文大學校; 鄭義道 · 崔鐘赫, 2001, 『晋州 玉房 7地區 先史遺蹟』, 慶南文化財硏究院; 國立晉州博物館, 2001, 『晉州 大坪里 玉房 1地區 遺蹟』 I · II; 國立昌原文化財硏究所, 2001, 『晋州 大坪里 漁隱 2地區 先史遺蹟』 I ; 國立昌原文化財硏究所, 2002, 『晋州 南江 漁隱 2地區 先史遺蹟』 II; 慶南考古學硏究所, 2002, 『晋州 大坪 玉房 1 · 9地區 無文時代 集落』; 沈奉謹, 2002, 『晋州 玉房遺蹟』, 東亞大學校博物館; 國立昌原文化財硏究所, 2003, 『晋州 大坪里 玉房 8地區 先史遺蹟』.

⑧ 吳相卓 · 姜賢淑, 1999, 『寬倉里遺蹟』, 亞洲大學校博物館; 李弘鍾 · 姜元杓 · 孫晙鎬, 2001, 『앞의 책』; 李殷昌 · 朴普鉉 · 金奭周, 2002, 『寬倉里遺蹟』, 大田保健大學博物館.

⑨ 釜山大學校博物館, 1995, 『蔚山 檢丹里 마을遺蹟』.

⑩ 姜仁求 · 李健茂 · 韓永熙 · 李康承, 1979, 『松菊里』 I , 國立中央博物館; 지건길 · 안승모 · 송의정, 1986, 『松菊里』 II, 국립중앙박물관; 국립중앙박물관, 1987, 『松菊里』 III; 金吉植, 1993, 『松菊里』 V , 國立公州博物館; 國立扶餘博物館, 2000, 『松菊里』 VI.

⑪ 최인선 · 박태홍 · 송미진, 2003, 『光陽 龍江里 機頭遺蹟』, 順天大學校博物館.

⑫ 嶺南文化財硏究院, 2002, 『大邱 東川洞 聚落遺蹟』.

⑬ 全南大學校博物館, 1989, 『住岩댐 水沒地域 文化遺蹟 發掘調査報告書』 VI; 全南大學校博物館, 1990, 『住岩댐 水沒地域 文化遺蹟 發掘調査報告書』 VII.

표 11 | 한반도 청동기시대 석기의 기능별 분류

유적명	시기	입지	수렵구	굴지구	수확구	식량처리구	석부 벌채부	석부 가공부	석부 기타	석기가공구	계(%)
高峰	繩文晩期	구릉	2,048	0	0	23	1	1	0	1	2,074
			(98.7)	(0)	(0)	(1.1)	2(0.1)			(0.1)	(100)
礫石原	繩文晩期	구릉	13	50	7	21	16	3	0	2	112
			(11.6)	(44.6)	(6.2)	(18.8)	19(17.0)			(1.8)	(100)
權現塚北	繩文晩期	충적대지	44	299	4	66	2	3	36	10	464
			(9.5)	(64.4)	(0.9)	(14.2)	41(8.8)			(2.2)	(100)
廣田	繩文晩期	충적대지	111	161	0	33	21	0	0	14	340
			(32.6)	(47.4)	(0)	(9.7)	21(6.2)			(4.1)	(100)
四反田	繩文晩期	충적대지	2,242	56	14	26	68	66	47	120	2,639
			(85.0)	(2.1)	(0.5)	(1.0)	181(6.9)			(4.5)	(100)
曲り田	彌生早期	구릉	154	2	10	12	53	9	0	53	293
			(52.5)	(0.7)	(3.4)	(4.1)	62(21.2)			(18.1)	(100)
菜畑	彌生早期	구릉	72	3	4	9	11	9	0	0	108
			(66.7)	(2.8)	(3.7)	(8.3)	20(18.5)			(0)	(100)
津古土取	彌生前期	구릉	162	0	3	14	12	9	0	28	228
			(71.1)	(0)	(1.3)	(6.1)	21(9.2)			(12.3)	(100)
吉野ヶ里田手二本黑木	彌生前期	구릉	6	0	26	16	29	13	0	21	111
			(5.4)	(0)	(23.4)	(14.4)	42(37.9)			(18.9)	(100)
雀居4·5次	彌生前期	충적대지	49	0	16	17	39	27	0	21	169
			(29.0)	(0)	(9.5)	(10.0)	66(39.1)			(12.4)	(100)
比惠25·26	彌生前期	충적대지	7	0	44	98	46	35	0	101	331
			(2.1)	(0)	(13.3)	(29.6)	81(24.5)			(30.5)	(100)
一本谷	彌生前期~中期	구릉	92	3	7	7	7	8	0	10	134
			(68.7)	(2.2)	(5.2)	(5.2)	15(11.2)			(7.5)	(100)
潮見	彌生前期~中期	충적대지	151	0	7	1	6	7	0	10	182
			(83.0)	(0)	(3.9)	(0.5)	13(7.1)			(5.5)	(100)
三澤蓬ヶ浦	彌生中期	구릉	28	0	10	24	13	9	0	19	103
			(27.2)	(0)	(9.7)	(23.3)	22(21.4)			(18.4)	(100)
北松尾口II	彌生中期	구릉	68	0	27	16	7	20	0	16	154
			(44.2)	(0)	(17.5)	(10.4)	27(17.5)			(10.4)	(100)
大深田	彌生中期	구릉	68	0	4	30	11	1	0	27	141
			(48.2)	(0)	(2.8)	(21.3)	12(8.5)			(19.2)	(100)
森山	彌生中期	구릉	109	13	11	150	10	3	0	24	320
			(34.0)	(4.1)	(3.4)	(46.9)	13(4.1)			(7.5)	(100)
成田尾	彌生中期	구릉	68	0	5	22	4	6	0	6	111
			(61.3)	(0)	(4.5)	(19.8)	10(9.0)			(5.4)	(100)
安永田	彌生中期	구릉	28	0	64	14	13	9	0	48	176
			(15.9)	(0)	(36.4)	(7.9)	22(12.5)			(27.3)	(100)
평균조성비(%)			44.6	8.8	7.7	13.3	14.8			10.8	100

표 12 | **北部九州 繩文 만기~彌生 중기 석기의 기능별 분류**

國立歷史民俗博物館 1996

라 가장 변화가 심한 것은 굴지구로, 후기에는 거의 사용되지 않는다. 한편, 벌채부도 후기에 감소 추세를 보이는데, 상대적으로 가공부는 증가하는 양상이 확인된다. 이와 달리 수렵구, 수확구, 식량처리구 등은 유적에 따라 조성비에 약간의 차이가 보이기는 하지만, 뚜렷한 변화양상이 간취되지 않는다.

다음으로 北部九州의 양상을 살펴보면, 수렵구가 상당히 높은 비율을 차지하고 있어 사냥이 생계경제에 있어서 중요한 부분을 차지하고 있었음을 짐작할 수 있다. 彌生時代의 개시와 더불어 급격히 증가하는 것으로는 수확구와 식량처리구, 석기가공구 등이 두드러진다. 수확구와 식량처리구가 동시에 증가하는 현상은 수도농경의 보급에도 불구하고 견과류 등의 이용이 여전히 빈번하였음을 나타내고 있다. 한편, 벌채부와 가공부도 彌生 조기 이후의 증가양상이 확인되는데, 전기에 정점을 이루다가 중기 이후 감소하는 변화과정이 동일하다. 이밖에 굴지구는 彌生時代 개시와 함께 급격히 감소한다.

이상의 검토를 바탕으로 양 지역의 석기 조성비를 비교하여 보자. 〈그림 37〉은 한반도(위)와 北部九州(아래)를 비교한 것이다. 北部九州의 彌生文化 형성기가 한반도의 청동기시대 후기에 해당된다는 것은 앞에서 언급한 바 있다. 따라서 한반도 청동기시대 후기와 北部九州 彌生 조기 이후의 변화양상을 비교함으로써 초기 도작 수용기의 양상을 살펴볼 수 있다. 먼저, 양 지역에서 공통적으로 확인되는 양상은 굴지구의 급격한 감소이다. 대체로 굴지구는 양 지역의 충적대지 유적에서 다수가 확인되고 있어, 수도농경 이전 단계에 이러한 입지의 유적이 선택한 생계경제 방식과 관련된다고 생각된다. 반대로 양 지역의 가장 뚜렷한 차이는 수렵구, 식량처리구, 석기가공구의 상대 비율이다. 수렵구와 식량처리구의 비율은 北部九州가 상당히 높은 반면, 석기가공구의 비율은 한반도에서 압도적인 우위를 보인다. 또, 벌채부와 가공부의 비율이 한반도에서는 반비례 관계를 보이는데 반하여, 北部九州에서는 성행시기가 동일한 것도 차이점이라 할 수 있다.

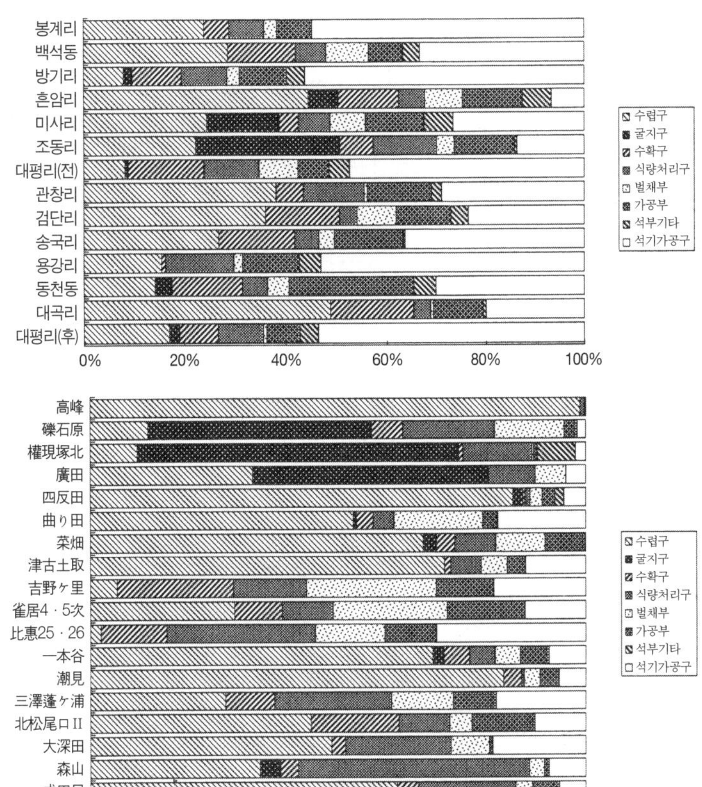

그림 36 | 한반도(위)와 北部九州(아래) 양 지역의 유적별 석기 조성비

이러한 분석결과를 통하여 다음과 같은 추정이 가능하다. 첫째, 수도농경의 본격화라는 동일한 조건에도 불구하고 생계경제 방식에서 양 지역의 차이가 확인된다. 北部九州에서 수렵구와 식량처리구의 비율이 높은 것은 사냥과 채집활동이 활발하였음을 나타내는 것으로, 농경 이외의 생계경제 방식에 대한 의존도

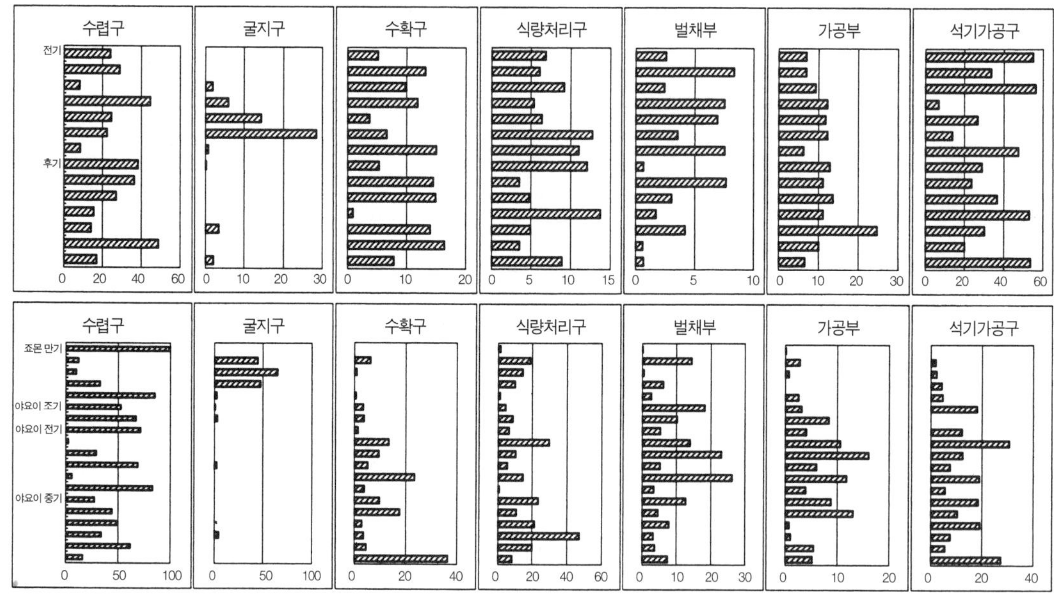

그림 37 | 한반도(위)와 北部九州(아래) 석기 조성 변화의 비교

가 상대적으로 높았음을 짐작할 수 있다. 둘째, 양 지역에서 석기제작 규모에 차이가 있었음을 인정하는 것이 가능하다. 또한, 彌生 조기에 수확구와 석기가공구의 비율이 급격히 증가하는 것은 석기뿐만 아니라 이를 제작하는 기술도 한반도로부터 함께 전래되었음을 보여주고 있다. 셋째, 가공부를 수도농경과 관련된 목기 가공용으로 볼 때,[93] 벌채부와 가공부의 상대 비율을 통하여 삼림개발과 수전경영이 한반도에서 성행시기를 달리하는 것에 반하여 北部九州에서는 동시에 일어났음을 확인할 수 있다.

3. 小結

본 장의 내용을 요약하면 다음과 같다. 먼저, 마제석기의 기원 문제와 관련하

93) 송국리문화단계에 이루어진 木材加工技術의 체계화는 벼농사를 중심으로 한 도구체제로의 전환이라 할 수 있다. 따라서 이 시기에 비약적으로 증가한 목기제작도구의 대부분은 농경구를 만들기 위한 것으로 추정된다.
趙現鐘, 2000, 「農工具의 變遷과 生産量의 增大」 『韓國 古代의 稻作文化』 국립중앙박물관 학술심포지움 발표요지, 국립중앙박물관, pp.50~51.

여 중국 동북지역의 遼東半島 출토 자료를 살펴본 다음 이를 북한지역 출토품과 비교하였다. 분석결과 석검을 포함한 석촉, 석도, 석부에 있어서 양 지역이 유사한 변화 양상을 보이고 있어, 이들 석기에 대해서는 遼東半島와 한반도의 직접적인 관련을 상정해도 무리가 없다고 생각한다. 그러나 이와 달리 遼東半島에서 기원을 찾을 수 없는 석기의 양상도 존재한다. 有柄式石劍과 二段莖鏃, 그리고 이들 석기에 나타나는 血溝의 존재 등은 遼東半島에서 확인되지 않는 양상이다. 이러한 양상은 대체로 북한지역의 II단계 이후부터 나타나며 遼東半島 이외의 주변 지역에서도 관찰되지 않기 때문에, 한반도 내에서의 자체적인 변화과정이나 혹은 이 단계에 유입된 다른 器物의 영향에 의한 발생을 상정할 수 있다.

다음으로 마제석기의 일본열도 전파 과정을 살피기 위하여 北部九州의 대륙계마제석기와 남한지역의 마제석기를 비교하였다. 대륙계마제석기는 그 명칭에서도 알 수 있듯이 한반도의 직접적인 영향에 의하여 성립되었기 때문에, 양 지역의 문화전파를 이해하는 데에 결정적인 자료를 제공하고 있다. 이에 대해서는 일본 측의 연구성과가 어느 정도 집적되어 있어, 이를 기본적으로 참조하면서 석기의 형식과 조성에 대하여 한반도 자료와 비교 · 검토하였다. 석기 형식에 대한 비교 결과 대부분의 기종에 있어서 직접적인 영향 관계가 확인되며, 일부 수용자 측의 필요에 의한 능동적인 선택이 추정된다. 그리고 도작문화의 전파 경로에 대해서는 기존에 제기되었던 낙동강유역, 보다 구체적으로는 남강유역일대가 후보지로 상정되며, 서해안지역과의 관련 가능성도 지적할 수 있다. 한편, 석기 조성의 비교를 통해서는 수도농경의 본격화라는 동일한 조건에도 불구하고 생계경제 방식에서 양 지역의 차이가 확인되며, 석기제작 규모에서도 차이점이 발견된다. 또한, 벌채부와 가공부의 상대 비율을 통하여 삼림개발과 수전경영이 한반도에서 성행시기를 달리하는 것에 반하여 北部九州에서는 동시에 일어났음을 확인할 수 있다.

V

磨製石器 分析을 통한 聚落의 性格 檢討

磨製石器 分析을 통한 聚落의 性格 檢討

제 V 장

지금까지 고고학의 주된 관심분야는 유물의 상대편년에 의한 시기 설정과 이를 통한 문화상의 변화과정을 밝히는 데에 있었다. 따라서 청동기시대에 대한 연구 역시 이러한 문화적 속성을 잘 반영하고 있는 청동기나 토기류의 연구에 집중되어 왔다. 이에 반하여 마제석기는 기능적인 측면이 강하기 때문에 속성의 변화가 적고 변화양상을 살피기가 어려워 연구자의 관심을 받지 못하였다.

그러나 이러한 석기의 기능적 속성이 청동기시대인들의 실제 생활상을 복원하는 데에 보다 유효하다고 생각한다. 즉, 석기는 청동기인들의 실제적인 삶의 필요에 의하여 고안되었기 때문에 기능적 속성 파악을 통한 당시인의 생활방식이나 생계수단 등의 연구에 있어서 효과적인 것이다. 마제석기는 시기적 선후관계에 집착하는 단계를 벗어나 과거의 문화상 복원이라는 고고학의 근본 목적에 보다 근접할 수 있는 연구대상으로 판단된다. 이와 같은 이유에서 필자는 마제석기 분석을 통하여 청동기시대 취락의 생계유형과 사회조직 복원을 시도하고자 한다. 이는 마제석기를 이용한 연구의 다양한 방향성을 제시한다는 측면의 시론적 검토로, 기존 연구에서 석기의 개별 기종 연구에 집중되어 연구대상 범위가 제한되어 있었던 한계를 극복하기 위한 시도라 할 수 있다.

본 장에서는 청동기시대의 대표적 취락인 天安 白石洞遺蹟과 保寧 寬倉里遺蹟을 검토대상으로 하였다. 이들은 각각 청동기시대 전기와 후기를 대표하는 유적으로, 동일 시기에 해당하는 대단위 취락유적이면서 다수의 마제석기가 출토되었기 때문에 취락의 성격을 살펴보기에 좋은 자료라 생각한다. 분석은 마제석기의 출토량과 조사된 주거지 기수가 상대적으로 다수인 관창리유적을 중심으로 하여 백석동유적과 비교를 시도하였다.

1. 白石洞遺蹟과 寬倉里遺蹟의 槪觀

1) 天安 白石洞遺蹟

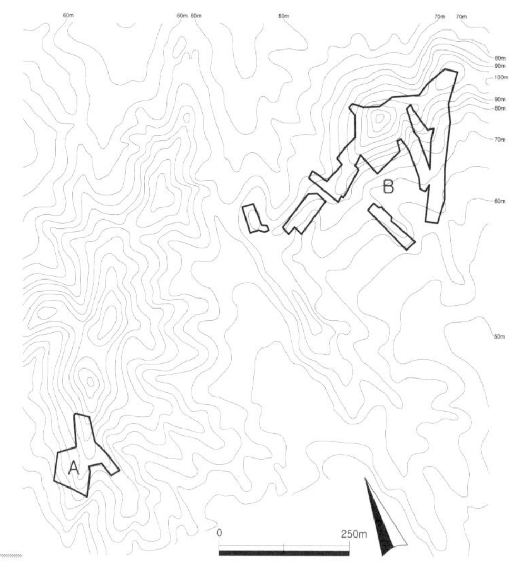

그림 38 | 백석동유적 구역별 위치도

천안시 백석동유적은 청동기시대 전기에 해당하는 대표적인 취락유적이다.[1)] 전기의 취락은 다수 조사된 바 있지만, 현재 보고서가 발간된 유적 중에서는 가장 많은 수의 주거지가 확인되었으며 마제석기 또한 다량 출토되었다. 물론, 전기 취락 가운데 백석동유적의 마제석기 출토량을 능가하는 유적도 존재하지만, 다수 주거지와의 관련성을 파악하기 위해서는 백석동유적이 가장 적절한 검토대상이라 판단된다.

백석동유적의 조사는 A구역과 B구역으로 나뉘어 진행되었는데, 검토대상은 B구역의 주거지 출토품과 지표채집 유물로 제한하였다. A구역은 유구의 존재가 추정되었으나 조사가 이루어지지 않은 지역이 많기 때문에 검토대상에서 제외하였다. 단, B구역의 주거지 출토 마제석기가 268점밖에 되지 않아 관창리유적의 789점에 비하여 소수이므로, 이를 보완하기 위하여 B구역의 지표채집 유물을 포함하여 석기의 조성비 비교에 이용하였다.

백석동유적 B구역에서는 총 83기의 주거지가 조사되었다. 주거지는 대부분 등고선 방향을 따라 장축이 위치하고 있으며, 주거지 간 간격은 3~6m 정도로 일정한 편이다. 주거지 사이의 중복 축조는 4예만이 확인되었으며, 출토 유물에 있어서도 시기적인 변화상을 파악할 수 없다. 백석동유적의 주거지를 2단계로 구분한 연구도 있지만,[2)] 소수의 중복관계 이외에 유물상의 뚜렷한 차이를 제시하

1) 李南奭 · 李 勳 · 李賢淑, 1998, 『白石洞遺蹟』, 公州大學校博物館.
李南奭 · 李賢淑, 2000, 『白石 · 業成洞遺蹟』, 公州大學校博物館.

지 못하고 있다. 따라서 백석동유적은 고고학적으로 동일 시기에 형성된 취락이라 판단된다.[3)]

2) 保寧 寬倉里遺蹟

보령시 관창리유적은 청동기시대 송국리문화단계의 유적 가운데 가장 큰 규모에 해당하는 대단위 취락유적이다.[4)] 동일 시기에 해당하는 주거지와 분묘군, 요지, 토광 등과 함께 경제활동의 일면을 살필 수 있는 논유구가 조사되어 청동기시대의 생활상 복원에 중요한 자료를 제공하고 있다.

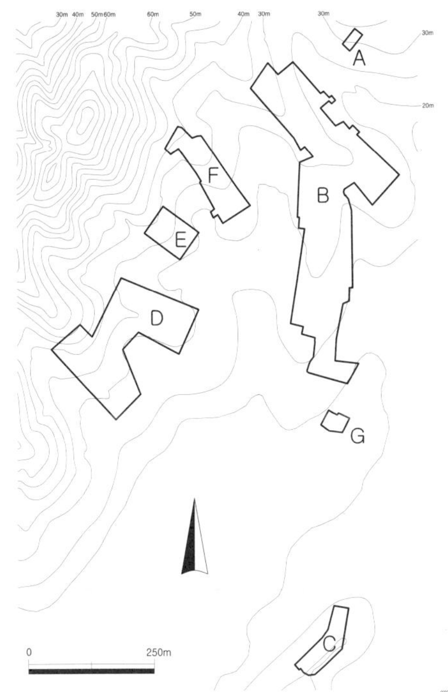

그림 39 | 관창리유적 구역별 위치도

이 가운데 검토대상은 관창리유적 B구역의 주거지 출토품으로 제한하였다. 그 이유는 다음의 세 가지로 요약된다. 먼저, B구역은 약 111,000m²의 면적으로 유적의 전체 면적 가운데 절반 정도를 차지하는 대단위 취락을 형성하고 있다. 마제석기 역시 B구역에서 가장 많은 출토량을 보이는데(974점-전체 출토량의 76.9%), 다양한 성격

---

2) 庄田愼矢, 2004, 「比來洞銅劍の位置と彌生曆年代論(上)」『古代』117, 早稻田大學考古學會, p.19.
李眞旼, 2005, 「中部地域 無文土器時代 前·中期 文化에 대한 一考察」『송국리문화를 통해 본 농경사회의 문화체계』, 서경, pp.60~61.

3) 주거지 폐기 후 15년 정도만 지나도 유구의 흔적을 전혀 확인할 수 없다는 민족지 사례를 볼 때, 중복관계가 조사되었다 하더라도 출토유물이나 주거구조상의 뚜렷한 차이가 확인되지 않는 경우의 시기 구분은 고고학적으로 무의미하다.
Gorecki, P., 1985, Ethnoarchaeology: The Need for a Post-mortem Enquiry, In *World Archaeology* 17-2.

4) 忠南大學校博物館, 1995, 『保寧 寬倉里 住居遺蹟 發掘調査 現場說明會 資料』.
吳相卓·姜賢淑, 1999, 『寬倉里遺蹟』, 亞洲大學校博物館.
李弘鍾·姜元杓·孫晙鎬, 2001, 『寬倉里遺蹟』, 高麗大學校埋藏文化財硏究所.
李殷昌·朴普鉉·金奭周, 2002, 『寬倉里遺蹟』, 大田保健大學博物館.

사진 25 |
관창리유적 전경
李弘鍾 外 2001

의 유구 중에서 주거지 출토품이 압도적인 비율을 차지하고 있다(789점-B구역 출토량의 81.0%). 즉, B구역 주거지 출토품은 관창리유적의 전체 마제석기를 대표한다고 할 수 있다. 두 번째 이유는 필자가 오랜 시간을 두고 관찰할 수 있는 유물이 B구역 출토품이기 때문이다.[5] 마제석기 분석의 기초작업이라고 할 수 있는 석기의 기능별 분류에 있어서는 실제 석기를 면밀하게 살피는 것이 중요하다. 마지막 세 번째는 B구역이 하나의 단위 취락을 형성하고 있다는 점이다. 동일 구릉상에서 99기의 주거지가 거의 중복되지 않고 축조되어 있으며, 출토 유물에 있어서도 뚜렷한 시기적인 차이를 파악할 수 없음을 볼 때, B구역은 백석동유적과 마찬가지로 동일 시기에 형성된 취락이라 판단된다. 그러므로 B구역 주거지 출토 마제석기류만을 분석하는 것이 청동기시대 단위 취락 내에서의 주거지간 관계를 파악하고, 이를 통하여 취락의 전반적인 성격을 규명하는 데에 보다 효과적이라 생각한다.

관창리유적 B구역에서 조사된 주거지 가운데 마제석기가 출토된 주거지는 모두 합하여 79기이며, 마제석기가 확인되지 않은 주거지는 20기이다. 이들 99기

5) 공주대학교박물관 측의 배려로 백석동유적 출토 마제석기에 대해서도 실견할 수 있었으나, 시간 관계상 출토유물 모두를 살필 수는 없었다.

의 주거지를 분석대상으로 하였으며, KC-002·015호 주거지는 분석대상에서 제외하였다. KC-015호 주거지는 비교적 대형의 장타원형 유구로 내부시설이 확인되지 않는 것을 볼 때, 관창리유적의 일반적 주거지와는 성격이 다른 유구로 판단된다. 한편, KC-002호 주거지는 신석기시대의 유구이다.

2. 磨製石器의 機能 分類

마제석기는 형태에 따라 일차적인 분류가 가능하다. 이는 마제석기 형태의 차이가 곧 기능차의 반영임을 전제로 한다. 석기의 기능을 추정하기 위해서는 다양한 방법이 이용되고 있다. 최근, 보다 객관적인 근거의 확보를 위하여 금속현미경에 의한 사용흔 분석이나 잔존지방산 분석 등의 자연과학적 방법이 이용되기도 하지만, 이는 많은 시간과 비용이 소요되는 연구방법으로 아직까지 자료의 축적이 부족한 상태이다.

본 절에서는 기존에 행하여진 분류와 기능 추정상의 오류를 조금이나마 해소하기 위하여 석기에 대한 면밀한 관찰을 시도하였다. 확대경을 이용하여 사용에 의한 마모흔이나 박리흔 등을 관찰하였으며, 이와 함께 당시인이 사용하였을 가장 효율적인 방법을 추정하여 그 기능을 상정하였다. 하지만 이러한 관찰만으로 모든 석기의 기능을 추정하는 것은 무리가 있다. 그러므로 대다수의 석기류는 기존의 연구성과를 받아들일 필요가 있는데, 일본 측의 연구성과도 충분하게 활용하는 것이 바람직하다. 특히, 마제석기의 경우 한반도 출토품과 형태상 유사한 大陸系磨製石器라 불리는 一群의 석기류가 야요이시대에 확인되고 있는 점을 볼 때, 동일한 기능의 부여가 가능할 것이라 생각한다.

본 절에서는 백석동유적과 관창리유적의 B구역 주거지 출토 석기류를 기능에 따라 石劍, 石鏃, 石刀, 石斧, 砥石, 食糧處理具, 紡錘車, 漁網錘, 石錘, 小型透孔石器, 半成品, 不明石器로 분류하였다(표 13·14). 이 가운데 어망추는 백석동유적에서만 출토되었으며, 소형투공석기, 반성품은 관창리유적에서만 조사되었다. 확인된 석기류는 대부분이 파손품 또는 미제품으로 완제품의 출토 예는 극히 빈약하다. 이는 조사된 유구의 성격이 생활유구인 것에 기인한다. 따라서 파손품이나 미제품이라 하더라도 석기의 기능을 파악할 수 있는 경우에는 그 기능에 따라 분류하는 것을 원칙으로 하였다. 석기의 재가공으로 인하여 기능의 변화가 상

유구 번호	면적 (m²)	석검	석촉	석도	석부	지석	식량처리구	방추차	석추	어망추	불명석기	계
B-1	39.6				1	1					1	3
B-2	40.6	1		3	2	1	2	1			2	12
B-3	26.1		1		1	1	1					4
B-4	15.1		1	1	3							5
B-5-②	11.9					2	1	2				5
B-6	19.8				1							1
B-7	15.4							1				1
B-9	27.5							1				1
B-11	28.1	1	2	1	3	1		1			1	10
B-12	39.3		3		1	2		2			1	9
B-13	53.0	2				1						3
B-14	22.8			1		2						3
B-15	37.6					4		1			4	9
B-16			1			1						2
B-17	15.6			1		1		1				3
B-19	34.3			5							1	6
B-20	53.0	1				4						5
B-21	27.5	2		3	1	1		2				9
B-22	42.8			3	2	4	1				5	15
I -1	20.9			1								1
I -3	15.9		2		1	2					1	6
I -4	5.8				1		1					2
I -6	13.0				1							1
I -7			1		1	1						3
I -8	18.2				2						1	3
I -10	14.7		1								1	2
I -11	31.4		1	3			1				1	6
I -12	41.4				1	1						2
I -13-①	36.6	1	1		2	4		1			1	10
I -13-②	10.7				1							1
I -14	3.0		1			1	1				1	4
I -16-①	30.1	1				1						2
I -16-②			1			1					1	3
I -17	16.2		3		2	1					1	7

유구 번호	면적 (m²)	석검	석촉	석도	석부	지석	식량처리구	방추차	석추	어망추	불명석기	계
I -19	25.0					1						1
I -20	8.0							1				1
I -21	8.3				1							1
I -23	56.8					1	1				2	4
II-1	32.8		1			2	1					4
II-2	24.8				1	1	1				1	4
II-3	18.7			1								1
II-4	18.8							1				1
II-6	27.2		1			2			1		2	6
II-7	31.4		2			4	6	1			7	20
II-9	42.5				2						1	3
II-10	51.0				1							1
II-11	2.3						1					1
III-1	23.6						1				3	4
III-2	28.6					1						1
III-3	32.5				1							1
III-4	27.4					1	2				9	12
III-5	34.2					2					4	6
III-6								1				1
III-7	12.3						1					1
III-9	31.1	1	1			1						3
IV-2	53.2						2					2
IV-3	19.8		1		1	1					6	9
IV-4	42.5			1		1						2
99-1	53.7	1				1					2	4
99-2	35.5	1	1									2
99-3	50.3	1	1		1	2		2				7
99-6	20.9				1							1
99-7	20.9				1							1
99-8											2	2
99-10	49.4				1							1
99-11	23.4		1									1
지표		13	42	11	21	16		15		1	24	143
계 (%)		26 (6.3)	70 (17.0)	35 (8.5)	59 (14.4)	75 (18.2)	24 (5.8)	34 (8.3)	1 (0.3)	1 (0.3)	86 (20.9)	411 (100)

표 13 | 백석동유적 B구역 주거지 출토 마제석기 일람

마제석기가 출토된 주거지 : 총 66기

정되는 경우는 변화된 기능에 입각하여 분류하였으며, 두 가지의 기능이 동시에 상정되는 경우에는 주로 사용되는 용도를 추정하여 구분하였다.

분류된 각 석기군의 출토양상과 기능에 대하여 간단히 살펴보면 다음과 같다. 먼저, 石劍은 백석동유적에서 26점, 관창리유적에서 18점이 출토되었다(그림 40-1~3 · 41-1~4). 有莖式과 一段柄式, 二段柄式이 확인되었으나, 본 장의 분석에서는 세부형식의 구분이 무의미하기 때문에 세분하지 않았다. 다만, 백석동유적의 유병식석검이 대부분 이단병식임에 반하여 관창리유적에서는 일단병식만 확인되는 것을 볼 때, 양 유적의 시기 차이를 추정할 수 있다. 유경식석검에 대하여 백석동유적의 보고자는 이를 모두 석창으로 분류하였으나, 전체 길이에 비하여 경부가 짧은 것은 석검에 포함될 가능성이 크다고 판단된다(그림 40-2). 관창리유적 출토 유경식석검은 비교적 소형에 경부끝이 좌우로 돌출된 소위 '松菊里型石劍'[6]으로, 주거지의 축조 시기가 모두 송국리단계에 해당함을 짐작하게 한다. 석검에서 사용흔은 관찰되지 않았는데, 이는 대부분의 석검이 파손품 또는 미제품이기 때문이다. 그러나 검신부 일부가 파손된 것을 재가공한 KC-001 · 040호 출토품(그림 41-2 · 3)이나, 완성품의 검신 일부만이 확인된 KC-084호 출토품(그림 41-1)에서도 날부분에 사용에 의한 흔적은 확인되지 않았다. 이를 통하여 석검의 기능을 실용적 목적의 도구가 아닌 身分象徵儀器로 상정할 수 있다.[7] KC-084호 출토품의 경우 주거지 바닥 생토면에 박힌 상태로 출토되어 주거지 폐기과정과 관련된 석검의 특수한 기능을 추정하게 한다.

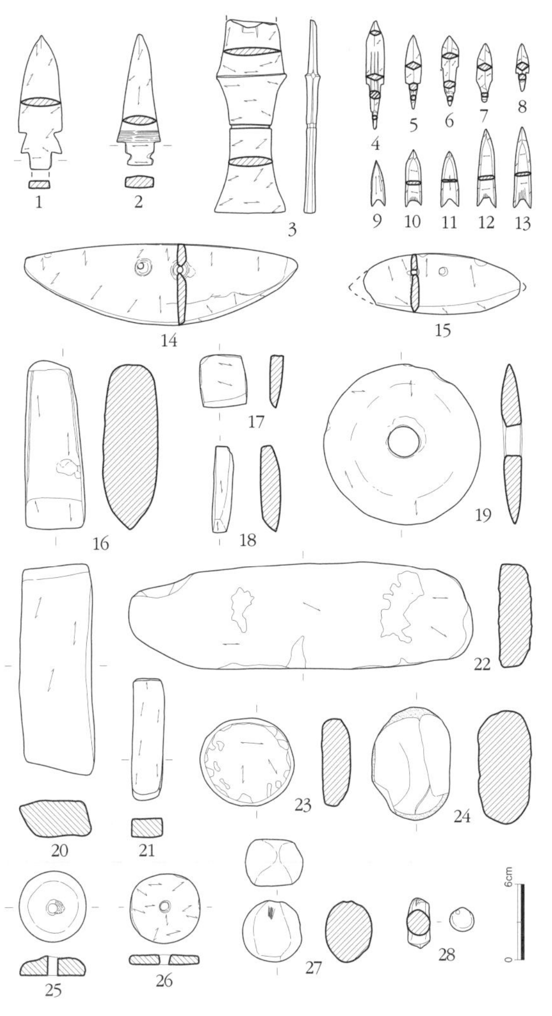

그림 40 | 백석동유적 B구역 주거지 출토 마제석기류

石鏃은 백석동유적에서 70점, 관창리유적에서 170점이 출토되어, 지석 다음으로 많은 출토량을 차지한다(그림 40-4~13 · 41-5~17). 석촉의 형식은 一段莖式과 二段莖式, 無莖式이 모두 확인되었으나, 아직까지 세부형식의 기능 차이에 대

6) 趙現鐘, 1989, 『松菊里形土器에 대한 一考察』, 弘益大學校大學院 碩士學位論文, pp.50~52.

7) 李榮文, 1997, 「全南地方 出土 磨製石劍에 관한 硏究」 『韓國上古史學報』24, 韓國上古史學會, p.61.

유구번호(KC)	면적(m^2)	석검	석촉	석도	석부	지석	식량처리구	방추차	석추	소형투공석기	반성품	불명석기	계
001	54.1	1	1	4	4	5		1		1	1	1	19
003	44.1		1	1		1	1	2			1		7
004	47.8		1	1	2	3	3					1	11
005	17.7		2		2	3					1		8
006	32.7		2		2			1			1	2	8
007	22.9			1	1	6	2					1	11
008	24.3		5	1	2	6	1	3		1		3	22
009	33.5		6		1	2	1	1					11
010	36.3		1		4	7	2		1			2	17
011	30.2		1		4	4	2					1	12
012	22.0		2			7	1				1	1	12
013	37.8				1	3	2	1			1		8
014	29.6	1	7	2	4	4	1	5		1	2		27
016	12.1						1	1			1	1	4
017	21.4		1		1	4	1				1		8
018	21.0				1	1		1		1		2	6
019	27.8		3		2	5	8	1			8		27
020	14.8			1		9	2	1					13
021	14.8		1	1		3							5
022	7.8		2		1	3		1					7
023	11.5		1			3						1	5
026	33.8		7		6	2		1			4	1	21
027	25.5		3			4		1			1	1	10
028	11.1				2	3	1				1		7
029	18.1					4	2						6
030	41.1	1	1		1	12	2		2			1	20
031	43.5		1		1	3	1		1			3	10
032	51.4		6		3	4		1			1	1	16
033	18.5					2		1			2		5
034	17.0										2		2
035	17.6										2		2
036	14.4			1						1			2
037	19.4				1								1
038	25.9	1	7		10	10	6	1	1	3	3	6	48
039	18.8		2										2
040	44.5	1	28	2	20	15	6	7	1		11	7	98
041	12.6		2			2	2	2					8
042	22.5	2	4		3	1	7				1	1	19
043	23.0			1	1	2		1			3	2	10
047	24.0		3		2	2		1					8
048	31.6		2	1	4		2					2	11
050	9.8					2	1						3
051	22.5		2			1		1					4
052	14.2		1			1	1	1					4
053	20.2		4	1	1								6
054	23.0	1	2					1			2		6
056	30.1				1	1	1						3
057	22.9		3			3	2				3		11
058	9.0				1		2						3
059	10.3					2							2
060	39.9	1					2				1	1	5
061	7.8		1			1							2
063	12.2	1	2		3		1		1		1		9
069	9.0				1								1
071	13.5					1	2						3
072	29.2				1	2							3
073	34.7		1	2	3	4	1	1			2		14
074	12.1					1	1						2
075	10.2					2							2
076	43.5		15		1	1					5	1	23
078	55.8		3		1	1					1		6
079	49.0	2	5	1	4	4	2	4			1	2	25
080	13.4		1		4	1				1	2	1	10
081	18.4		2			2							4
082	14.8				1	2					1	2	6
083	17.0	1	1			3							5
084	16.7	1	3			3							7
086	22.0		5	3	2	3	1						14
087	15.2	1	1										2
088	13.4										1	2	3
089	23.5			1	1	2	1	2				1	8
090	7.6				1	1							2
092	11.5					1	1						2
093	10.5		1			1							2
095	18.9		5			1						1	7
096	10.7		1					1			1		3
097	20.2		1										1
099	16.8	1	3		4	2	1					2	13
100	20.7	2	4		1	2							9
계 (%)		18 (2.3)	170 (21.5)	25 (3.2)	117 (14.8)	196 (24.9)	77 (9.8)	46 (5.8)	7 (0.9)	9 (1.1)	70 (8.9)	54 (6.8)	789 (100)

표 14 | 관창리유적 B구역 주거지 출토 마제석기 일람

마제석기가 출토된 주거지 : 총 79기

하여 뚜렷하게 밝혀진 연구가 없기 때문에 여기서는 따로 분류하지 않았다.[8] 다만, 유적별 석촉 형식에는 차이가 있는데, 백석동유적 출토품은 대부분 이단경식과 무경식에 해당한다. 관창리유적에서는 이단경식과 무경식이 각 1점씩만 출토되었으며(그림 41-5 · 9), KC-087호 출토 이단경식 석촉도 전형적 형태는 아니기 때문에 대부분의 석촉 형식이 일단경식이라고 할 수 있다. 이단경식과 무경식은 청동기시대 전기를 대표하는 형식이며, 일단경식은 한강유역을 제외한 중서

부・영호남지역에서 청동기시대 전기후반 이후부터 주로 이용된 형식이기 때문에,[9] 석촉의 출토양상도 양 유적의 시기 차이와 유적별 동시기성을 반증하고 있다. 한편, 석촉의 기능은 일반적으로 수렵용으로 생각되지만, 원거리 무기로 사용되었을 가능성도 있다.[10] 만약, 양 유적에서 출토된 석촉의 대다수가 무기로 이용되었다고 한다면, 출토량이 많은 것을 통하여 유적내, 혹은 다른 지역집단과의 긴장관계가 있었음을 추정할 수 있다. 그러나 집단 간 갈등에 의한 결과물이라 판단되는 환호나 목책시설,[11] 또는 화재주거지의 증가 양상[12] 등이 확인되지 않는 것을 볼 때, 석촉의 기능은 구릉부에 위치한 유적의 입지조건과 관련하여 주로 수렵 행위에 이용된 것으로 추정된다.

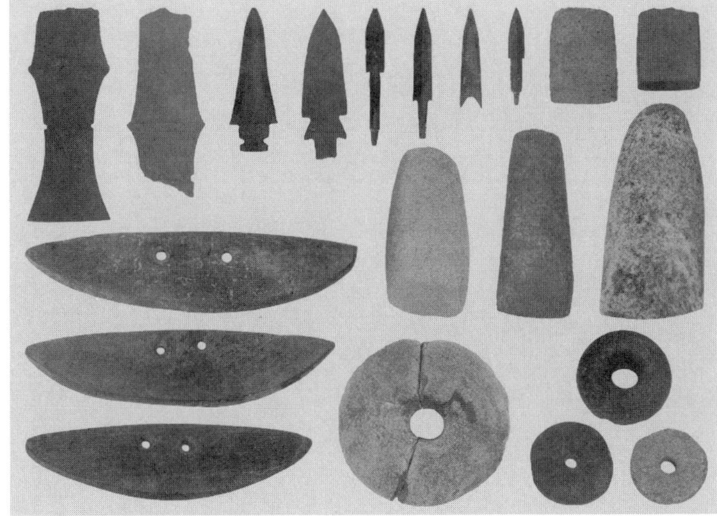

사진 26 | 백석동유적 출토 마제석기류

石刀는 백석동유적에서 35점, 관창리유적에서 25점이 확인되었다(그림 40-14・15・41-18~21). 형태에 따라 舟形, 魚形, 三角形으로 구분되는데, 백석동유적에서는 주로 주형과 어형이 출토되었다. 관창리유적 출토품은 삼각형이 대다

8) 황기덕은 석촉의 날개 유무를 근거로 하여 날개가 있는 것은 무기, 날개가 없는 것은 수렵용으로 판단하였다. 그러나 현재까지의 연구성과를 통해 볼 때, 석촉의 형태적 차이를 시기적 변화와 지역적 차이에 기인한 것으로 파악한 崔盛洛의 견해가 보다 타당한 것으로 판단된다.
황기덕, 1965, 「무덤을 통하여 본 우리나라 청동기시대 사회관계」 『고고민속』4, 사회과학원출판사, p.19.
崔盛洛, 1982, 「韓國 磨製石鏃의 考察」 『韓國考古學報』12, 韓國考古學硏究會, p.291.

9) 宋滿榮, 1995, 『中期 無文土器時代 文化의 編年과 性格』, 崇實大學校大學院 碩士學位論文, p.51.

10) 崔盛洛, 1982, 앞의 논문, p.291.

11) 鄭澄元, 1991, 「初期農耕遺跡の立地環境」 『日韓交涉の考古學』, 六興出版, p.38.

12) 宋滿榮, 1996, 「火災住居址를 통해 본 中期 無文土器時代 社會의 性格」 『古文化』51, 韓國大學博物館協會.

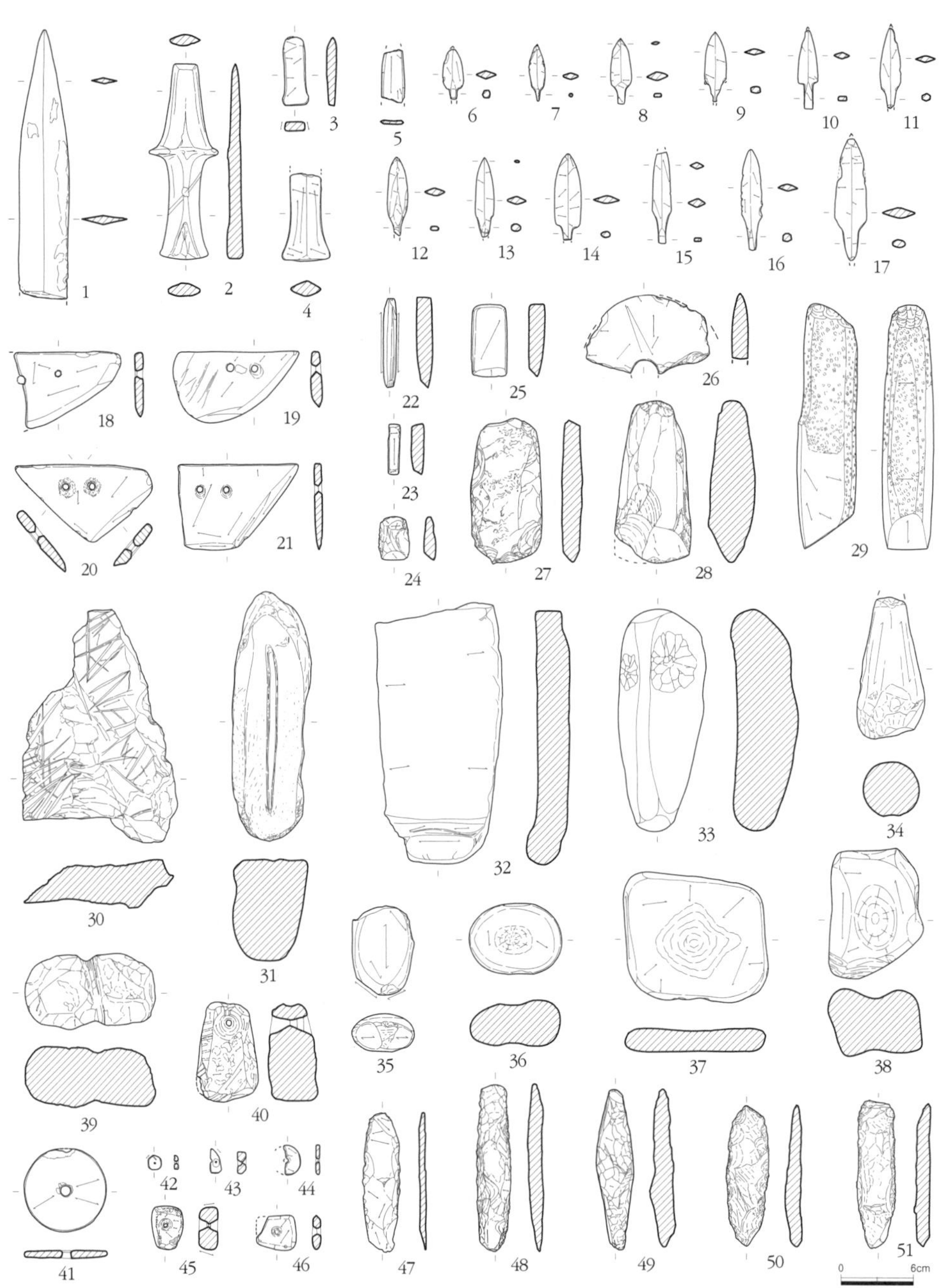

그림 41 | **관창리유적 B구역 주거지 출토 마제석기류**

수를 차지하며 주형은 KC-001호 주거지에서만 1점 확인되었다(그림 41-18). 어형은 청동기시대 전기, 삼각형은 후기에만 출토되는 형식으로,[13] 석도의 형식에 있어서도 유적별 출토유물상의 유사함이 간취된다. 석도의 기능이 이삭을 따는

穗摘具임은 石毛直道의 사용실험에 의하여 확인된 바 있으며,[14] 최근에는 몇몇 특수한 형태의 석도에 대한 사용흔 분석이 행하여져 그 기능이나 사용법이 일부 밝혀지고 있다.[15] 한편, 관창리유적에서 출토량의 대다수를 차지하는 삼각형석도는 대규모의 도작을 행하기 위하여 발생한 석도로,[16] 제작을 간략화하고[17] 날의 사용면적을 최대화하기 위하여 고안되었다고 보는 견해[18]가 있지만, 밭농사에 있어서 사용되었을 가능성도 배제할 수는 없다.[19] 아무튼 농경과 관련된 수확용 도구임은 분명하다.

石斧는 백석동유적에서 59점, 관창리유적에서 117점이 확인되었다(그림 40-16~19 · 41-22~29). 일차적으로 마제와 타제(그림 41-27)로 구분되며, 마제석부는 刃部의 형태에 따라 蛤刃(그림 40-16 · 41-28)과 片刃으로 세분된다. 편인석부는 다시 柱狀片刃石斧와 有溝石斧(그림 41-29), 그리고 비교적 소형 석부인 扁平片刃石斧(그림 40-17 · 41-25)와 石鑿(그림 40-18 · 41-22 · 23)으로 구분

사진 27 | 관창리유적 출토 마제석기류

13) 孫晙鎬, 2002, 「韓半島 出土 半月形石刀의 變遷과 地域相」『先史와 古代』17, 韓國古代學會, p.120.

14) 石毛直道, 1968, 「日本稻作の系譜(上)」『史林』51-5, 史學硏究會.

15) 御堂島正, 1989, 「『抉入打製石庖丁』の使用痕分析」『古代文化』6-41, 財團法人古代學協會.
________, 1990, 「『橫刃型石庖丁』の使用痕分析」『古代文化』1-42, 財團法人古代學協會.
松山聰, 1992, 「石庖丁の使用痕」『大阪文化財硏究』3, 財團法人大阪文化財センター.
齋野裕彦 · 松山聰 · 山村信榮, 1999, 「大型石庖丁の使用痕分析」『古文化談叢』42, 九州古文化硏究會.

16) 金相冕, 1985, 『三角形石刀의 一硏究』, 嶺南大學校大學院 碩士學位論文, pp.47~48.

17) 金元龍, 1963, 「靈岩郡 月松里의 石器文化」『震檀學報』24, 震檀學會, p.141.

18) 安承模, 1985, 『韓國半月形石刀의 硏究』, 서울大學校大學院 碩士學位論文, p.54.

19) 孫晙鎬, 2002, 앞의 논문, p.133.

된다. 백석동유적에서는 합인석부가 38점으로 대다수를 차지하지만, 이와 반대로 관창리유적 출토품 중에서는 타제석부 5점, 합인석부 3점을 제외한 나머지 대부분이 편인석부로 확인되어 상반된 양상을 보인다. 이밖에 유구석부는 관창리유적에서만 발견되었으며, 환상석부는 백석동유적에서 3점, 관창리유적에서 1점 출토되었다(그림 40-19 · 41-26). 한편, 편인석부 가운데에는 평면형태가 비교적 불규칙하며 소형에 편인을 이루는 것들이 있다(그림 41-24). 이러한 석기들을 모두 석부로 명명하는 것은 다소 무리라고 생각하지만, 사용흔의 관찰결과 편평편인석부나 석착과 동일한 기능을 수행한 것으로 판단되어 일단 석부류에 포함하였다. 일반적으로 타제석부는 굴지구로서의 기능이 상정되며,[20] 대형의 합인석부는 벌채용, 편인석부는 목기의 가공용으로 이용되었다고 본다.[21] 또한, 편인석부 가운데 유구석부를 포함한 주상편인석부는 목기의 1차 가공용 석부이며, 편평편인석부와 석착은 2차 가공용 석부로 인식되기도 한다.[22] 석부로 제작된 목기의 대다수가 농경에 이용되었다고 한다면,[23] 타제석부와 합인석부를 포함한 대부분의 석부류를 농경관련 도구로 상정하는 것이 가능하다. 4점이 출토된 환상석부는 무기의 기능을 갖는 棍棒頭로 추정되는데,[24] 전투지휘용이나 族長의 象徵具로 보는 견해도 있다.[25]

砥石은 백석동유적에서 75점, 관창리유적에서 196점이 확인되는데(그림 40-20 · 21 · 41-30 · 31), 대부분의 주거지에서 출토되고 있다. 지석의 형태는 매우 다양하며, 크기에 있어서도 편차가 크다. 이는 지석이 일정한 형식으로 제한되지 않고 필요에 의하여 적당한 크기와 형태로 사용되었음을 보여준다. 지석의 용도는 석기가공용 도구임이 분명한데, 특수한 형태로 溝狀의 긴 홈이 파여진 지석이 소수 존재한다. 이들 중 몇몇은 옥기 제작과 관련되었을 가능성도 있지만, 일반

---

20) 安在晧, 2000, 「韓國 農耕社會의 成立」『韓國考古學報』43, 韓國考古學會, p.51.

21) 佐原眞, 1977, 「石斧論」『考古論集』, 松崎壽和先生退官記念事業會編.

22) 裵眞晟, 2000, 『韓半島 柱狀片刃石斧의 硏究』, 釜山大學校大學院 碩士學位論文, pp.82~83.

23) 송국리문화단계에 이루어진 木材加工技術의 체계화는 벼농사를 중심으로 한 도구체제로의 전환이라 할 수 있다. 따라서 이 시기에 비약적으로 증가한 목기제작도구의 대부분은 농경구를 만들기 위한 것으로 추정된다.
趙現鐘, 2000, 「農工具의 變遷과 生産量의 增大」『韓國 古代의 稻作文化』국립중앙박물관 학술심포지움 발표요지, 국립중앙박물관, pp.50~51.

24) 尹德香, 1983, 「石器」『韓國史論』13, 國史編纂委員會, p.19.

25) 盧爀眞, 1984, 「江原地方의 磨製石斧」『論文集』2, 翰林大學, p.96.

적으로 옥기 제작용 지석에서 확인되는 나란하게 배치된 다수의 홈은 관찰되지 않는다. 관창리유적 KC-019호 주거지 출토품과 같이 홈의 단면 형태가 반원형인 것(그림 41-31)은 나무로 된 화살대를 연마하는 용도가 상정되기도 하지만,[26] 홈의 단면이 'V' 자를 이루는 KC-038호 주거지 출토품(그림 41-30) 등은 별도의 용도가 있었을 것으로 추정된다. 한편, 홈이 있는 지석이라 하더라도 홈 이외의 곳에서 무수한 마연흔이 관찰되는 것을 볼 때, 이들 모두가 기본적으로 석기의 제작에 이용되었음을 알 수 있다.

食糧處理具는 백석동유적에서 24점, 관창리유적에서 77점이 확인되었다(그림 40-22~24 · 41-32~38). 硏石, 磨石, 石皿, 凹石, 敲石 등을 모두 포함한 것으로, 주로 식물식량의 처리에 이용된 석기로 추정된다. 식량처리구는 지석과 마찬가지로 특정한 형태를 이루지 않기 때문에 형태상의 세분이 불가능하다. 다만, 연석(그림 40-22 · 41-32)은 마석(그림 41-35)과 함께 製粉具로, 석명(그림 41-37 · 38)은 요석(그림 41-36), 고석(그림 40-24 · 41-33 · 34)과 세트를 이루어 견과류 파쇄용구로 각각 상정되는데, 이 또한 명확한 구분을 할 수 없기 때문에 모두 합하여 식량처리구로 분류하였다. 백석동유적에서는 제분구가 7점, 견과류 파쇄용구가 17점으로 양자 간의 차이가 상대적으로 적은 편이지만, 관창리유적에서는 제분구가 단 4점만 출토될 뿐 나머지 73점이 견과류 파쇄용구이다. 관창리유적에서 식량처리구의 대부분을 차지하는 석명은 중앙부가 약간 들어간 형태로 植物質資料의 粉碎에 이용된 받침용 석기이며, 요석은 평면 원형의 양쪽 가운데에 홈이 있는 석기로 周緣에 打擊痕이나 磨痕이 있어 고석과 함께 두드리는 용도가 상정된다.[27] 그러나 이들 석기류가 반드시 식량의 처리에만 이용된 것은 아니다. 관창리유적 KC-007호 주거지 출토 마석의 경우 도면상 좌측 하단에서 적색 부분이 관찰되는데(그림 41-35), 이를 통하여 마석이 적색 안료를 분쇄하는 데에도 이용되었음이 추정된다.[28] 또, KC-010 · 020호 주거지 출토 석명은 지석으로도 사용하였으며(그림 41-37 · 38), KC-099호 주거지 출토 고석과 같이 지석, 요

26) 潮見浩, 1988, 『圖解技術の考古學』, 有斐閣選書, p.61.

27) 平井勝, 1991, 『彌生時代の石器』考古學ライブラリー 64, ニュー・サイエンス社, p.97.

28) 日本 長野市 松原遺蹟 출토 마제석기에 대한 X線回折分析 결과 부착된 적색물질은 Bengala-酸化第二鐵을 주성분으로 하는 붉은 색 안료임이 확인되었다.
長野縣教育委員會, 2000, 『上信越自動車道 埋藏文化財發掘調查報告書』5.

석, 고석의 기능을 모두 수행한 예도 있다(그림 41-33). 이러한 양상은 이들 식량 처리구가 특정한 형태를 이루지 않는 동시에 일정한 기능으로 한정되지 않았음을 보여준다. 한편, 고석의 경우 석기제작소로 추정되는 新安 伏龍里遺蹟[29]에서 출토된 바 있어 석기제작용 도구로 볼 수도 있지만, 석기 형태나 사용흔 관찰만으로는 구분이 어렵기 때문에 따로 세분하지 않았다.

錘類는 紡錘車, 石錘, 漁網錘, 小型透孔石器를 모두 합하여 백석동유적에서 36점, 관창리유적에서 62점이 출토되었다(그림 40-25~28 · 41-39~46). 이 가운데 방추차가 각각 34점, 46점으로 가장 많은 수량을 차지한다(그림 40-25 · 26 · 41-41). 토제 방추차(그림 40-25)도 석제 방추차와 기능상 차이가 없는 것으로 판단되기 때문에 마제석기류에 포함하였다. 석추로 분류된 것은 백석동유적에서 1점, 관창리유적에서 7점 출토되었는데, 형태상 끈을 묶기 위하여 홈을 판 것(그림 40-27 · 41-39)과 구멍을 뚫은 것(그림 41-40)으로 구분된다. 용도에 대해서는 구멍이 뚫린 것은 무게를 다는 權石으로,[30] 홈을 판 것은 방직시에 사용하는 고드랫돌로 사용되었다는 견해가 있다.[31] 이 가운데 구멍이 뚫린 관창리유적 KC-063호 주거지 출토품의 경우 安眠島 古南里貝塚[32]과 舒川 漢城里遺蹟[33] · 堂丁里遺蹟[34] · 道三里遺蹟[35] 등 서해안일대의 유적에서만 확인되는 지역성을 보인다. 석추의 무게는 가장 가벼운 것이 115g이며 가장 무거운 것은 502g으로 계측되어 방추차에 비하여 상당히 무거운 편이다. 한편, 석추와 소형투공석기(그림 41-42~46)의 石材 가운데 滑石이 반수 이상을 차지하는 것이 주목된다. 관창리유적에서 출토된 석기의 석재 대부분이 유적의 인근에 분포하는 것에 반하여 활석광산은 유적으로부터 북동쪽으로 약 7km 정도 떨어진 지점에 위치한다.[36] 따라

29) 李榮文 · 金京七 · 曺根佑, 1996, 「新安 伏龍里 出土 石器類」 『碩晤尹容鎭敎授 停年退任紀念論叢』.

30) 金元龍, 1969, 「仁川出土의 一石錘」 『歷史敎育』 11 · 12, 歷史敎育硏究會, p.283.

31) 吳相卓 · 姜賢淑, 1999, 앞의 책, p.170.

32) 金秉模 · 兪炳隣, 1997, 『安眠島 古南里 貝塚』, 漢陽大學校博物館.

33) 國立扶餘博物館, 2000, 『舒川 漢城里』.

34) 國立扶餘文化財硏究所, 1998, 『堂丁里』.

35) 李弘鍾 · 孫晙鎬 · 趙은지, 2005, 『道三里遺蹟』, 高麗大學校考古環境硏究所.

36) 도성재, 2001, 「忠南 保寧市 舟橋面 寬倉里에서 出土된 石器遺物들에 대한 考古巖石學的 硏究」 『寬倉里遺蹟』, 高麗大學校埋藏文化財硏究所, p.603.

서 활석으로 제작된 석추와 소형투공석기는 비교적 먼 거리에서의 석재 이동을 상정할 수 있으며, 취득의 容易性과 관계없는 특정 석재에 대한 수요가 있었음이 추정된다. 이밖에 어망추는 백석동유적에서 토제품 1점이 출토되었다(그림 40-28).[37]

半成品은 관창리유적에서만 70점이 확인되었으며, 백석동유적에서는 출토되지 않았다(그림 41-47~51).[38] 본 절에서의 반성품이란 석기를 완성하지 못하고 폐기된 미제석기를 뜻하는 것이 아니라, 일정한 형태와 규모를 가진 석기 半製品을 의미한다. 형태는 대체로 세장방형을 이루며, 길이 약 10cm 내외, 폭 약 3cm 내외이다. 석재는 대부분 셰일이 많다. 좌우 측면은 타격조정하였으며, 일부 마연흔도 관찰된다. 이러한 석기들은 형태나 규모면에서 소형의 석검이나 석부류, 석촉 등의 미제품으로 추정된다. 일본 내에서의 석기 생산과 유통에 있어서 이와 같은 반성품으로서의 이동이 상정된 바 있기 때문에,[39] 이들을 따로 분류하는 것이 가능하다.

마지막으로 不明石器는 용도를 파악할 수 없는 석기류의 파손품 또는 미제석기이다. 불명석기에서도 뚜렷한 인공의 흔적이 확인되기 때문에 석기제작과 관련된 것임은 분명하다. 다만, 석기의 기능별 분류에 의한 조성비를 살필 때에는 석기 간의 비율을 왜곡시킬 수 있기 때문에 분석대상에서 제외한다.

3. 組成比 比較를 통한 生計類型 復原

앞에서 기능별로 분류된 석기의 조성비를 통하여 백석동과 관창리 취락의 생계유형 복원을 시도해 보고자 한다. 검토대상은 석기의 기능상 생업활동에 이용된 것만으로 한정하였다(표 15). 석검, 환상석부, 석추, 소형투공석기는 상징적인 의미가 강한 것으로 판단하여 검토대상에서 제외하였으며, 뚜렷한 기능을 파

37) 어망추도 방추차와 마찬가지로 토제품과 석제품의 기능이 차이가 없는 것으로 판단되기 때문에 양자 모두를 분석대상에 포함하였다.

38) 黃昌漢은 반성품을 船形石器라 명명하였으며, 이를 이용한 마제석기의 제작을 송국리문화단계의 특징으로 파악하였다.
黃昌漢, 2004,「無文土器時代 磨製石鏃의 製作技法 硏究」『湖南考古學報』20, 湖南考古學會, p.45.

39) 酒井龍一, 1991,「彌生時代の石器生産」『季刊考古學』35, 雄山閣, p.62.

악할 수 없는 반성품과 불명석기도 제외하였다. 백석동유적에서 출토된 어망추는 여러 개가 모여 하나의 도구를 이루기 때문에 수량상으로 다른 석기와 비교하기 곤란하며, 석기 간 비율을 왜곡시킬 가능성이 높다.[40] 따라서 어구도 조성비의 비교에 있어서는 제외하며, 단지 어망추의 존재를 통하여 어로활동을 추정하는 것만이 가능하다.

표 15 | 관창리유적 B구역 주거지 출토 마제석기의 기능별 분류

분류 / 유적명	수렵구	농경관련구		석기가공구	식량 처리구	방직구	계
	석촉	석도	석부	지석		방추차	(%)
백석동 B구역	70 (23.8)	35	56	75 (25.5)	24 (8.2)	34 (11.6)	294 (100)
		91(30.9)					
관창리 B구역	170 (27.0)	25	116	196 (31.1)	77 (12.2)	46 (7.3)	630 (100)
		141(22.4)					

마제석기의 기능별 조성비를 통하여 취락 내에서 어떠한 생업활동이 보다 빈번하게 이루어졌는가를 추정할 수 있다. 그러나 고고학적으로 획득된 자료가 당시의 상황을 그대로 반영할 수 없음을 생각하면, 마제석기만을 통하여 당시의 생업활동을 복원하는 것은 무리가 있다. 특히, 석기의 조성비를 고려할 때에는 하나의 유적에서 출토된 유물만을 검토대상으로 하였을 경우 오류를 범할 가능성이 높다.

예를 들면 관창리유적에서는 농경관련구보다 수렵구인 석촉의 출토비율이 조금 높은데, 이를 근거로 수렵행위가 농경행위보다 빈번하게 발생하였다고 말할 수는 없다. 석촉은 원거리 목표물 적중을 목적으로 제작되었기 때문에 그만큼 다른 석기류에 비하여 亡失率이 높다는 점을 상기하여야 한다. 즉, 석촉은 도구의 특성상 망실율을 감안하여 대량으로 제작되었을 가능성이 있으며, 그 결과 다른 석기에 비하여 다량 출토되었을 수도 있다. 그러므로 이러한 각 석기의 특성을 생각한다면, 한 유적 내에서의 석기 조성비보다는 다른 유적의 조성비와 비교하는 것이 바람직하다.

본 절에서는 백석동·관창리유적과 함께 청동기시대를 대표하는 대단위 취

40) 林尙澤, 2001, 「中西部 新石器時代 石器에 대한 初步的 檢討 I」『韓國新石器硏究』1, 韓國新石器硏究會, p.61.

락유적에서 출토된 마제석기의 조성비를 비교·검토하였다. 석기 출토량이 소수인 유적 자료는 당시의 생활상을 왜곡할 가능성이 크기 때문에, 검토대상 유적은 생활유구에서 출토된 마제석기의 총량이 200점을 넘는 것만으로 제한하였다.[41] 분묘에서 출토된 마제석기의 경우 생활상을 반영한다고 보기 어렵기 때문에 검토대상에서 제외하였다.

보고서가 출간된 대단위 취락유적 중에서 마제석기 출토량이 200점을 넘는 것은 백석동유적과 관창리유적을 포함하여 모두 9개이다(표 16). 시기별로 보면 청동기시대 전기의 유적이 4개, 후기의 유적이 5개이다.[42] 유적의 입지환경에 따라서는 구릉지와 충적대지로 구분된다. 각각의 유적에서 출토된 마제석기의 분류는 백석동·관창리유적과의 비교를 위하여 동일한 분류기준으로 구분하였다. 양 유적에서는 출토되지 않았으나 다른 유적에서 확인된 유물에 대해서도 그 기능을 추정하여 분류하였다. 예를 들면 석겸은 그 기능을 수확구로 추정하여 농경관련구에 포함하였으며, 찰절석기·천공구는 석기가공구, 투석은 수렵구로 분류하였다. 부리형석기의 기능에 대해서는 다양한 견해가 존재하지만, 최근 실시된 사용흔 분석 결과 사용에 의한 흔적이 전혀 확인되지 않았기 때문에 실생활에 이용되었다고 보는 것은 무리가 있다.[43] 따라서 검토대상에서는 제외하였다.

유적 간의 조성비 비교를 보다 용이하게 하기 위하여 도면으로 나타낸 것이 〈그림 42〉이다. 그림의 비교를 통하여 관찰되는 백석동유적 마제석기 조성비의 특징은 방직구가 다른 유적에 비하여 많다는 점을 들 수 있다. 이와 달리 관창리유적에서는 식량처리구가 다수를 차지하고 있다. 그 밖의 마제석기류 조성비는 다른 유적과 비교하여 큰 차이를 보이지 않고 대체적으로 평균적인 수치를 유지하고 있다. 여기서 주목되는 것은 백석동·관창리·송국리 3개 유적의 마제석기 조성비가 유사하다는 점이다. 이들 3개 유적은 구릉에 입지하며, 모두 금강유역

---

41) 酒井龍一은 마제석기 출토량 50~100점 정도를 어느 정도의 신뢰성을 가진 자료로 인정하였다. 단, 50점 정도라면 다른 유적 출토품과의 비교·검토가 필요하다고 한다.
酒井龍一, 1986, 「石器組成からみた彌生人の生業行動パターン」『文化財學報』4, 奈良大學文學部文化財學科, pp.19~20.

42) 청동기시대의 시기구분은 문화상 전반에 대한 급격한 변화를 기준으로 삼은 李弘鍾의 구분안을 받아들였다. 송국리문화의 등장과 함께 마제석기의 양상이 크게 변화하기 때문에 석기의 연구에 있어서는 이러한 시기구분안을 적용하는 것이 가장 타당하다고 생각한다.
李弘鍾, 2000, 「無文土器가 彌生土器 성립에 끼친 영향」『先史와 古代』14, 韓國古代學會, pp.5~6.

유적명	시기	입지	수렵구	농경관련구		석기 가공구	식량 처리구	방직구	어구	계 (%)	참고 문헌
				석도	석부						
흔암리	전기	구릉	142	38	101	21	17	18	78	337	①
			(42.1)	139(41.3)		(6.2)	(5.0)	(5.4)		(100)	
미사리	전기	충적대지	46	7	73	50	12	16	128	204	②
			(22.6)	80(39.2)		(24.5)	(5.9)	(7.8)		(100)	
조동리	전기	충적지대	88	26	176	54	50	20	317	414	③
			(21.3)	202(48.8)		(13.0)	(12.1)	(4.8)		(100)	
백석동 B구역	전기	구릉	70	35	56	75	24	34	1	294	④
			(23.8)	91(30.9)		(25.5)	(8.2)	(11.6)		(100)	
관창리 B구역	후기	구릉	170	25	116	196	77	46	0	630	⑤
			(27.0)	141(22.4)		(31.1)	(12.2)	(7.3)		(100)	
송국리	후기	구릉	79	44	50	107	14	25	0	319	⑥
			(24.8)	94(29.5)		(33.5)	(4.4)	(7.8)		(100)	
대곡리	후기	충적대지	83	28	19	34	6	24	17	194	⑦
			(42.8)	47(24.2)		(17.5)	(3.1)	(12.4)		(100)	
동천동	후기	충적대지	37	37	97	79	13	5	13	268	⑧
			(13.8)	134(50.0)		(29.5)	(4.8)	(1.9)		(100)	
대평리	후기	충적대지	537	248	408	1,701	283	106	202	3,283	⑨
			(16.4)	656(20.0)		(51.8)	(8.6)	(3.2)		(100)	
평균조성비(%)			26.0	34.0		25.8	7.3	6.9		100	

① 金元龍 · 任孝宰 · 崔夢龍 · 呂重哲 · 郭乘勳, 1973, 『欣岩里 住居址』, 서울大學校附屬博物館 · 仝考古人類學科; 서울大學校附屬博物館 · 同考古人類學科, 1974, 『欣岩里 住居址』; 서울大學校博物館 · 同考古學科, 1976, 『欣岩里 住居址』3; 任孝宰, 1978, 『欣岩里 住居址』4, 서울大學校博物館 · 同人文大考古學科.

② 渼沙里先史遺蹟發掘調査團, 1994, 『渼沙里』1 · 2; 林炳泰 · 崔恩珠 · 金武重 · 宋滿榮, 1994, 『渼沙里』3, 渼沙里先史遺蹟發掘調査團; 任孝宰 · 崔鍾澤 · 林尙澤 · 吳世筵, 1994, 『渼沙里』4, 渼沙里先史遺蹟發掘調査團; 尹世英 · 李弘鍾, 1994, 『渼沙里』5, 渼沙里先史遺蹟發掘調査團.

③ 李隆助 · 禹鍾允, 2001, 『忠州 早洞里 先史遺蹟』Ⅰ, 忠北大學校博物館; 李隆助 · 禹鍾允 · 李承源, 2002, 『忠州 早洞里 先史遺蹟』Ⅱ, 忠北大學校博物館.

④ 李南奭 · 李 勳 · 李賢淑, 1998, 앞의 책; 李南奭 · 李賢淑, 2000, 앞의 책.

⑤ 李弘鍾 · 姜元杓 · 孫晙鎬, 2001, 앞의 책.

⑥ 姜仁求 · 李健茂 · 韓永熙 · 李康承, 1979, 『松菊里』Ⅰ, 國立中央博物館; 지건길 · 안승모 · 송의정, 1986, 『松菊里』Ⅱ, 국립중앙박물관; 국립중앙박물관, 1987, 『松菊里』Ⅲ; 金吉植, 1993, 『松菊里』Ⅴ, 國立公州博物館; 國立扶餘博物館, 2000, 『松菊里』Ⅵ.

⑦ 全南大學校博物館, 1989, 『住岩댐 水沒地域 文化遺蹟 發掘調査報告書』Ⅵ; 全南大學校博物館, 1990, 『住岩댐 水沒地域 文化遺蹟 發掘調査報告書』Ⅶ.

⑧ 嶺南文化財硏究院, 2002, 『大邱 東川洞 聚落遺蹟』.

⑨ 趙榮濟 · 柳昌煥 · 李瓊子 · 孔智賢, 1999, 『晋州 大坪里 玉房 2地區 先史遺蹟』, 慶尙大學校博物館; 趙榮濟 · 柳昌煥 · 宋永鎭 · 孔智賢, 2001, 『晋州 大坪里 玉房 3地區 先史遺蹟』, 慶尙大學校博物館; 李亨求, 2001, 『晉州 大坪里 玉房 5地區 先史遺蹟』, 鮮文大學校; 鄭義道 · 崔鐘赫, 2001, 『晋州 玉房 7地區 先史遺蹟』, 慶南文化財硏究院; 國立晉州博物館, 2001, 『晉州 大坪里 玉房 1地區 遺蹟』Ⅰ · Ⅱ; 國立昌原文化財硏究所, 2001, 『晋州 大坪里 漁隱 2地區 先史遺蹟』Ⅰ; 國立昌原文化財硏究所, 2002, 『晋州 南江 漁隱 2地區 先史遺蹟』Ⅱ; 慶南考古學硏究所, 2002, 『晋州 大坪 玉房 1 · 9地區 無文時代 集落』; 沈奉謹, 2002, 『晋州 玉房遺蹟』, 東亞大學校博物館; 國立昌原文化財硏究所, 2003, 『晋州 大坪里 玉房 8地區 先史遺蹟』.

표 16 | 청동기시대 대단위 취락 출토 마제석기의 기능별 분류

에서 확인된 유적이라는 공통점이 있다. 생업활동이라는 측면이 입지환경과 상관성이 높다는 점을 감안하면, 이들은 입지와 관련하여 동일한 마제석기 조성비가 확인된 것으로 판단된다.

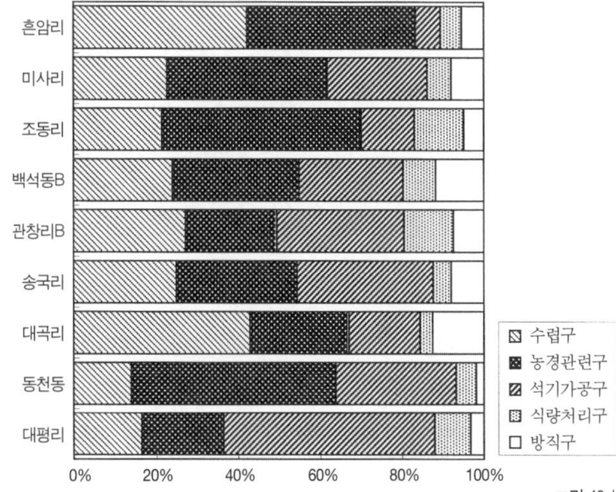

그림 42 | 유적별 마제석기 조성비

한편, 구릉에 위치한 흔암리유적의 경우 이들 유적과 조성비에서 큰 차이가 보인다. 이는 유적의 인근에 남한강이 자리하였기 때문으로, 구릉에 입지하면서도 하천자원을 이용한 다양한 생업활동이 존재하였던 것으로 추정된다. 백석동 · 관창리 · 송국리유적에서 어구의 출토량이 거의 없는 것과는 대조적으로 흔암리유적에서는 다수의 어구가 출토된 것을 볼 때 이러한 추정이 가능하다. 즉, 하천과 관련된 특수한 생업활동이 추정되는 흔암리유적을 제외하면, 구릉에 입지한 3개 유적의 조성비는 거의 대동소이하다. 이와 달리 충적대지상에 위치한 유적의 경우는 유적별로 석기 조성비의 차이가 심한 편이다. 구릉에 자리한 유적들에 비하여 다양한 생계경제 방식이 존재하였을 가능성이 높다.

결국, 구릉에 입지한 유적들은 환경적인 요인에 의하여 비교적 제한되고 고정적인 생업활동을 영위하였던 것으로 판단된다. 그렇지만 상기한 3개 유적 가운데 청동기시대 전기에 해당하는 백석동유적과 후기에 해당하는 관창리 · 송국리유적의 석기 조성비는 세부적으로 차이가 있다. 먼저, 백석동유적에서는 합인석부의 출토량이 다수를 차지하고 있다. 합인석부의 기능은 앞서 언급한 바와 같이 벌채용으로 상정되는데, 이미 이러한 석부의 우세를 통하여 백석동유적에서는 화전농경이 중심을 이루고 있었다고 추정된 바 있다.[44]

이와 달리 관창리 · 송국리유적에서는 목기 가공용인 편인석부가 다수를 점

43) 高瀨克範, 2003, 「Use-wear analysis of 'beak-shaped stone tool' from Dongho-dong site, Daegu, Korea」『大邱 東湖洞遺蹟』, 嶺南文化財硏究院.

44) 安在晧, 2000, 앞의 논문, p.51.

하는데, 이렇게 제작된 목기의 대부분은 논농사에 이용되었을 것이다.45) 관창리 유적에서는 논유구가 확인되었기 때문에 취락의 성격이 논농사를 기본으로 하는 농경사회였음을 알 수 있다.46) 물론, 조사 당시 홍수로 인하여 논유구의 전모를 밝히지는 못하였지만, 청동기시대의 논면이 토층상으로 확인되었기 때문에 대단위 취락에서 생활하던 당시인들의 주요한 경제활동이 농경이었을 것으로 추정된다.

그러나 백석동과 관창리 취락의 생업활동이 농경에만 국한되지는 않았을 것이다. 이는 유적에서 다수 출토된 석촉을 통하여 알 수 있는데, 구릉상에 위치한 유적의 입지와 관련하여 대규모의 수렵행위가 있었음이 추정된다. 이러한 석촉을 단순 수렵용이 아닌 집단 간 긴장관계에 의하여 발생한 살상용 무기로 볼 수도 있으나, 환호나 목책시설 등이 확인되지 않고 또 석검 등 무기류의 출토량도 빈약한 것을 볼 때, 갈등의 요소는 크지 않았던 것으로 판단된다.

한편, 상기한 농경과 수렵 이외에 채집생활도 당시인들에게는 중요한 경제활동이었을 것이다. 다른 유적에 비하여 높은 조성비를 차지하는 식량처리구 가운데 석명 · 요석 · 고석은 견과류 채집과 관련된 석기로, 가래 등과 같이 표면이 견고한 종자를 부수고 내부의 식용부분을 취하기 위하여 제작되었다.47) 이러한 견과류의 채집활동을 통하여 당시인들은 부족한 영양분을 섭취하였을 것이다. 관창리유적의 논유구와 주거지에서 가래나무의 열매가 다수 확인되고 있어 이와 같은 당시의 상황을 어느 정도 추정할 수 있다.

이상의 내용을 정리하면, 백석동 · 관창리유적의 생업활동은 구릉에 입지한 유적이 일반적으로 영위하던 생계경제 방식 즉, 어로활동을 제외한 농경, 수렵, 채집을 병행한 것으로 판단된다. 물론, 구체적인 농경 방식에 차이가 있지만, 농경에 기반을 둔 경제생활을 영위하는 동시에 자연지리적인 환경을 최대한 이용하여 수렵이나 채집활동도 행하였을 것이다. 이와 같이 다양한 생업활동이 존재하는 것이 농경사회의 일반적인 모습이다.48) 그러나 다른 유적과의 조성비 비교

---

45) 이들 3개 유적의 토양을 비교한 결과, 관창리 · 송국리유적이 보다 논농사에 적합한 지역임이 밝혀진 바 있다.

이기성, 2000, 『無文土器時代 住居樣式의 變化』, 서울大學校大學院 碩士學位論文, pp.15~16.

46) 李弘鍾 · 姜元杓 · 孫晙鎬, 2001, 앞의 책, pp.506~511.

47) 李弘鍾, 1997, 「韓國 古代의 生業과 食生活」『韓國古代史硏究』12, 한국고대사학회, pp.9~10.

를 통하여 볼 때 수렵이나 농경활동의 비율이 뚜렷하게 높은 것은 아니다. 오히려 채집활동이 상대적으로 활발하였을 가능성이 있다.

4. 住居址別 出土樣相을 통한 社會組織 復原

주거지별 마제석기의 출토양상을 살피기 위해서는 다수의 자료를 확보하는 것이 요구된다. 본 절의 검토대상인 백석동유적과 관창리유적에서는 각각 100여 기의 주거지와 다량의 마제석기가 출토되었지만, 백석동유적의 주거지 출토품은 268점으로 주거지 1기당 마제석기 출토량이 소수에 불과하기 때문에, 이를 통해 주거지 간의 관계를 상정하기에는 무리가 있다.[49] 따라서 분석은 마제석기의 출토량과 조사된 주거지 기수가 상대적으로 다수인 관창리유적을 중심으로 행하였다.

관창리유적의 마제석기 출토양상에서 가장 먼저 주목되는 것은 출토량이 월등하게 많은 주거지의 존재이다. KC-038호와 040호 주거지에서는 각각 48점과 98점이 출토되었다. 대부분의 주거지에서 10점 이하의 석기만이 확인되는 것에 비하면 상당히 많은 출토량이라 할 수 있다. 마제석기뿐만 아니라 토기류 또한 상당량 출토되었는데, 이러한 출토 양상은 주거지의 구조와 폐기과정에 기인한다. 즉, 두 유구는 깊이가 각각 68cm, 91cm로 B구역 주거지 가운데 가장 깊은 편에 해당한다. 또, 두 유구 모두 화재에 의하여 폐기되어 중앙부로 함몰된 목탄층이 확인되었으며, 대부분의 유물이 이 층에서 출토되었다. 화재로 폐기된 다른 주거지의 경우 유구 깊이가 상대적으로 얕기 때문에 유물이 포함된 목탄층이 지표면에 노출된 상태로 확인되었다. 그러나 KC-038·040호 주거지는 깊은 편이어서 유물포함 목탄층이 유구 내부에서 확인되었으며, 이로 인하여 지표면 삭평에 의한 유물의 결실을 피한 것으로 추정된다. 그러므로 이들 유구에서 출토된

48) 신숙정, 2001, 「우리나라 청동기시대의 생업경제」『韓國上古史學報』35, 韓國上古史學會, p.25.

49) 그러나 이러한 마제석기 출토량의 차이를 청동기시대 전기와 후기의 일반적인 양상으로 볼 수는 없다. 이는 주거지의 폐기과정이나 후대 훼손 정도의 차이, 조사기관별 조사 및 보고 방법의 차이에 기인할 수 있다. 특히, 백석동유적이 상대적으로 高地에 입지하기 때문에 표면토의 유실이 보다 심했을 가능성이 크다.

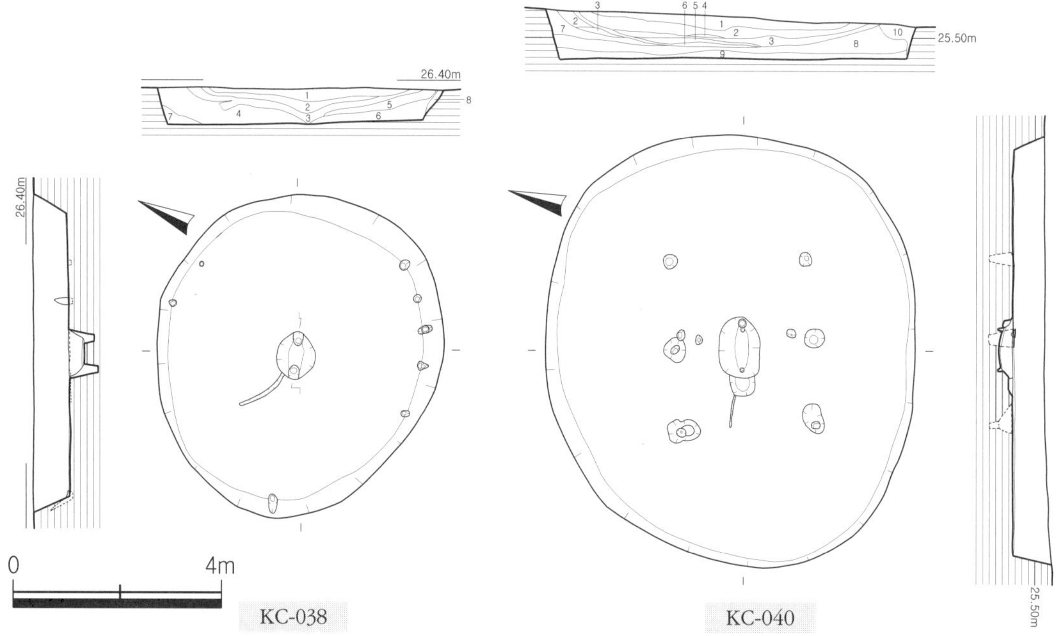

그림 43 | KC-038 · 040호 주거지 실측도

1. 흑갈색 점질토
2. 암갈색 점질토
(1과 3의 흙이 약간 혼입, 점성이 강함)
3. 흑갈색 점질토(목탄 다량 포함)
4. 황갈색 점질토(점성이 매우 강함)
5. 황갈색 점질토(4와 동일하나 약간 밝다)
6. 3과 동일
7. 암갈색 점질토
(2와 비슷, 점성이 강하고 약간 어두움)
8. 생토층

1. 흑갈색 점질토(색조가 연하며 입자가 거칠다)
2. 암갈색 점질토
3. 흑갈색 점질토(색조가 매우 진하며 입자가 거칠다)
4. 흑갈색 점질토
5. 흑갈색 점질토(4보다 색조가 연하다)
6. 흑갈색 점질토(황갈색에 가깝다)
7. 황갈색 점질토(점성이 강하다)
8. 암황갈색 점질토(점성이 강하고 입자가 거칠다)
9. 암갈색 점질토(흑갈색에 가깝다)
10. 회흑갈색 점질토

사진 28 · 29 | KC-038 · 040호 주거지 유물 출토 상황

李弘鍾 外 2001

유물은 관창리유적 주거지 출토품 가운데 주거 점유시의 상황을 가장 양호하게 반영한 것이라 판단된다.

이는 앞에서 살펴본 마제석기의 기능별 조성비 비교를 통하여서도 확인된다. 〈표 17〉은 KC-038 · 040호 주거지에서 출토된 마제석기의 조성비와 B구역 주거지 출토품 전체에 대한 비율을 비교한 것이다. 이를 보면 KC-038호와 040호 주거지에서 출토된 석기의 조성비가 관창리유적 B구역 전체 주거지의 양상과 대체로 유사함이 확인된다. 따라서 이들 두 유구에서 출토된 마제석기의 양상은 관창리취락의 전반적인 경향을 나타내는 것으로 볼 수 있다.

표 17 | KC-038 · 040호 주거지 출토품과 B구역 주거지 전체 출토품의 조성비 비교

유구번호	수렵구	농경관련구	석기가공구	식량처리구	방직구	계(%)
KC038	7(20.6)	10(29.4)	10(29.4)	6(17.6)	1(3.0)	34(100)
KC040	28(35.9)	22(28.2)	15(19.2)	6(7.7)	7(9.0)	78(100)
B구역 주거지 전체	170(27.0)	141(22.4)	196(31.1)	77(12.2)	46(7.3)	630(100)

일반적으로 주거지에서 출토된 유물이 점유 당시의 고고학적 맥락을 그대로 반영하는 경우는 거의 없다.[50] 따라서 이 절에서는 양호한 자료로 판단되는 KC-038 · 040호 주거지와 이들 유구에서 출토된 마제석기의 관계를 먼저 살펴본 다음, 여기서 확인되는 양상이 나머지 다른 주거지에서도 관찰되는지를 검토하여 취락의 전반적인 성격을 파악하고자 한다. KC-038호와 040호 두 주거지의 면적과 마제석기 출토량은 다음의 〈표 18〉과 같다.

표 18 | KC-038 · 040호 주거지 면적 및 마제석기 출토량

유구 번호	면적 (m^2)	석검	석촉	석도	석부	지석	식량 처리구	방추차	석추	소형투 공석기	반성품	불명 석기	계
KC038	25.9	1	7		10	10	6	1	1	3	3	6	48
KC040	44.5	1	28	2	20	15	6	7	1		11	7	98

먼저, KC-038호와 040호 주거지는 유구의 면적에서 차이가 보이는데, 이는 두 유구의 주거형식 차이에 기인한다. KC-038호 주거지는 내부 중앙에서 타원형 구덩이만 조사된 것에 반하여, KC-040호 주거지에서는 타원형 구덩이 주변으로 6개의 주공이 직사각형을 이루며 확인되었다. 일반적으로 이러한 형식의 주거지는 타원형 구덩이 주변에 주공이 없는 주거지보다 면적이 넓은 것으로 확인되고

50) 金承玉, 2000, 「호남지역 마한 주거지의 편년」『湖南考古學報』11, 湖南考古學會, p.38.

있으며, 그 집단의 지배계층이 사용하던 주거지로 보고 있다.[51)]

집단내의 계층분화 과정에서 상위신분을 지닌 자에 의해 점유된 주거지를 나타내는 고고학적 현상으로는 대규모의 주거지, 입지상의 우위, 최상위 계층 주거지들의 상호 밀접성, 공공건물과의 지리적 근접성, 위신재의 존재 등을 들 수 있다.[52)] 관창리취락에서도 이러한 양상이 일부 확인되는데, 중심주공이 4개 이상인 대규모의 주거지가 주로 표고 28m 이상의 높은 지점에 밀집 분포하고 있다.[53)] 이를 통하여 관창리취락의 주거지 면적이 어느 정도의 위계를 반영하고 있음을 추정할 수 있다.

이와 같이 주거지 간의 위계를 반영하는 주거지의 면적에 따라 마제석기의 출토량에도 차이가 보인다. 면적이 큰 KC-040호 주거지에서 보다 많은 수의 마제석기가 출토되었는데, 주거지 1㎡당 마제석기 출토량을 비교해 보면 KC-038호가 0.54, KC-040호가 0.46으로 거의 유사한 수량을 나타낸다. 즉, 출토양상이 양호한 두 주거지의 마제석기 출토량과 면적을 비교해 볼 때, 주거지의 면적이 증가함에 따라 마제석기의 수량 또한 일정한 비율로 증가하고 있음이 확인된다.

표 19 | 마제석기 출토량과 주거지 기수 · 평균면적의 관계

석기출토량(점)	주거지 기수(기)	평균 주거 면적(m²)
0~10	72	17.6
11~20	16	31.5
21~30	6	34.7

이러한 양상은 관창리유적 B구역의 다른 주거지에도 적용된다. 마제석기 출토량과 주거지 기수, 주거지 면적과의 관계를 나타낸 것이 〈표 19〉이다. KC-038 · 040호 주거지와 면적을 파악할 수 없는 KC-008-1 · 025 · 065호 주거지는 대상에서 제외하였다. 이 표는 마제석기 출토량이 증가함에 따라 주거지의 기수는 감소하는 반면, 주거지의 평균면적은 증가하고 있음을 보여준다. 이를 통하여 면적이 크고 마제석기의 출토량이 비교적 많은 소수 주거지가 유적내에 존재하

51) 金正基, 1996, 「青銅器 및 初期鐵器時代의 竪穴住居」『韓國考古學報』34, 韓國考古學會, p.51.
52) 金承玉, 1997, 「鋸齒文土器: 정치적 권위의 象徵的 表象」『韓國考古學報』36, 韓國考古學會, p.109.
53) 金載昊, 2000, 『松菊里型 住居址의 構造와 分布圈에 관한 硏究』, 東亞大學校大學院 碩士學位論文, p.40.

고 있다는 것이 확인된다. 상기한 바와 같이 관창리취락에 있어서 주거지의 면적이 위계를 반영한다고 보면, 주거지 면적과 마제석기의 출토량이 일정한 상관성을 나타내고 있어, 마제석기의 출토양상을 통해서도 주거지 간의 위계 설정이 가능하다. 결국, 마제석기의 출토량이 다수인 주거지를 상대적으로 위계가 높은 유구로 상정할 수 있으며, 바꾸어 말한다면 위계가 높은 주거지에서 다수의 마제석기가 출토된다고 할 수 있다.

청동기시대에는 생활의 대부분이 마제석기를 통하여 이루어지기 때문에 이를 이용한 기술은 현재 우리가 아는 상식을 뛰어넘는 단계에 도달했다고 추정된다.[54] 따라서 마제석기의 소유는 당시의 생업경제와 관련된 다양한 기술의 보유라는 측면에서 중요한 의미를 가질 수 있다. 즉, 마제석기를 다량 소유한 주거민의 경우 생업활동에 있어서 주도적인 역할을 할 수 있는 기술력을 확보함으로써 보다 높은 위계를 유지한 것으로 판단된다.

그런데 마제석기 출토량의 多少를 단순한 소유 개념만이 아닌 제작과 관련된 것으로 파악한다면, 상위 계층에서 보다 활발한 석기 제작이 이루어진 것으로도 볼 수 있다. 석기의 제작과 관련된 유물로는 지석과 반성품을 들 수 있는데, KC-038호에서 지석 10점, 반성품 3점이 출토된 것에 반하여 KC-040호에서는 지석 15점, 반성품 11점이 확인된다. 이를 통하여 주거지 면적이 확대됨에 따라 석기 제작과 관련된 유물의 출토량도 증가한다고 볼 수 있다. 즉, 주거지 간의 위계차에 따라 석기의 제작량에 있어서도 차이가 있었을 가능성이 있다.[55]

그러나 이러한 양상을 통하여 마제석기 출토량의 차이를 반드시 제작과 관련된 것으로만 볼 수는 없다. 석검과 같이 고도의 기술을 요하는 특수한 유물의 경우에는 전문적인 제작집단이 존재하였을 수도 있지만,[56] 지석이 대부분의 주거지에서 출토되고 있는 것을 볼 때 석기의 재가공이나 단순한 형태의 제작은 구

54) 김경칠, 2003, 「韓半島 出土 一段石斧에 對한 小考」『목포대학교박물관20주년기념논총』, 목포대학교박물관, p.99.

55) 도구의 제작을 담당한 집단이 상위의 위계를 구성하는 것은 Kenneth M. Ames의 "Embedded Specialists" 개념과 유사하다.
Kenneth M. Ames, 1995, Chiefly Power and Household Production on the Northwest Coast, In *Foundations of Social Inequality*, T. Douglas Price and Gary M. Feinman, eds., Plenum, p.158.

56) 金仙宇, 1994, 「한국 마제석검의 연구 현황」『韓國上古史學報』16, 韓國上古史學會, p.398.

성원 누구에게나 가능하였음이 추정된다.[57] 관창리유적 B구역에서 조사된 대다수의 주거지는 松菊里型住居址로, 석기제작과 관련된 유물이 다수 출토되고 있어 工房址로서의 성격이 상정되기도 한다.[58] 물론, 주거지의 문화적 전통성이라는 측면도 무시할 수 없지만,[59] 주거지의 특징적인 형태와 관련하여 석기의 제작 행위가 빈번하게 이루어진 것으로 판단된다.[60]

이상과 같이 관창리취락에 있어서 마제석기의 출토량은 주거지 간의 위계를 어느 정도 반영하는 것으로 판단된다. 이를 근거로 하여 관창리취락의 성격을 살펴보자. 취락의 성격에 대해서는 유구의 분포상황을 통하여 이미 추정된 바 있다. B구역 주거지 간의 면적 비교를 통하여 주거지 간의 위계가 강화되고 있음이 상정되었으며, 대형주거지의 밀집현상을 근거로 취락내 주거배치도 위계에 의하여 이루어졌음이 추정되었다.[61] 또한, B구역에서 조사된 高床家屋과 窯址가 유적 동남쪽에 집중되어 분포하는 양상을 통하여 단독 혹은 가족 공동체를 기본 단위로 활동이 이루어지면서도 특정 개인 혹은 취락 중의 중심군에 해당하는 어느 한 가족 공동체가 구성원들의 합의와 강제에 의해 취락 전체를 관리·통솔하였을 가능성이 제기된 바 있다.[62]

이러한 유구의 분포상황에 대한 해석과 앞서 언급한 마제석기의 출토양상을 비교하면, 취락 전체를 관리하는 주도적인 집단의 존재를 마제석기의 출토량으로 설명하는 것이 가능하다. 마제석기가 10점 넘게 출토된 주거지를 표시한 것이 〈그림 44〉이다. 이를 보면, 관창리취락은 마제석기가 다량 출토된 주거지를 중심으로 하여 5~8개의 군으로 구분할 수 있다. 구분된 각 군에는 상대적으로 위계

---

57) 이러한 砥石의 출토양상은 백석동유적에서도 확인된다.

58) 釜山廣域市立博物館福泉分館, 1998, 『晋州 貴谷洞 대촌遺蹟』, p.93.

59) 李弘鍾·孔敏奎·孫晙鎬, 2000, 『石谷里遺蹟』, 高麗大學校埋藏文化財硏究所, pp.102~103.

60) 송국리형주거지의 가장 큰 구조적 특징은 주거지 내부 중앙에 위치한 타원형 구덩이라 할 수 있다. 타원형 구덩이의 기능에 대해서는 지역에 따라 여러 가지의 용도 변경이 이루어진 것으로 추정되지만, 주 기능은 집수구 내지 작업용으로 보인다.
김규정, 2002, 「松菊里型住居址內 타원형구덩이 機能 檢討」 『호남문화재연구원 硏究論文集』 2, 湖南文化財硏究院, p.18.

61) 이홍종, 2003, 「忠南地域 松菊里型 住居址의 調査成果와 課題」 『충남지역 매장문화재 발굴조사의 성과와 과제』 충남역사문화연구소 제7회 워크샵, pp.26~27.

62) 李弘鍾, 2000, 「初期 農耕社會의 住居와 聚落」 『尹世英敎授 停年紀念論叢 韓國古代文化의 變遷과 交涉』, 刊行委員會, p.55.

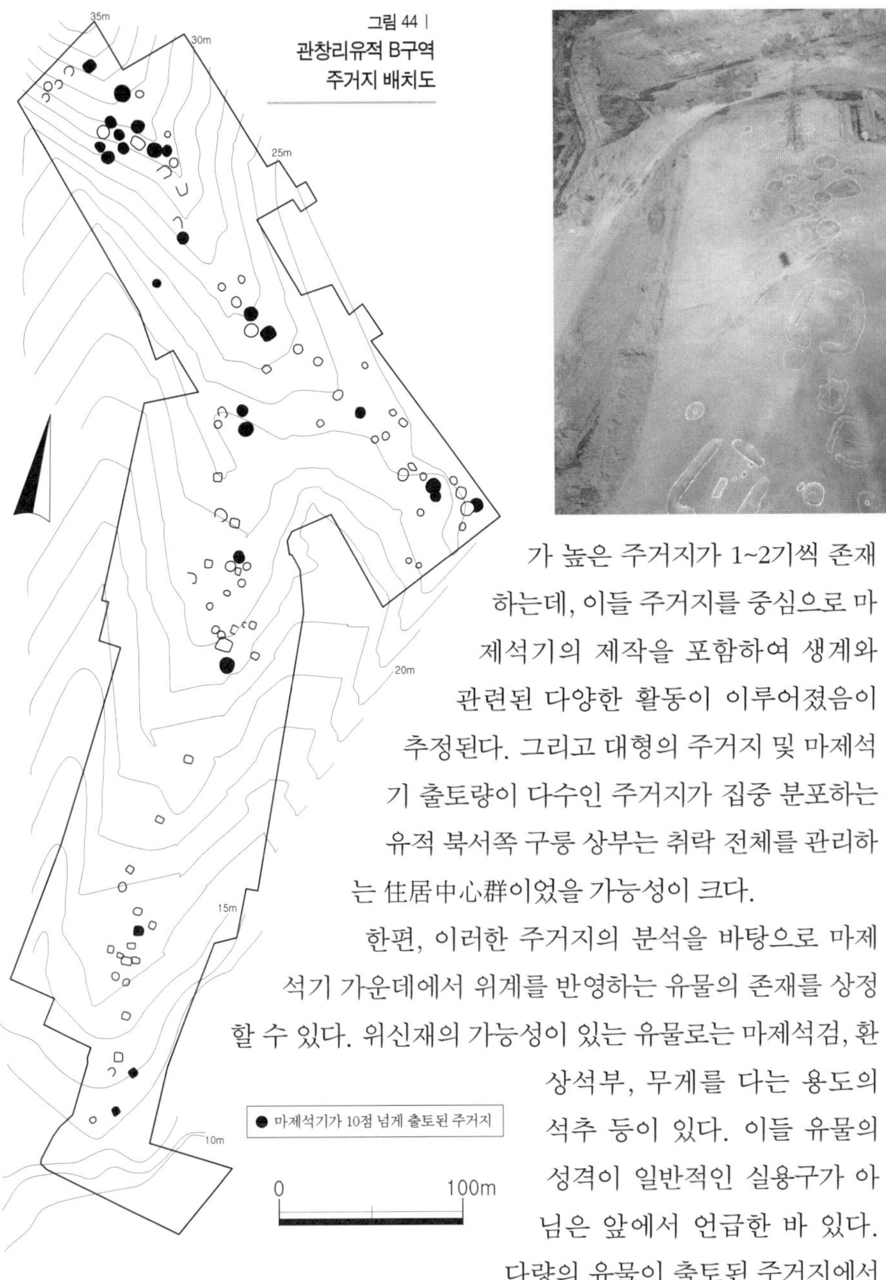

그림 44 | 관창리유적 B구역 주거지 배치도

사진 30 | 관창리유적 B구역 주거중심군

李弘鍾 外 2001

가 높은 주거지가 1~2기씩 존재하는데, 이들 주거지를 중심으로 마제석기의 제작을 포함하여 생계와 관련된 다양한 활동이 이루어졌음이 추정된다. 그리고 대형의 주거지 및 마제석기 출토량이 다수인 주거지가 집중 분포하는 유적 북서쪽 구릉 상부는 취락 전체를 관리하는 住居中心群이었을 가능성이 크다.

한편, 이러한 주거지의 분석을 바탕으로 마제석기 가운데에서 위계를 반영하는 유물의 존재를 상정할 수 있다. 위신재의 가능성이 있는 유물로는 마제석검, 환상석부, 무게를 다는 용도의 석추 등이 있다. 이들 유물의 성격이 일반적인 실용구가 아님은 앞에서 언급한 바 있다. 다량의 유물이 출토된 주거지에서도 출토량이 1~2점에 불과한 것은 이들 유물의 상징적인 의미를 부각하는 측면이라 생각한다. 이미 마제석검의 경우 입지상 우위를 보이는 비교적 대형의 주거지에서 출토된다는 연구도 발표된 바 있다.63) 그러나 관창리취락에 대한 분석에서는 상징적 성격이 강한 유물의 존재가 앞서 언급한 주거지 면적 · 마제석기 출

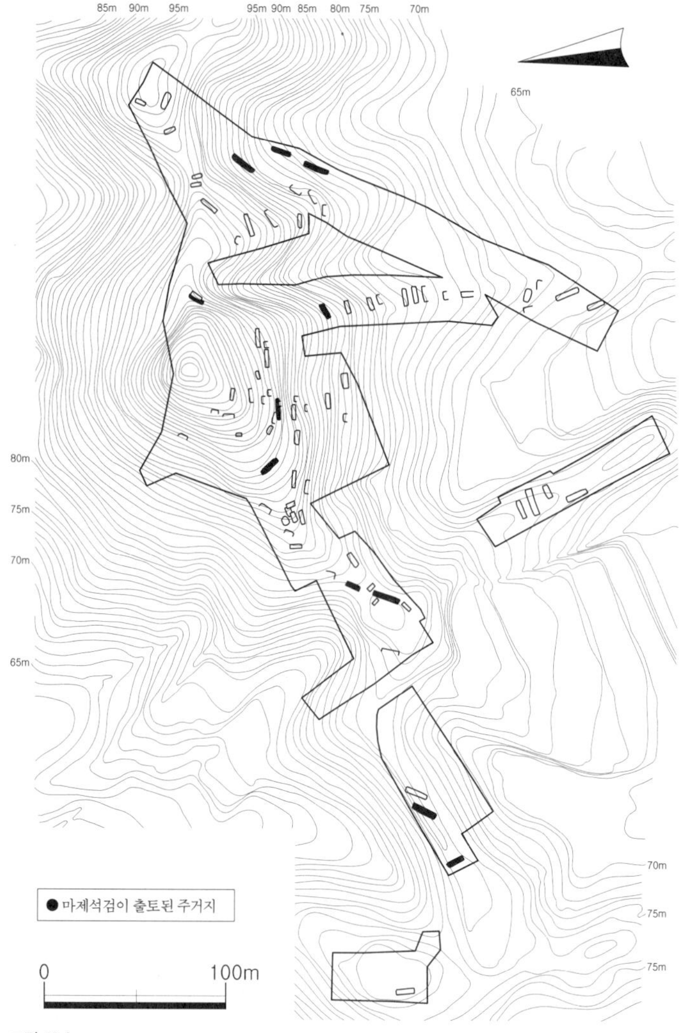

그림 45 | 백석동유적 B구역 주거지 배치도

토량의 분석 결과와 반드시 일치하지는 않는다. 오히려 주거지 출토 위신재의 존재는 백석동유적에서 확인할 수 있다.

백석동유적에서는 비교적 대형 주거지에서만 마제석검이 출토되고 있다. 면적을 추정할 수 있는 주거지 61기의 평균 면적이 27.9m²인 것에 비하여, 석검이 출토된 11기 주거지의 평균 면적은 40m²에 이른다. 앞에서 언급한 바와 같이 주거지의 면적이 위계를 반영한다고 보면, 대형 주거지 1기당 석검 1~2점씩 출토되는 양상을 통하여 상대적으로 위계가 높은 주거지와 위신재로서 석검의 존재를 상정할 수 있다. B구역 전체에서 석검이 출토된 주거지를 표시한 것이 〈그림 45〉이다. 이를 보면, 백석동유적 B구역은 상대적으로 높은 위계를 가진 주거지 1~2기씩을 중심으로 약 5개의 주거군으로 구분할 수 있다. 이러한 주거지의 배치양상은 앞서 언급한 관창리유적과 유사하다. 따라서 취락 전체를 관리하는 조직에 있어서 청동기시대 전기와 후기에 큰 차이가 없었을 가능성이 높다.

63) 朴姿姸, 2002, 『青銅器時代 住居址 內의 遺物分布에 대한 硏究』, 嶺南大學校大學院 碩士學位論文, pp.67~70.

5. 小結

마제석기는 청동기인들의 실제적인 삶의 필요에 의하여 고안되었기 때문에 기능적 속성 파악을 통한 당시인의 생활방식이나 생계수단 등의 연구에 있어서 효과적이다. 따라서 마제석기는 시기적 선후관계에 집착하는 단계를 벗어나 과거의 문화상 복원이라는 고고학의 근본 목적에 보다 근접할 수 있는 연구대상으로 판단된다. 이러한 이유에서 필자는 마제석기 분석을 통하여 청동기시대 취락의 생계유형과 사회조직 복원을 시도하였다. 분석 대상은 청동기시대의 전기와 후기를 대표하는 대단위 취락유적인 백석동유적과 관창리유적의 주거지 출토품으로 한정하였다.

사진 31 | 백석동유적 B구역 세부

李南奭 外 1998

분석 결과는 다음과 같다. 먼저, 마제석기 조성비를 통한 생계유형의 복원 결과, 백석동·관창리 취락의 사람들은 구릉에 입지한 유적이 일반적으로 영위하던 생계경제 방식 즉, 어로활동을 제외한 농경, 수렵, 채집을 병행한 것으로 판단된다. 그러나 다른 유적과의 조성비 비교를 통하여 볼 때 수렵이나 농경활동의 비율이 뚜렷하게 높은 것은 아니며, 오히려 채집활동이 상대적으로 활발하였을 가능성이 있다.

다음으로 주거지별 마제석기 출토양상을 근거로 사회조직의 복원을 시도하였다. 분석 결과, 관창리취락에 있어서 마제석기의 출토량은 주거지 간의 위계를 어느 정도 반영하는 것으로 판단된다. 관창리취락은 마제석기가 다량 출토된 주거지를 중심으로 하여 5~8개의 군으로 구분할 수 있다. 구분된 각 군에는 상대적으로 위계가 높은 주거지가 1~2기씩 존재하는데, 이들 주거지를 중심으로 마제석기의 제작을 포함하여 생계와 관련된 다양한 활동이 이루어졌음이 추정된다. 그리고 대형의 주거지 및 마제석기 출토량이 다수인 주거지가 집중 분포하는 유적 북서쪽 구릉 상부는 취락 전체를 관리하는 住居中心群이었을 가능성이 높다. 한편, 백석동취락에서도 위신재인 석검의 존재를 통하여 관창리취락과 유사한 주거지의 배치양상을 확인할 수 있다. 따라서 취락 전체를 관리하는 조직에 있어서 청동기시대 전기와 후기에 큰 차이가 없었을 것으로 판단된다.

그러나 주거지와 같은 생활유구에서 출토된 유물이 점유 당시의 고고학적 맥락을 그대로 반영하는 경우는 거의 없다.[64] 따라서 이들에 대한 분석만을 행하는 것은 당시의 상황을 왜곡할 가능성이 있다. 하지만 분석대상으로 삼은 유구와 유물이 다수 확보된다면, 어느 정도의 경향성을 파악하는 것은 가능하리라 판단된다. 이러한 시각을 바탕으로 분석을 시도하였으나, 마제석기만의 분석을 통해서는 논지의 전개에 많은 무리가 있었음을 부인할 수 없다. 취락 내에서 조사된 각종 유구와 다량의 출토유물, 그리고 동일한 문화상을 보여주는 인근 유적들과의 상호비교가 이루어져야만 이러한 오류가 조금이나마 해소될 수 있으리라 생각한다.

64) 金承玉, 2000, 앞의 논문, p.38.

VI

磨製石器 研究의 새로운 方法

使用痕分析

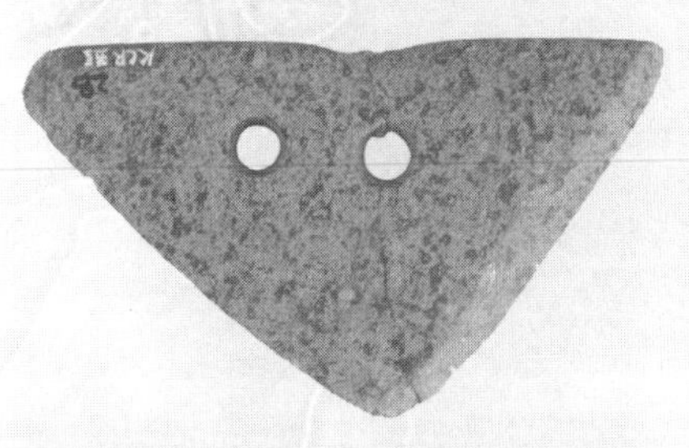

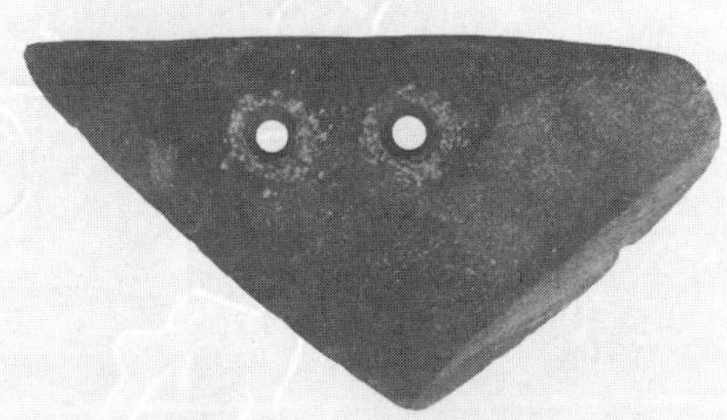

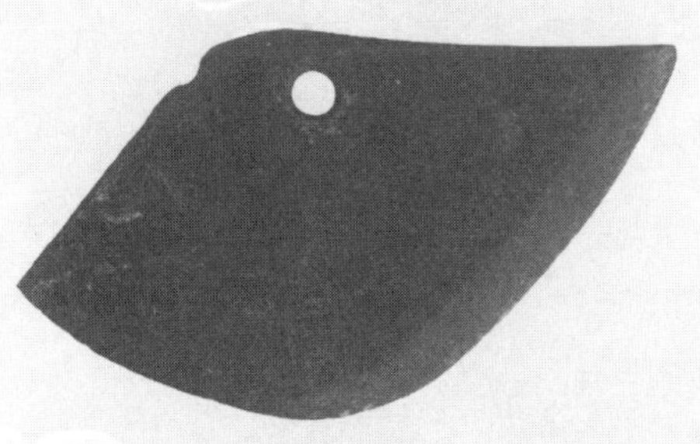

磨製石器 硏究의 새로운 方法 - 使用痕分析

제 VI 장

마제석기가 청동기인들의 실제적인 삶의 필요에 의하여 고안되었기 때문에 기능적 속성 파악을 통한 당시인의 생활방식, 생계수단 등의 연구에 효과적이라는 것은 주지의 사실이다. 그러므로 마제석기의 분석을 통하여 당시인의 생활상을 복원하기 위해서는 개별 석기의 기능 파악이 선행되어야 한다. 석기의 기능을 추정하기 위해서는 유물의 출토상황을 검토하는 한편, 석기의 특징적인 형태로부터 민족지적 연구성과를 이용하거나, 동일한 석기 모형을 제작하여 사용실험을 행하는 방법, 고배율 현미경으로 사용흔을 관찰하는 방법 등이 있다. 그러나 한반도 출토 마제석기에 대해서 이러한 분석방법이 시도된 경우는 거의 없다. 최근까지 사용된 유사 형태의 도구와 동일한 용도로 사용되었을 것이라는 가정에 기초하여 마제석기의 기능을 추정하거나, 상대적으로 연구가 활발히 진행된 일본 측의 연구성과를 그대로 받아들인 경우가 대부분이다. 하지만 동일한 형태의 도구가 반드시 같은 기능으로 사용되었다고 볼 수는 없다.[1)] 또한, 일본 측의 연구성과가 없는 마제석기류의 경우에는 그 기능 추정에 있어 연구자에 따라 상이한 경우도 발생한다. 따라서 객관적인 분석방법의 활용에 의한 기능 추정이 반드시 이루어져야 하며, 이러한 기능론에 입각한 석기의 분류와 해석만이 청동기인들의 생활상 복원을 가능하게 할 것이다.

본 장에서는 마제석기의 기능 추정을 위한 객관적인 방법의 하나로서 사용

1) 유명한 예로는 야요이시대의 반월형석도를 들 수 있다. 반월형석도의 형태가 에스키모의 조리용 칼과 유사하기 때문에 처음에는 그 기능을 조리용 칼로 파악하여 石庖丁이라는 명칭을 부여하였다. 그 후의 연구에 의하여 수확구임이 밝혀졌는데, 이는 단순한 민족사례의 유추가 반드시 올바른 기능추정에 이르지 못함을 보여주는 예이다.
鈴木公雄, 1988,『考古學入門』, 東京大學出版會, p.78.

흔 분석법을 소개하고자 한다. 사용흔이란 사용에 의하여 석기에 생긴 물리적이고 화학적인 변화의 총칭으로, 이를 통하여 석기의 사용방법이나 피가공물의 성격, 작업량, 재가공 여부 등을 파악하는 것이 사용흔 분석이다. 처음에는 구석기시대 타제석기를 주요 분석 대상으로 하였으나, 점차 각종 마제석기로 그 대상범위를 확대하고 있다. 사용흔 분석의 이론적 배경이나 연구 경향에 대해서는 이미 국내에 소개된 바 있지만,[2] 현재 전 세계적으로 성행하고 있는 高倍率法의 구체적인 방법에 대한 언급이 없어 실제로 사용흔 분석을 시도하고자 하는 연구자들에게는 부족한 점이 있다. 따라서 본 장에서는 이러한 방법의 구체적인 제시와 함께 분석 사례를 소개함으로써 사용흔 분석법이 보편화되는 계기를 마련하고자 한다.

사용흔 분석에 대한 방법 및 분석 사례는 주로 일본 측 자료를 바탕으로 하였다. 이는 현재 세계에서 석기의 사용흔을 연구하는 학자가 가장 많은 나라가 일본이며,[3] 따라서 가장 활발한 연구가 진행되고 있는 것에 일차적인 이유가 있다. 두 번째 이유로는 마제석기의 경우 동일한 기종이 한국과 일본에 공존하기 때문에 직접적인 비교가 가능하다는 점을 들 수 있다. 한편, 필자가 직접 일본의 사용흔 연구자들에게 가르침을 받을 수 있었던 것도 일본 측 자료를 주로 다루게 된 중요한 원인 중 하나이다. 본 장에서는 사용흔 분석법 가운데 가장 일반적으로 이용되는 고배율법의 구체적인 방법을 살펴보고, 이러한 방법이 실제 마제석기에 적용된 사례 가운데 중요한 일본 측 연구성과를 소개하였다. 또, 최근에 발표된 한반도 출토 자료에 대한 마제석기 사용흔 분석 사례를 제시하였으며, 문제점과 앞으로의 과제에 대한 지적과 함께 한반도 고고학에 있어서의 전망을 언급하였다.

1. 磨製石器 使用痕分析의 方法

현재 전 세계적으로 사용흔 분석에 가장 많이 이용되는 방법은 高倍率法이다. 고배율법은 Keeley에 의하여 개발된 것으로,[4] 실체현미경을 이용하여 주로

2) 李憲宗, 1998, 「석기분석법」『考古學硏究方法論』, 서울대학교출판부.

3) 御堂島正, 2003, 「編集後記」『古代』113, 早稻田大學考古學會, p.185.

微小剝離痕의 유형을 관찰하는 低倍率法[5)]에 대비되는 분석방법이다. 금속현미경[6)]을 사용하여 100~500배의 비교적 높은 배율로 사용흔을 관찰하며, 검출된 사용흔의 해석을 위하여 복제 석기의 사용실험을 행하는 것이 일반적인 방법이다. 특히, 사용흔 광택면의 관찰에 중점을 둔 것이 특징이라 할 수 있는데,[7)] 광택은 다른 사용흔적과 달리 작업대상물에 따라 일정한 유형을 이루기 때문에 피가공물을 상정할 수 있다는 장점이 있다.[8)]

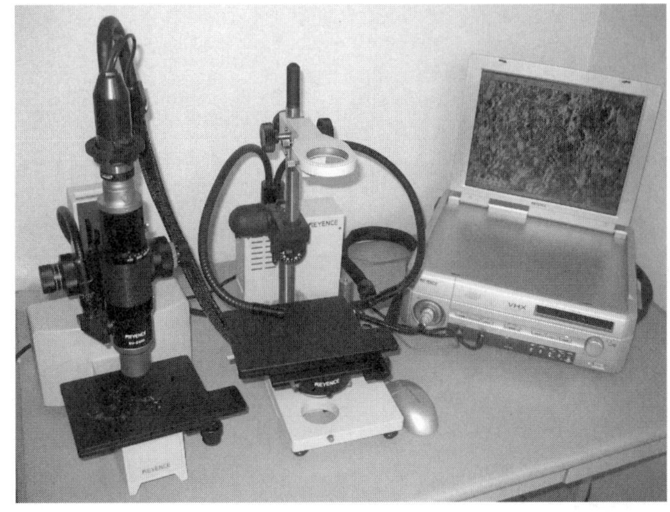

사진 32 | HD현미경과 실체현미경 세트

고고학연구소 ARUKA

마제석기 사용흔 분석의 보다 구체적인 과정을 살펴보면 다음과 같다.[9)] 먼저, 현미경을 이용하여 실제 유물의 사용흔 관찰을 시작한다. 관찰에는 확대경과 실체현미경, 금속현미경을 동시에 사용한다. 확대경이나 실체현미경을 이용하여 광택이나 마모의 흔적을 확인하고, 사용흔적이 관찰된 곳으로부터 금속현미

---

4) Keeley, L. H., 1977, The Functions of Paleolithic Flint Tools, In *Scientific American* 237-5.
 ____________, 1980, *Experimental Determination of Stone Tool Uses*, The University of Chicago Press.

5) Semenov, S. A.(田中琢抄譯), 1968, 「石器の用途と使用痕」『考古學研究』14-4, 考古學研究會.

6) 금속현미경은 불투명한 물질의 구조를 관찰하기 위한 현미경이다. 동 · 식물의 세포 등을 관찰하는 일반 광학현미경의 경우 시료의 뒤쪽에서 빛을 비추는 것에 반하여, 금속현미경은 시료의 앞쪽에서 빛을 비춰 반사해 온 빛을 대물렌즈와 접안렌즈에 의하여 확대시킨다.

7) 御堂島正, 2003, 「使用痕光澤面論争の行方」『古代』113, 早稲田大學考古學會, p.20.

8) 광택의 형성요인에 대해서는 硅酸(SiO2) · gel 부착설과 마모설의 2가지 상반되는 견해가 있는데, 현재는 석기의 표면이 마모되면서 광택이 형성되었다고 보는 마모설이 일반적으로 받아들여지고 있다.
 原田幹, 2003, 「石製農具の使用痕研究」『古代』113, 早稲田大學考古學會, pp.119~120.
 山田しょう, 1986, 「使用痕光澤の形成過程」『考古學と自然科學』19, 日本文化財科學會.

9) 사용흔 분석의 구체적 방법에 대해서는 본 장에 인용된 여러 분석 사례의 공통적인 절차와 필자가 일본의 사용흔 연구자들로부터 직접 지도 받은 내용을 종합한 것이 많다. 따라서 이러한 부분에 있어서는 개별적인 인용문헌의 언급을 생략하였다.

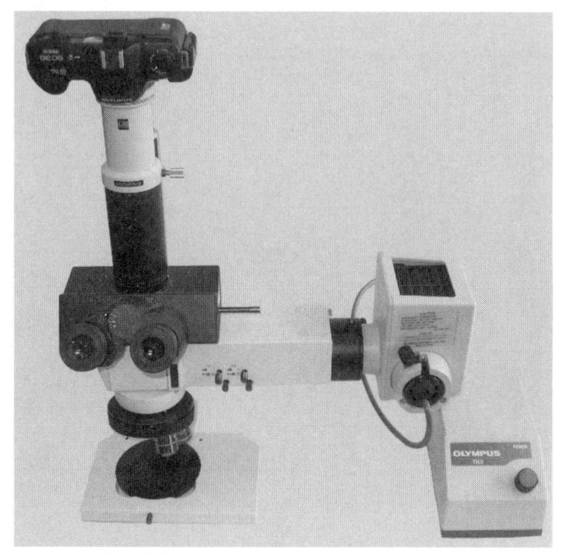

사진 33 | **금속현미경**

愛媛大學

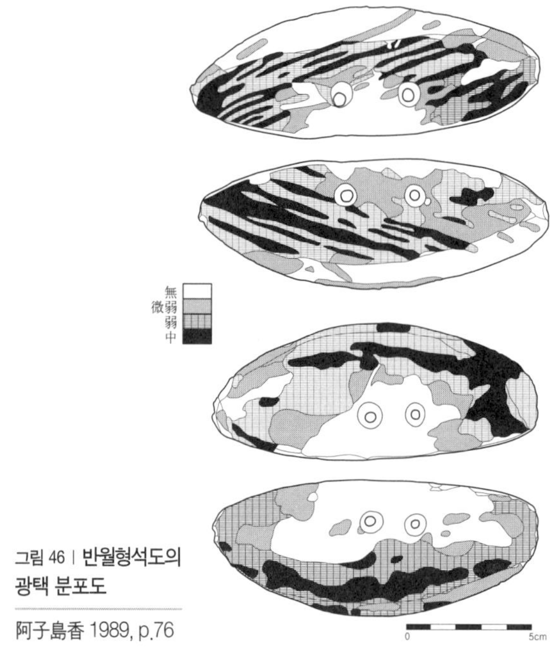

그림 46 | **반월형석도의 광택 분포도**

阿子島香 1989, p.76

경을 통한 정밀 관찰을 행한다. 만약, 저배율의 현미경에서 사용흔적이 발견되지 않는 경우에는 석기의 주요 사용면이라 추정되는 지점으로부터 관찰한다. 금속현미경 관찰에 의한 광택면, 선상흔의 확인과 함께, 확대경이나 실체현미경을 통해서만 관찰할 수 있는 박리흔, 마모흔 등의 존재여부를 기록한다.

금속현미경을 이용한 고배율 관찰은 200배를 중심으로 하며, 필요에 따라 배율을 조정한다. 관찰에 앞서 대상 석기를 중성세제로 세정한 다음, 에틸알콜로 표면에 잔존한 油脂를 제거한다. 마제석기의 경우 에틸알콜로 문지르면 광택이 잘 보이기 때문에, 관찰 직전에 닦아주는 것이 좋다. 광택 및 선상흔의 관찰은 대상 유물을 약 5mm 정도씩 상하좌우로 이동하면서 행한다. 관찰에 있어서 특히 주의할 점은 제작에 의한 광택 · 선상흔을 실제 사용흔과 잘 구별하여야 한다는 것이다. 마제석기의 경우 제작에 의해서도 광택이 생기기 때문에 이를 구분하는 것이 중요하다.[10] 선상흔의 경우 제작에 의한 것이 대체로 크고 깊은 것에 반하여, 사용 선상흔은 얇고 얕으며 광택면 위에 형성된 경우가 많다.

관찰된 광택의 분포범위와 선상흔의 유무는 도면상에 표시하는데, 반월형석도

10) 山田しょう · 山田成洋, 1992, 「静岡縣内出土の「石包丁」の使用痕分析」『川合遺跡』遺物編2, 静岡縣埋藏文化財調査研究所.

와 같이 한 석기 내에서 광택 양상에 차이가 있는 경우 이를 구분하여 나타낸다. 일반적으로 광택 반점의 개수나 반점 크기, 또는 이들 양자를 모두 고려하여 强弱으로 구분한다(그림 46). 한편, 실험석기와의 광택 비교를 위하여 사진촬영을 행한다.

유적에서 출토된 실제 유물의 사용흔 관찰을 행한 다음에는 작업대상물과 사용방법에 대한 가설을 세워야 한다. 이러한 가설은 현미경 관찰에 의한 광택면, 선상흔, 박리흔, 마모흔 등을 통하여 이루어진다. 우선, 작업대상물은 광택의 타입에 따라 상정할 수 있는데, 기존의 실험고고학적 연구성과에 의해 축적된 同定資料를 이용한다. 석기의 사용실험은 東北大學 연구팀에 의하여 지속적으로 이루어진 바 있다. 혈암,[11] 처트,[12] 흑요석,[13] 사누카이트[14] · 응회암[15] 등 다양한 석재를 이용한 사용실험 결과 A~F2의 광택 타입이 상정되었다(표 20). 실험을 통해 설정된 광택 타입은 작업대상물에 따라 일정한 조합을 나타내기 때문에(그림 47), 이를 근거로 피가공물을 추정하는 것이 가능하다. 한편, 보다 최근에 이루어진 사누카이트를 대상으로 한 사용실험에서도 유사한 결과가 확인되어, 이들 연구의 신빙성이 다시 한번 입증되었다.[16]

다음으로 사용방법에 대한 가설은 석기의 주요 사용부위, 장착방법, 운동방향, 작업시간 등을 파악함으로써 상정 가능하다. 먼저, 주요 사용부위는 광택의 형성 범위와 마모흔 등을 관찰하여 확인할 수 있다. 광택 가운데 주요 사용부위의 광택과는 다른 형태를 이루면서 위치상 장착과의 관련성을 상정할 수 있는 흔적이 발견되면, 장착법을 추정하는 것도 가능하다. 석기의 운동방향에 대해서는

---

11) 梶原洋 · 阿子島香, 1981, 「頁岩製石器の實驗使用痕研究」『考古學雜誌』67-1, 日本考古學會.

12) 芹澤長介 · 梶原洋 · 阿子島香, 1981, 「實驗使用痕研究とその可能性」『考古學と自然科學』14.

13) 御堂島正, 1986, 「黑曜石製石器の使用痕」『神奈川考古』22, 神奈川考古同人會.
御堂島正 · 砂田佳弘 · 長岡史起, 1987, 「石器使用痕分析の有効性」『古代文化』39-5, 財團法人古代學協會.

14) sanukite. 검은색의 입자가 고운 안산암으로, 일본의 四國地方 高松市 부근에서 산출된다. 예리하게 쪼개지는 성질 때문에 석기의 석재로서 많이 이용된다.
町田貞 · 井口正男 · 貝塚爽平 · 佐藤正 · 榧根勇 · 小野有五, 1981, 『地形學辭典』, 二宮書店, p.215.

15) 御堂島正, 1988, 「使用痕と石材」『考古學雜誌』74-2, 日本考古學會.

16) 松山聰, 1995, 「石器の使用痕分析」『研究紀要』2, 大阪文化財センター.

	輝度		平滑度		擴大度	高低差	連接度	기타(線狀構造 · 段狀構造 · 群孔構造)
	外部對照	內部對照	결	둥근 정도				
A	매우 뚜렷함	강함(暗部 島狀 잔존)	매끄러움	둥금	內部까지 전면적으로 확대	高所로부터 시작하여 전면을 덮음	전면적으로 넓게 덮임	充滿된 線狀痕(filled-in striation) 彗星形 凹部(comet-shaped pit)
B	뚜렷함	강함(斑點狀 光澤部)	매끄러움	斑點이 매우 둥긂(물방울狀)	넓음	高所로부터 차례로 발달, 低所까지 미치는 것은 드묾	半球狀 斑點이 連接함	斑點이 線形으로 연결, 구멍은 적음
C	약간 뚜렷함	약간 약함(網狀 光澤部)	거칢	凹凸 뚜렷함(깎인 형태)	넓음	低所의 凹部를 남기면서 中 · 高所에 똑같이 확대	斑點으로 발달하지않고 처음부터 網狀으로 연결됨	많은 大小의 구멍
D1	뚜렷함	약함(網狀 光澤部)	매끄러움	평탄함(붙인 형태)	限定됨	微凹凸의 고저차가 없어짐	緣邊에 帶狀으로 좁은 면이 발생	'녹은 눈' 형태의 段을 형성, 구멍이 많음
D2	뚜렷함	약간 약함(平行溝狀)	약간 거칢	峰狀으로 뚜렷함	限定됨	微凹凸은 變形하여 線狀이 됨	緣邊에 帶狀으로 좁은 면이 발생	뚜렷한 溝狀의 線狀痕, 구멍이 많음
E1	약간 뚜렷함	강함(小斑點狀)	小斑點 윗부분만 매끄러움	小斑點은 약간 둥긂	緣邊만 좁게 분포	高所의 小斑點은 밝음, 低所는 原面의 微凹凸 그대로 희미한 밝기	小斑點이 독립하여 연결되지 않음	주변의 희미한 광택(F2)과 항상 조합을 이룸
E2	희미함	약간 약함	극히 미세한 凹凸(光澤消去)	光澤部 전체가 摩滅되어 둥긂	넓음	없음(高低所 모두 같은 밝기)	강한 摩滅과 함께 緣邊에 넓은 光澤帶가 형성	다양한 線狀痕이 많음, 다수의 微小圓形剝落(micro-potlid)
F1	희미함	약함	거칢	角을 이룸	다양함	없음(高低所 모두 같은 밝기)	原面의 微凹凸 변화없이 低所까지 이름	기름진 光澤(greasy luster)
F2	매우 희미함	약함	原面의 변화 없음	原面의 변화 없음	다양함	다양함	未發達한 小斑點	原面의 변화 없음

표 20 | **광택 타입별 특징**

阿子島香 1989, p.20

석기와 선상흔이 이루는 각도를 통하여 작업시 석기와 피가공물의 위치를 상정할 수 있다.[17] 만약, 혜성 형태의 구멍이 관찰된다면 혜성의 꼬리에서 머리방향으로 석기가 움직인 것을 알 수 있기 때문에,[18] 보다 구체적인 운동방향을 추정할 수도 있다. 한편, 석기의 작업시간은 실험을 통하여 형성된 광택이 실제 관찰된 석기의 광택과 유사한 형태가 될 때까지이다.[19] 이밖에 사용방법과 관련된 다른 요소의 파악에 있어서도 여러 가지 가능성을 바탕으로 한 다양한 실험 결과를 통하여, 실제 석기에서 확인된 사용흔적과 가까운 형태가 생성되는 작업을 상정하는 것이 바람직하다.

이상과 같은 과정을 통하여 작업 대상물과 작업방법에 대한 가설이 세워지면, 이를 바탕으로 복제 석기를 이용한 사용실험을 행한다. 실제 석기와 동일한 석재로 복제 석기를 제작한 후, 가설에 의하여 설정된 작업방법과 작업대상물에 대하여 실험이 이루어진다. 실험은 동일 작업을 200회 → 500회 → 5,000회 → 10,000회로 점차 횟수를 늘리는 방식으로 진행하며, 각 단계마다 현미경 관찰을 시행한다. 그리고 최종적으로 실제 석기의 사용흔 관찰 결과와 비교하여 가장 유사한 형태의 사용흔적이 관찰되는 실험결과를 추출한다. 이 실험에 이용된 작업대상물과 작업방법이 실제 유물이 사용되었던 방식과 그 피가공물을 나타낼 가능성이 가장 높다고 할 수 있다.

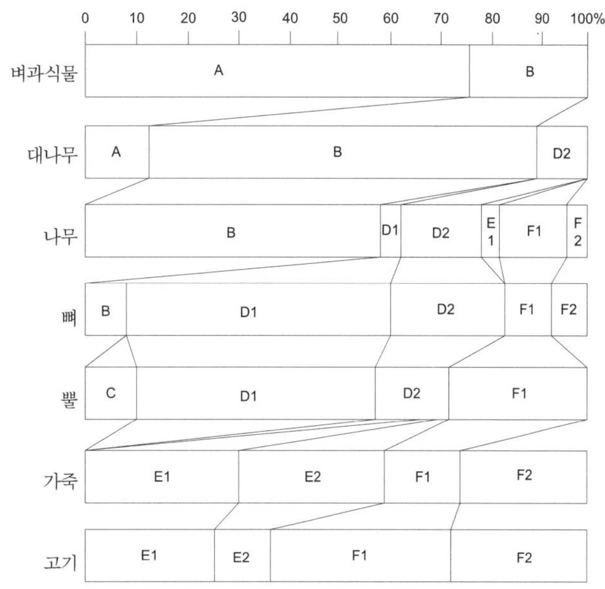

그림 47 | 광택 타입과 피가공물의 상관관계

阿子島香 1989, p.22

이것이 고배율법을 이용한 마제석기 사용흔 분석의 과정이다. 간단히 요약하면, '실제 석기의 현미경 관찰 → 작업방법과 대상물에 대한 가설 설정 → 가설에 입각한 복제 석기 사용실험 → 실험 석기의 현미경 관찰 → 실제 석기와 비교 → 작업방법 및 대상물 추정' 이라 할 수 있다. 그러나 이는 필자가 기술의 편의상 일직선상의 과정으로 언급한 것일 뿐, 실제로 사용흔 관찰과 사용실험은 〈그림 48〉과 같은 螺旋狀 추론과정을 거친다. 즉, 실제 석기의 관찰과 사용실험이 계속

17) 광택면에 대한 연구성과가 상당수 축적된 반면, 석기의 사용방법과 관련된 선상흔에 대해서는 심도 있는 연구가 이루어지지 않고 있다. 광학현미경으로는 관찰이 불가능한 미세한 선상흔의 경우 전자주사현미경이나 레이저현미경을 이용하는 것도 가능하다.
高橋哲, 2004,「使用痕實驗報告と使用痕研究の課題」『アルカ研究論集』1, 埋藏文化財研究業務株式會社アルカ, p.56.
山田しょう, 1986, 앞의 논문.
梶原洋・菅原康則・吉田智・長友恒人・伊東裕輔, 1998,「走査型レーズー顯微鏡を使った新たな使用痕研究の試み」『日本文化財科學會 第15回大會 研究發表要旨集』.

18) 梶原洋・阿子島香, 1981, 앞의 논문, p.8.

19) 鹿又喜隆, 2002,「重複する使用痕の實驗研究」『文化』66-1・2, 東北大學文學會, p.59.

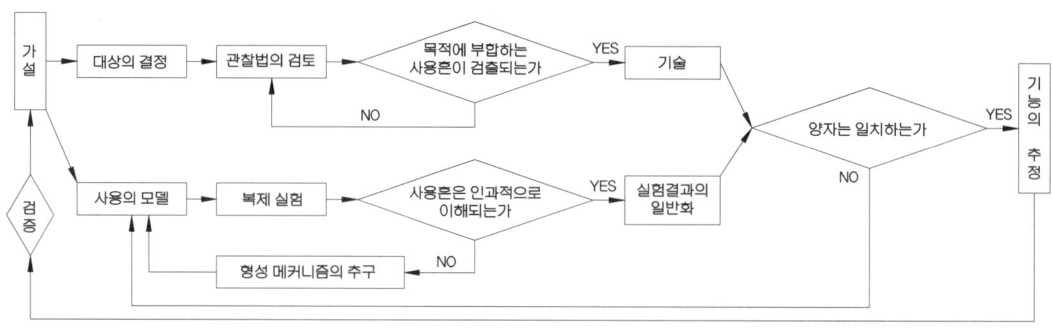

그림 48 | 실험 사용흔 연구의 추론 사이클

阿子島香 · 梶原洋 1984, p.13

적으로 유기적인 관계를 맺으면서 기능의 추정을 향하여 나아가는 것이다.

그런데 이러한 과정에 있어서 가장 문제가 되는 것은 실제 석기의 사용흔과 실험 석기의 사용흔이 정확하게 일치하는 것은 아니라는 점이다.[20] 따라서 추정되는 기능 또한 어느 정도의 가능성에 불과하기 때문에, 이를 근거로 사용흔 분석의 객관성에 의문을 제기하는 견해도 있다.[21] 특히, 광택 타입의 同定이 가장 큰 문제가 된다. 벼과식물을 대상으로 하여 나타나는 A · B타입의 경우 비교적 식별이 용이하기 때문에 연구자 간의 인식 차이가 적은 편이지만,[22] 나머지 광택 타입의 동정에 대해서는 명시적으로 분석 결과를 제시한 사례가 거의 없는 실정이다.

이러한 연구의 한계를 극복하기 위하여 동정에 있어서 객관성을 부여하려는 시도가 이루어진 바 있다. 먼저, 사용흔을 定量化하는 방법으로서 석기 표면의 거친 정도를 측정한 결과, 각 광택 타입별로 특징을 달리하는 것이 확인되었다.[23] 이러한 특징은 계측치로 나타나기 때문에 이를 토대로 동정이 이루어질 경우 그 근거로서 객관적인 수치를 제시할 수 있다. 또, 금속현미경에 노말스키(Nomarski) 微分干涉裝置를 설치하여 광택면의 미세한 고저차를 색조의 변화로 확인하고, 이를 광택 타입 동정에 이용한 연구사례도 있다.[24] 한편, 피가공물

---

20) 御堂島正, 1993,「日本における使用痕研究の展開」『かながわの考古學』3, 神奈川縣立埋藏文化財センター, p.34.

21) 岡崎里美, 1989,「石器使用痕ポリッシュ研究の疑問」『季刊考古學』29, 雄山閣, p.54.

22) 原田幹, 2003, 앞의 논문, p.131.

23) 阿子島香 · 梶原洋, 1984,「石器の使用痕分析と客觀化」『考古學ジャーナル』1, ニュー · サイエンス社.

의 추정에 유효하다고 판단되는 10개의 광택면 속성을 다변량해석법에 의하여 분석한 사례도 있다.[25] 분석 결과 속성과 피가공물 사이에 일정한 관계가 형성되어 있음이 확인되었는데, 이는 기존에 이루어진 사용흔 분석법의 신뢰성을 입증한 것이라 할 수 있다. 이러한 통계적 방법은 사용흔 분석의 객관성을 검증하는 데에 이용될 수 있을 것이다.

이상 마제석기 사용흔 분석의 구체적인 방법을 살펴보았으며, 마지막으로 분석법의 가장 큰 문제점과 이를 해결하기 위한 방안에 대하여 간략히 언급하였다. 현재까지 석기의 기능을 밝히기 위한 가장 효과적이며 객관적인 방법이 사용흔 분석임은 분명하다. 그러나 사용흔 분석법도 하나의 가능성을 제시할 뿐이며, 석기의 기능을 단정지을 수 있는 결정적인 증거는 될 수 없다. 즉, 사용흔 분석을 통하여 석기의 사용부위, 작업방법, 피가공물에 대하여 추정하는 것은 가능하지만, 사용흔 분석이 석기의 구체적 용도를 직접 밝혀주는 것은 아니다.[26] 또, 석기의 속성이 반드시 기능에 한정되는 것만은 아니기 때문에 다른 여러 가지 속성과의 관계를 종합해서 살펴볼 필요도 있다.[27] 따라서 사용흔 분석은 석기에 대한 다양한 분석방법 가운데 하나로서 확립되어야 하며, 다른 방법들과 유기적인 관계를 맺을 때 과거상의 복원에 보다 근접할 수 있는 견해의 제시가 가능할 것이다.

2. 日本의 磨製石器 分析事例

일본은 석기의 사용흔 연구가 가장 활발한 나라이며, 다수의 사용흔 연구자가 존재한다는 사실은 앞에서 밝힌 바 있다. 따라서 여러 가지 대상에 대한 다양한 사용흔 분석이 이루어지고 있다. 이 가운데 마제석기를 대상으로 한 고배율법

---

24) 齋野裕彦, 1998,「片刃磨製石斧の實驗使用痕分析」『仙臺市富澤遺跡保存館研究報告』1, 地底の森ミュージアム.
平塚幸人, 2003,「扁平片刃石斧の使用痕研究」『仙臺市富澤遺跡保存館研究報告』6, 地底の森ミュージアム.

25) 澤田敦, 1993,「石器使用痕分析における多變量解析」『考古學における計量分析』, 帝塚山考古學研究所.

26) 原田幹, 2003, 앞의 논문, p.133.

27) 松山聰, 1992,「石庖丁の使用痕」『大阪文化財研究』3, 財團法人大阪文化財センター, p.3.

사용흔 분석은 1980년대 중반부터 시작되어 90년대 이후 본격적으로 전개되었다. 주로 석제 수확구를 중심으로 분석이 이루어졌는데, 이는 사용흔 광택 타입 가운데 수확구에서 흔히 관찰되는 A · B타입이 벼과식물과 강한 상관관계를 나타내기 때문이다.[28] 현재까지 어느 정도의 자료가 축적된 상태이지만, 특수한 장비를 이용하면서 동시에 많은 시간이 소요되는 분석의 어려움 때문에 다수의 분석 사례가 확보된 것은 아니다. 대표적인 연구성과를 살펴보면 다음과 같다.

석제 수확구에 대한 고배율법 사용흔 분석은 須藤隆 · 阿子島香에 의하여 처음으로 시도되었다.[29] 분석 대상은 石庖丁[30]이었으며, 이를 계기로 구석기를 주요 대상으로 하던 사용흔 연구가 야요이시대의 석기에까지 그 대상범위를 확대하게 되었다. 東北地方에서 출토된 총 10점의 石庖丁에 대한 분석 결과 오른손잡이에 의한 摘穗, 장기간에 걸친 兩面 均等 사용, 刃部의 재가공, 구멍을 이용한 把持法 등이 확인되었다. 이는 기존 石毛直道에 의하여 제시되었던,[31] 刃部를 지레의 작용점으로 하여 상하방향으로 움직여 이삭을 따는 사용방법이 실증적으로 입증된 것이라 할 수 있다.

이후 石庖丁은 마제석기 사용흔 분석의 대표적인 기종이 되었다. 그러나 사용흔 분석 결과는 대체로 상기한 須藤隆 · 阿子島香의 연구성과와 일치하면서, 세부적으로만 조금씩 차이를 보이는 정도이다. 이 가운데 松山聰의 연구는 비교적 특이한 형태의 石庖丁만을 검토대상으로 한 점이 주목된다.[32] 그는 河內平野의 여러 유적에서 출토된 石庖丁 가운데, 櫛形에 2개의 구멍이 한쪽으로 치우친 8점을 관찰하였다. 石庖丁의 단면은 모두 片刃으로, 광택면은 주로 刃部가 부착되지 않은 면에 발달하는 경향이 확인되었다. 또, 광택 분포를 통하여 오른손잡이에 의한 摘穗와 함께 왼손잡이에 의한 사용도 있었음을 추정하였으며, 이밖에

---

28) 原田幹, 2002,「石製農具と使用痕硏究」『彌生文化と石器使用痕硏究』第7回 石器使用痕硏究會 發表要旨集, p.3.

29) 須藤隆 · 阿子島香, 1985,「東北地方の石包丁について」『日本考古學協會 第51回總會 硏究發表要旨』, 日本考古學協會.

30) 본 절에서는 반월형석도의 일본 측 용어인 石庖丁이라는 명칭을 사용하였다. 한국과 달리 일본에는 다양한 종류의 석도와 명칭이 존재하기 때문에 이를 그대로 사용하여 혼란을 피하고자 한다.

31) 石毛直道, 1968,「日本稻作の系譜(上)」『史林』51-5, 史學硏究會.

32) 松山聰, 1992, 앞의 논문.

石庖丁을 횡방향으로 움직여 대상물을 절단하는 방법의 존재도 상정하였다. 한편, 구멍 주위에서 관찰되는 광택에 대해서는 가죽끈의 사용 가능성을 언급하였다. 이러한 연구 이외에도 石庖丁의 사용흔 분석은 최근까지 가장 활발히 이루어지고 있으며, 기존에는 다루어지지 않았던 四國地方[33]이나 九州地方[34] 출토품에 대한 분석 사례도 발표되고 있다. 이는 모두 사용흔 분석 연구자의 저변이 확대된 결과라 할 수 있다.

石庖丁을 포함한 여러 형태의 수확구에 대하여 사용흔 분석을 시도한 연구자로는 御堂島正과 齋野裕彦이 있다. 먼저, 御堂島正은 長野縣 남부 恒川遺蹟群에서 출토된 有肩扇狀石器, 抉入打製石庖丁, 橫刃型石庖丁, 磨製石庖丁의 사용흔 분석을 행하였다.[35] 이 가운데 마제석기는 磨製石庖丁뿐이며, 나머지는 모두 타제이다. 유물이 확인된 지역이 일반적으로 마제보다 타제석기의 출토량이 많은 곳이기 때문에, 마제와 타제 양자 간의 관계를 파악하기 위하여 이러한 일련의 분석을 시도하였다. 사용흔 관찰과 사용실험 결과 기종마다 다른 기능이 상정되었는데, 각각의 기능을 살펴보면 다음과 같다. 비교적 대형의 有肩扇狀石器는 지금의 낫과 같이 벼과식물의 줄기를 모아서 한번에 베는 도구이며, 抉入打製石庖丁과 磨製石庖丁은 모두 摘穗에 이용된 것으로 추정되었다. 橫刃型石庖丁에서는 벼과식물의 이삭을 자른 흔적과 딴 흔적이 모두 확인되어, 석기의 형태만을 근거로 기능을 추정하는 것은 위험성이 있음을 지적하였다. 또, 같은 석기에서 비교적 단단한 물질을 자른 사용흔도 관찰되었는데, 이를 통하여 하나의 석기가 다양한 피가공물을 대상으로 사용되었을 가능성도 언급하였다. 이와 같은 분석 결과를 바탕으로 이 글의 필자는 야요이시대에 특정 지역의 석제 농구가 다른

---

33) 兒玉洋志, 2005,『使用痕分析からみた石庖丁の型式變化と使用法の關係について』, 愛媛大學大學院 修士學位論文.

34) 永濱功治, 2003,「石庖丁の使用痕分析」『研究紀要 繩文の森から』1, 鹿兒島縣立埋藏文化財センター.

35) 御堂島正, 1989,「有肩扇狀石器の使用痕分析」『古代文化』41-3, 財團法人古代學協會.
________, 1989,「『抉入打製石庖丁』の使用痕分析」『古代文化』41-6, 財團法人古代學協會.
________, 1990,「『橫刃型石庖丁』の使用痕分析」『古代文化』42-1, 財團法人古代學協會.
________, 1991,「磨製石庖丁の使用痕分析」『古代文化』43-11, 財團法人古代學協會.
석기의 기종별 명칭은 석기의 형태를 그대로 반영하고 있다. 구체적인 형태에 대해서는 본절의 〈그림 50〉을 참조하기 바란다.

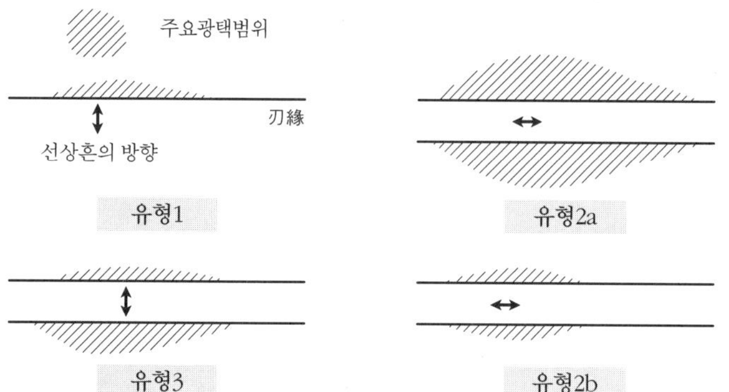

그림 49 | **석제 농구의 사용흔 분포 유형 모식도**

原田幹 2003, p.121

기능을 가진 여러 기종으로 구성되어 있음을 증명하였다. 그리고 동일한 기능을 가진 磨製石庖丁과 抉入打製石庖丁에 대해서는 제작상의 편리함으로 인하여 일정 시점부터 마제에서 타제로 변화한 것으로 추정하였다.

다음으로 齋野裕彦은 석겸에 대한 사용흔 분석을 행하였으며,[36] 그 이전 다른 연구자와 공동으로 大型石庖丁에 대한 분석도 시도한 바 있다.[37] 그리고 이러한 분석 결과와 함께 大型直緣刃石器에 대한 검토,[38] 축적된 石庖丁의 사용흔 연구성과를 바탕으로, 석제 농구의 사용흔 분포 유형을 세 가지로 정리하였다.[39] 구분된 광택 및 선상흔의 분포 유형은 〈그림 49〉와 같다. '유형 1'은 磨製石庖丁이 해당되며, 날부분과 직교하는 방향으로의 동작, 즉 摘穗具로서의 용도가 추정되었다. '유형 2'에 해당되는 석기로는 大型石庖丁을 포함한 大型直緣刃石器가 있다. 이들은 비교적 여러 줄기의 벼과식물을 날부분과 평행하는 방향으로 한번에 절단한 것으로서, 수확 후의 짚이나 잡초를 제거하기 위한 植物切斷具의 기능이 상정되었다.[40] 마지막 '유형 3' 석기로는 석겸이 있는데, 날부분과 직교하는 방향으로 식물을 절단하

36) 齋野裕彦, 2001,「石鎌の機能と用途(上)」『古代文化』53-10, 財團法人古代學協會.
　　________, 2001,「石鎌の機能と用途(下)」『古代文化』53-11, 財團法人古代學協會.
37) 齋野裕彦・松山聰・山村信榮, 1999,「大型石庖丁の使用痕分析」『古文化談叢』42, 九州古文化硏究會.
38) 齋野裕彦, 1993,「彌生時代の大型直緣刃石器(上)」『彌生文化博物館硏究報告』2, 大阪府立彌生文化博物館.
　　________, 1994,「彌生時代の大型直緣刃石器(下)」『彌生文化博物館硏究報告』3, 大阪府立彌生文化博物館.
39) 齋野裕彦, 2002,「農具」『考古資料大觀』9, 小學館.
40) 이러한 벼과식물의 베기작업에서는 석기 표면에 소위 'ㅁ－상 광택'이 발생한다. 'ㅁ－상 광택'이란 A타입 광택의 가장 발달한 형태로, 양초(ろうそく)를 얇게 바른 것과 같은 광택을 의미한다.
　　町田勝則, 2002,「所謂「ロ－狀光澤」とは何か」『彌生文化と石器使用痕硏究』第7回 石器使用痕硏究會 發表要旨集, p.53.
　　御堂島正, 1989, 앞의 논문, p.31.

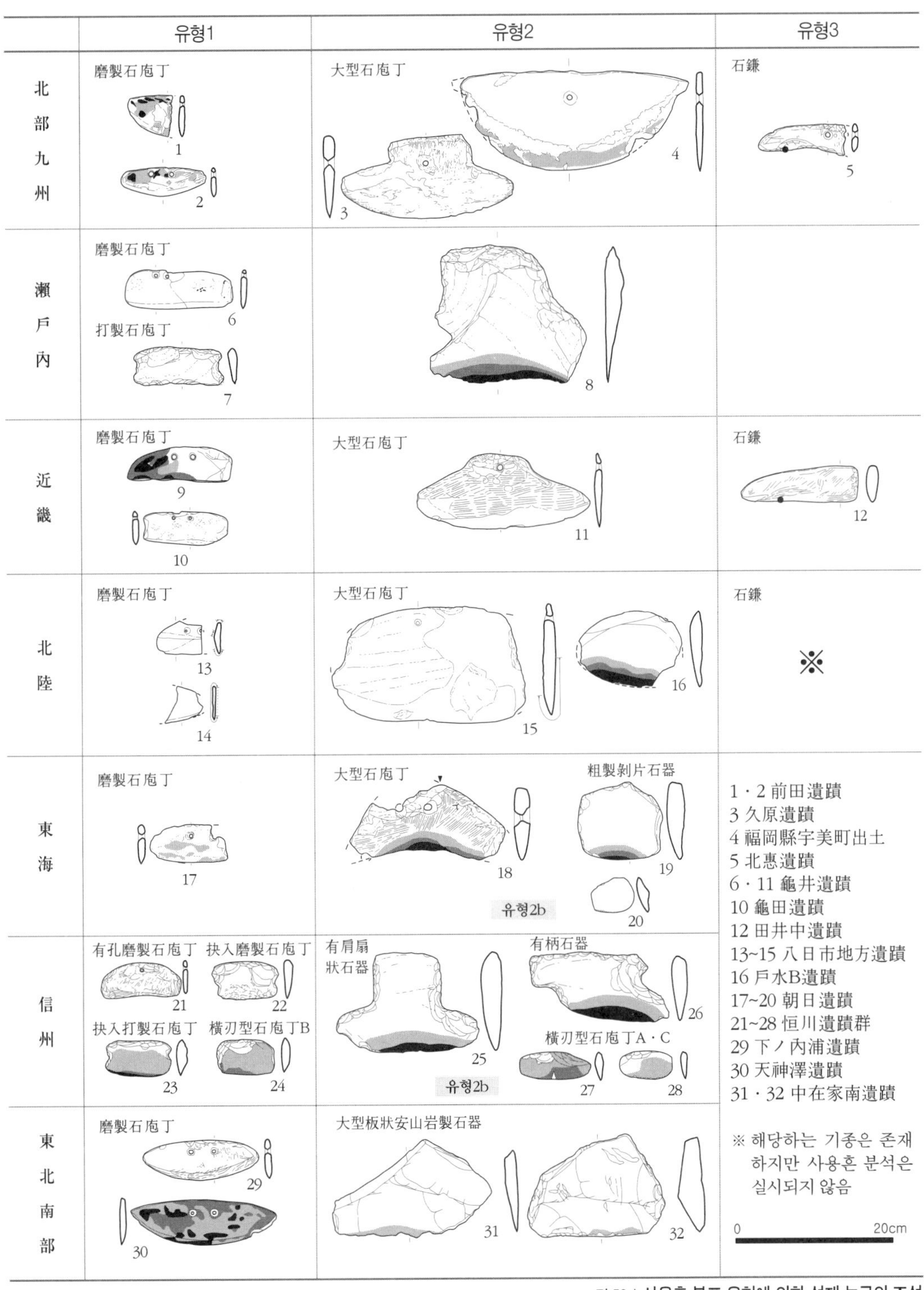

그림 50 | 사용흔 분포 유형에 의한 석제 농구의 조성

原田幹 2003, p.123

는 작업이 추정되었다. 그러나 줄기 1~2가닥 정도의 이삭을 자르는 데에만 사용되었기 때문에, 현재 사용되는 낫의 기능과는 차이가 있다.

수확구 이외의 마제석기에 대한 분석으로는 석부를 대상으로 한 연구가 있다. 마제석부의 사용흔 분석은 비교적 최근에 일련의 연구 성과가 발표되고 있다.[41] 주요 분석 대상은 모두 東北地方에서 출토된 것으로, 대부분 扁平片刃石斧이다. 사용흔 관찰은 실체현미경과 금속현미경을 동시에 사용하여 그 상호관련성을 검토하였다. 또, 실제 유적에서 출토된 석기의 광택면과 복제 석기의 사용실험 결과에 의한 광택면을 비교함으로써 구체적인 작업 대상물을 추정하였다. 분석 결과 편평편인석부는 물에 불린 나무의 가공이나 가죽 벗기기에 이용된 것으로 확인되었다. 이러한 양상은 석부의 형태와도 관련되는데, 나무의 가공에 이용된 석부의 刃角이 80~95°인 반면 가죽 벗기기에 사용된 석부의 刃角은 70~75°로 계측되었다. 이 가운데 나무의 가공에 이용된 석부의 광택면은 작업 대상 목재와의 직접적인 접촉에 의한 것과 자루 장착 시 생긴 것(그림 51)으로 구분되며, 이를 유적에서 출토된 목제 자루(膝柄)의 형태와 비교함으로써 보다 구체적인 석부 장착법의 파악이 가능하였다. 한편, 北海道에 분포하는 특징적인 석기인 刃部有溝石斧에 대한 광택면 분석도 시도되었는데, 분석 결과 가죽 벗기기 專用 석기로 확인되었다.[42]

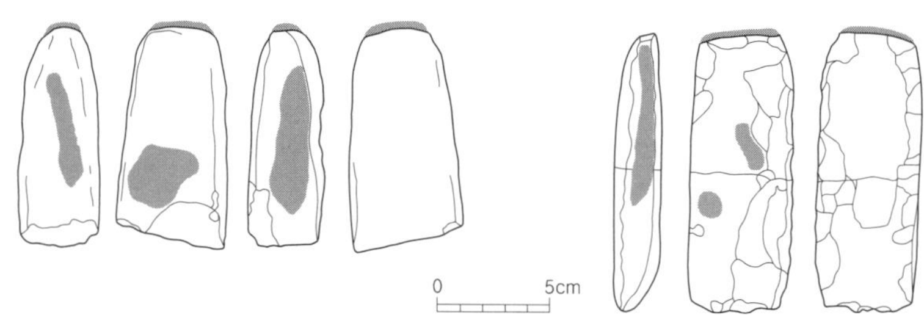

그림 51 | **편평편인석부의 장착과 관련된 광택 분포**

平塚幸人 · 齋野裕彦 2003, p.163

41) 齋野裕彦, 1998, 앞의 논문.
平塚幸人, 2003, 앞의 논문.
平塚幸人 · 齋野裕彦, 2003, 「片刃磨製石斧の形態と使用痕」『古代』113, 早稲田大學考古學會.

42) 北海道 東 · 北部에 분포하며, 죠몬시대 전기~중기 후반에 걸쳐 존재한다. 일반적인 편평편인석부와 형태 · 크기 등은 유사하지만, 刃部가 부착되지 않은 면의 刃緣部에 1~22개 정도의 세밀한 溝가 분포하는 것이 특징이다. 溝의 방향은 刃部와 직교한다.
石川朗 · 齋野裕彦, 2000, 「刃部有溝石斧の形態と使用痕」『仙臺市富澤遺跡保存館研究報告』 3, 地底の森ミュージアム.

이밖에 礫石器에 대한 사용흔 분석도 이루어진 바 있다.[43] 礫石器란 礫[44]을 가지고 만든 석기를 총칭하는데,[45] 이 가운데 사용흔 분석은 磨石과 敲石 67점을 대상으로 하였다. 분석 대상의 대부분은 원형 또는 타원형 礫을 이용하였으며, 磨面이 있는 것, 敲打痕이 있는 것, 그리고 마면과 고타흔이 동시에 존재하는 것의 세 가지로 구분된다. 금속현미경 관찰을 통한 분석 결과, 磨面에서는 총 9가지의 광택 타입이 확인되었다. 이는 각각 수분을 다량 또는 소량 포함한 연질 대상물을 가공할 때의 광택이거나 물을 뿌린 상태에서의 석기 가공 시 발생한 광택으로 추정되었다. 한편, 고타흔의 분석에서도 견과류를 대상으로 한 흔적과 석기 제작 시에 생긴 흔적으로 구분이 가능하였다. 결국, 이 글에서 저자가 강조한 것은 礫石器도 개량된 금속현미경을 이용함으로써 사용흔 분석이 가능하며, 또 분석을 행할 필요가 있다는 점이다.[46] 그리고 礫石器에는 복합적인 기능을 가진 예가 많기 때문에, 磨石・敲石・凹石 등의 분류보다는 각 석기의 속성을 세분하여 기록할 필요가 있다는 점을 지적하고 있다.

3. 韓半島 考古學에 있어서의 展望

1) 韓國의 磨製石器 分析事例

한반도 고고학에 있어서 사용흔 분석의 전망을 살피기에 앞서, 지금까지 한반도 출토 마제석기에 대한 분석 사례를 살펴보고 연구 내용과 그 문제점에 대해

43) 池谷勝典, 2003,「礫石器の使用痕研究」『古代』113, 早稲田大學考古學會.

44) gravel. Wentworth' s grade scale 가운데 粒徑 2mm 이상의 부분을 가리킨다. 粒度 범위 내에 포함된 입자는 암석의 풍화나 침식에 의하여 생긴 암석편이 많다. 한편, 개개의 입자가 아닌 퇴적물 전체를 지칭하는 용어로도 사용하는데, 이때에도 粒徑이 2mm 이상인 것을 礫이라 한다.
町田貞・井口正男・貝塚爽平・佐藤正・榧根勇・小野有五, 1981, 앞의 책, p.648.

45) 竹岡俊樹, 1989,『石器研究法』, 言叢社, p.20.

46) 금속현미경의 개조를 통하여 대형 석기의 사용흔을 관찰한 것으로는 藤本强의 연구성과가 있다. 북이라크에서 출토된 磨臼 200여 점의 관찰 결과 선상흔과 광택이 확인되었다. 사용실험은 이루어지지 않았으나, 구체적인 작업대상물로 밀이 추정되었다.
藤本强, 1989,「磨臼(サドル・カーン)について」『考古學と民族誌』渡辺仁教授古稀記念論文集, 六興出版.

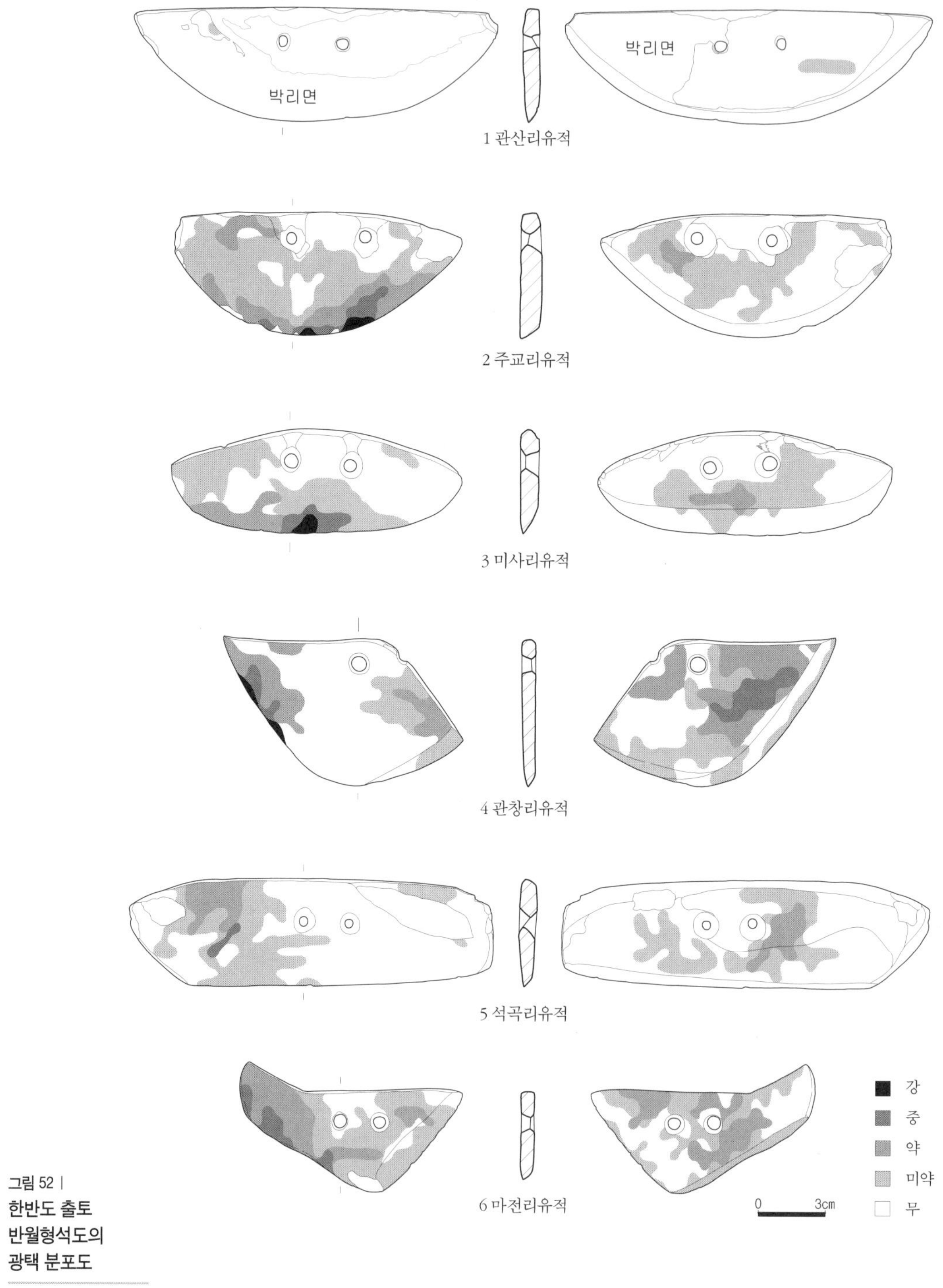

그림 52 | 한반도 출토 반월형석도의 광택 분포도

서 언급하고자 한다. 현재까지 한반도 출토품에 대한 사용흔 분석은 거의 이루어지지 않고 있는 실정이며, 2000년대에 이르러 반월형석도에 대한 분석 결과 세 편이 발표되었다.

사진 34 | 반월형석도의 사용방법 복원

가장 먼저 연구된 것은 필자에 의한 반월형석도 사용흔 분석이다.[47] 총 5점의 석도에 대하여 분석을 행하였는데, 분석 대상은 각각 다른 유적에서 출토된 것이면서 동시에 각각의 형식(舟形, 魚形, 三角形, 偏舟形, 再加工品)을 대표하는 석도이다. 최고배율 160배의 실체현미경을 이용한 분석 결과 4개의 석도에서 광택면이 관찰되었다. 관찰 결과 석도의 사용은 刃部가 형성되지 않은 면을 위로 향하게 하여 행하여졌으며, 이와 동시에 특정 부위를 집중적으로 사용하였음이 확인되었다. 그리고 끈을 연결하는 방식은 석도 양쪽의 구멍을 가로질러 반대면으로 이어진 끈을 背部 방향으로 올려서 오른손 中指에 연결하는 방식이 추정되었다.

그러나 이러한 분석 결과를 그대로 받아들이기에는 문제가 있다. 먼저, 단 5점의 유물에 의한 분석 결과를 일반적인 양상으로 파악하기에는 무리가 있다. 비록 여러 유적에서 출토된 다양한 형태의 유물을 분석 대상으로 하였다고는 하지만, 자료의 수가 너무 적다는 한계가 있다. 또한, 분석방법에 있어서도 문제점이 있다. 금속현미경을 이용한 것이 아니라 실체현미경을 사용하였기 때문에 육안으로 광택면 · 선상흔이 확인된 유물 이외에는 사용흔을 관찰할 수 없었다. 따라서 필자가 그 이후에 추가적으로 실시한 분석에서도 동일한 현미경을 사용하였기 때문에 사용흔을 확인할 수 없었다.[48] 보다 많은 자료를 확보하여 분석의 신뢰도를 높이기 위해서는 고배율의 금속현미경을 이용한 사용흔 분석이 요구된다.

이러한 분석방법상의 문제점을 보완하기 위하여 금속현미경에 의한 사용흔 분석을 실시하였다. 분석 결과는 〈그림 52〉와 같다. 전반적으로는 실체현미경에

47) 孫晙鎬, 2001,『韓半島 出土 半月形石刀의 諸分析』, 高麗大學校大學院 碩士學位論文.

48) 孫晙鎬, 2003,「半月形石刀의 製作 및 使用方法 硏究」『湖西考古學』8, 湖西考古學會, p.92.

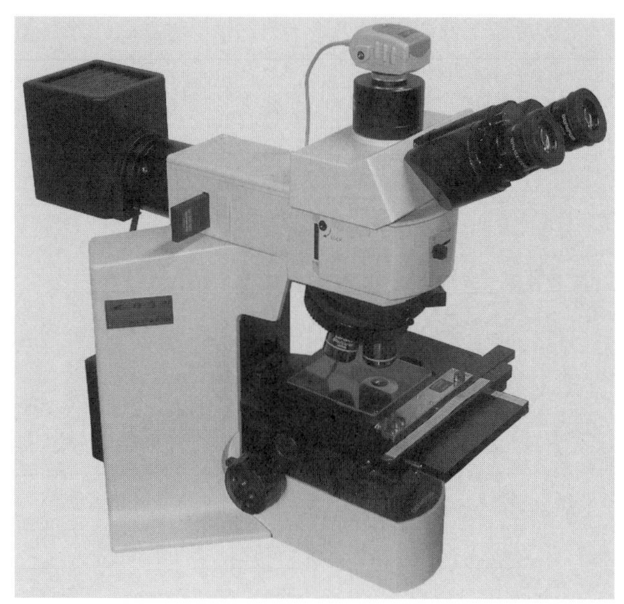

사진 35 | 사용흔 분석에 이용된 금속현미경 OLYMPUS BX51

의한 관찰과 유사한 결과가 확인되었지만, 광택면으로 지적되었던 부분에 광택이 존재하지 않거나(그림 52-1) 반대로 새로운 광택이 발견되는 경우도 있었다(그림 52-5). 이러한 相異는 물론 광택면을 관찰하는 현미경의 성능 차이에 일차적인 원인이 있지만, 기존 연구에 있어서 필자의 광택 인지 능력이 부족하였던 점도 간과할 수 없다. 하지만 전체적으로 양자 간의 차이가 크지 않기 때문에, 기존의 분석 결과도 어느 정도 신뢰할 수 있으리라 생각된다.

한반도 출토 마제석기에 대한 두 번째 연구 사례로는 高瀨克範에 의한 岩寺洞 출토 반월형석도의 분석이 있다.[49] 北海道大學에 소장되어 있는 2점의 석도를 분석하였는데, 유물의 자세한 수습 경위는 알 수 없다고 한다. 석도는 2점 모두 파손된 일부만이 남아있다. 1점은 추정길이가 15~20cm인 장방형의 비교적 대형 석도이며, 나머지 1점은 석도의 파손된 일부를 轉用한 것으로 추정되는 소형 석기이다. 금속현미경을 이용하여 주로 200배로 관찰하였으며, 필요에 따라 100~500배로 배율을 달리하였다. 분석 결과 석도의 몸통부분에 가장 발달된 광택면이 확인되었으며, 刃部에는 상대적으로 약한 광택면이 관찰되었다. 이러한 광택면 분포를 근거로 하여 분석 대상 석도는 모두 이삭 따기 작업에 이용된 것으로 판단하였다.

이상의 분석 내용은 이 글의 필자가 언급한 것처럼 고배율법에 의한 대륙 출토 반월형석도의 최초 분석 사례라는 점에서 의미가 있다. 그러나 분석 대상이 정식 발굴조사에 의한 것이 아니기 때문에 유물과 관련된 다른 정보를 전혀 알 수 없다. 또한, 분석된 석도 자체도 모두 파손되어 일부만이 잔존한 것이므로 만

49) 高瀨克範, 2002,「岩寺洞(Amsa-dong)遺跡出土石庖丁の使用痕分析」『岩手縣文化振興事業團埋藏文化財センター紀要』ＸＸＩ.

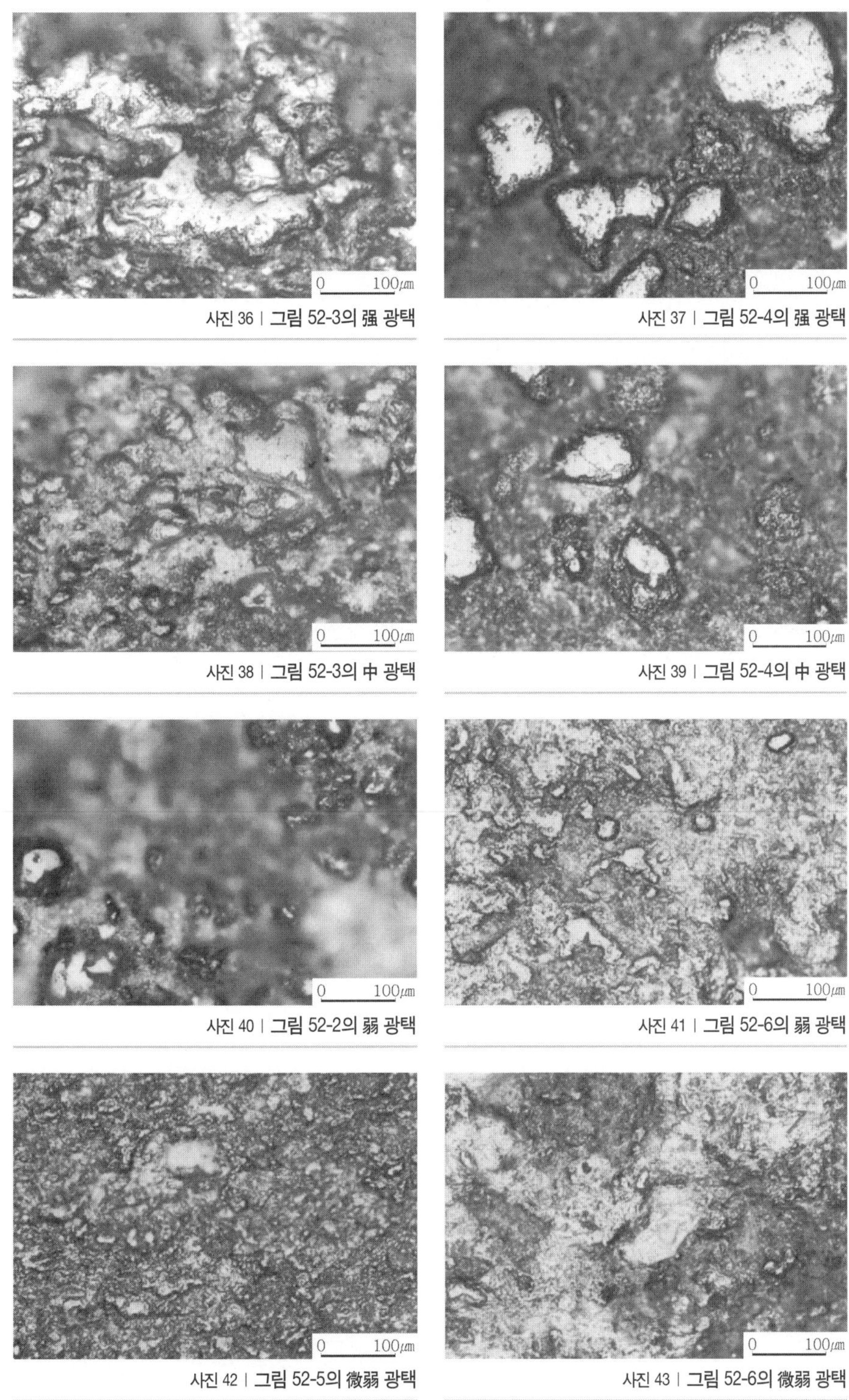

사진 36 | 그림 52-3의 强 광택

사진 37 | 그림 52-4의 强 광택

사진 38 | 그림 52-3의 中 광택

사진 39 | 그림 52-4의 中 광택

사진 40 | 그림 52-2의 弱 광택

사진 41 | 그림 52-6의 弱 광택

사진 42 | 그림 52-5의 微弱 광택

사진 43 | 그림 52-6의 微弱 광택

족할만한 분석 결과를 얻지 못하고 있다. 따라서 이 연구는 하나의 분석 사례일 뿐 그 이상의 의미는 없다고 생각한다.

마지막으로 가장 최근에 이루어진 연구성과로는 高瀨克範·庄田愼矢에 의한 분석이 있다.[50] 이들은 대구 東川洞遺蹟에서 출토된 반월형석도 19점에 대하여 사용흔 분석을 행하였다. 석도의 형식은 長方形 또는 梯形이 대부분이며, 舟形이 1점 포함되어 있다. 금속현미경을 사용하여 100~500배로 관찰한 결과 총 15점에서 벼과식물에 의한 광택면과 선상흔이 확인되었다. 특히, 刃部와 平行·斜行하는 방향의 선상흔이 주목되는데, 이를 근거로 눌러끊기와 당겨끊기 등 보다 다양한 수확방법이 추정되었다(그림 53). 이러한 특수한 수확방법에 대한 석도의 把持法은 끈을 약간 길게 하여 人指 또는 人指·中指를 한꺼번에 넣은 후 한쪽으로 치우친 부분을 잡는 것을 상정하였다. 그리고 대다수의 석도에서 刃部가 부착된 면의 광택이 반대쪽보다 발달한 것을 볼 때, 이러한 면을 위로 향하게 하여 작업하였을 것으로 판단하였다.

이들의 분석은 먼저 한 유적에서 출토된 다수의 유물을 관찰하였다는 데에 의미가 있다. 그러나 사용방법의 추정에는 약간의 무리가 있는 것으로 파악된다. 우선, 끈의 사용과 관련하여 필자가 실제로 모형 석도를 제작하여 실험해 본 결과, 中指를 끈에 집어넣고 석도의 중앙부분을 잡으면 손가락 끝에 가볍게 힘을 주는 것이 자연스럽게 손목으로 전달되어 석도를 上下방향으로 움직여 이삭을 따는 데에 가장 용이한 것으로 판단되었다. 따라서 끈을 길게 하여 석도의 한쪽 부분을 잡는 것은 끈을 사용하는 가장 큰 이점을 포기하는 비효율적인 방법이라

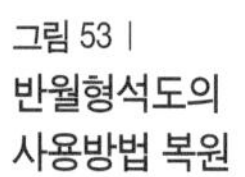
그림 53 | 반월형석도의 사용방법 복원

高瀨克範·庄田愼矢 2004, p.169

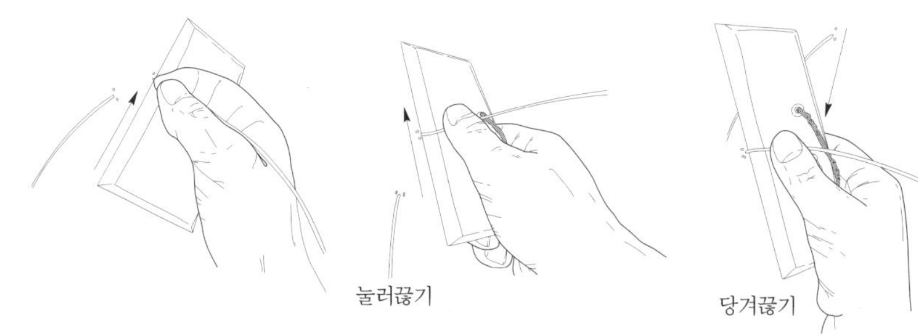

50) 高瀨克範·庄田愼矢, 2004,「大邱東川洞遺跡出土石庖丁の使用痕分析」『古代』115, 早稻田大學考古學會.

생각된다. 즉, 끈을 끼우는 구멍 자체가 한쪽으로 치우쳐 있는 경우가 아니라면 석도의 한쪽 부분을 잡고 작업할 경우 끈에 손가락을 집어넣을 이유가 없다.

또한, 刃部가 부착된 면이 위로 향하게 하는 작업 방법이 동천동유적에 존재하였다는 사실은 사용흔 분석 결과를 통하여 인정될 수 있지만, 그들의 주장처럼 刃部가 부착되지 않은 면을 위로 향하게 하여 작업하였다는 견해가 근거 없는 선입관에 불과한 것은 아니다. 삼각형석도의 경우 대부분 왼쪽에 날이 밑으로 가 있다는 사실과 刃이 없는 면에 엄지손가락이 닿는 부분을 쪼아내어 잡기 쉽게 한 석도의 예를 근거로 하여, 刃面이 밑으로 가게 사용한 것으로 보는 견해가 이미 발표된 바 있다.[51] 굳이 특별한 분석을 행하지 않더라도 알 수 있는 사실을, 단지 하나의 유적에서 출토된 유물에 대한 사용흔 분석을 통하여 잘못된 것이라고 하는 주장은 무리가 있다. 사용흔 분석도 도구의 사용방법 복원을 위한 많은 방법 가운데 하나일 뿐이라는 점을 감안할 필요가 있다.

한편, 高瀨克範에 의하여 부리형석기에 대한 사용흔 분석도 행하여진 바 있다.[52] 대구 東湖洞遺蹟 출토품 6점에 대한 분석이 이루어졌는데, 사용에 의한 광택면이나 선상흔은 관찰되지 않았다. 부리형석기에 대해서는 흑요석기 修正具,[53] 굴지구,[54] 携帶用砥石,[55] 수확구,[56] 제사유물[57] 등의 다양한 기능이 상정되고 있다. 그러나 현미경 관찰 결과 사용에 의한 흔적이 전혀 확인되지 않았기 때문에 실생활에 이용되었다고 보는 것은 무리가 있다. 부리형석기의 출토량이 많은 것을 볼 때 다양한 용도가 존재하였을 수도 있지만, 현재로서는 의례용구의 가능성이 가장 높다고 판단된다.

---

51) 安承模, 1985, 『韓國半月形石刀의 硏究』, 서울大學校大學院 碩士學位論文, p.82.

52) 高瀨克範, 2003, 「Use-wear analysis of 'beak-shaped stone tool' from Dongho-dong site, Daegu, Korea」『大邱 東湖洞遺蹟』, 嶺南文化財硏究院.

53) 과학원출판사, 1959, 『회령 오동 원시유적 발굴보고』유적발굴보고 7, p.37.

54) 李相吉, 1998, 「無文土器時代의 生活儀禮」『環濠集落と農耕社會の形成』九州考古學會・嶺南考古學會 第3回 合同考古學大會, pp.253~254.

55) 國立昌原文化財硏究所, 2001, 『晋州 大坪里 漁隱2地區 先史遺蹟』Ⅰ, p.210.

56) 兪炳琭, 2002, 「大邱地域의 初期農耕」『韓日 初期農耕 比較硏究』韓日合同심포지움 및 現地檢討會, 大阪市學藝員等共同硏究 韓半島綜合學術調査團, p.132.

57) 安在晧, 2004, 「中西部地域 無文土器時代 中期聚落의 一樣相」『韓國上古史學報』43, 韓國上古史學會, p.16.

2) 問題點과 課題

이상과 같이 한반도 출토 마제석기에 대한 사용흔 분석 사례를 살펴보았다. 아직까지 연구성과가 소수에 불과하지만, 앞으로 이러한 연구방법이 보다 일반화되어 발전적으로 나아가기 위하여 몇 가지 문제점과 이를 해결하기 위한 과제를 언급하고자 한다.

첫 번째 문제점은 분석 대상이 반월형석도에 한정되어 있다는 점이다. 한반도에서 출토된 마제석기 가운데 가장 대표적인 농경도구가 반월형석도임은 주지의 사실이다. 또, 사용흔 광택 타입 가운데 수확구에서 흔히 관찰되는 A · B타입이 벼과식물과 강한 상관관계를 가지며, 이러한 타입의 식별이 가장 용이하다는 것은 앞에서 밝힌 바 있다. 따라서 반월형석도는 사용흔 분석을 통하여 유효한 결과를 얻기 쉬운 대상이며, 이러한 이유로 석도에 대한 분석이 집중적으로 이루어지고 있다. 그러나 사용흔 분석의 목적이 기능의 추정에 있다는 점을 감안하면, 석도는 적당한 분석 대상이라 생각되지 않는다. 이는 반월형석도의 기능에 대해서 이미 여러 측면의 접근을 통하여 摘穗具임이 확인되었기 때문이다. 물론, 보다 세밀한 연구를 진행하기 위하여 석도 형식과의 상관관계를 살피거나, 다양한 작업방법의 가능성을 파악하기 위한 분석은 가능하다. 하지만 정확한 기능을 알 수 없는 석기에 대한 분석이 이 분석법의 장점을 부각시키는 데에 보다 효과적이라 생각한다. 앞서 언급한 부리형석기에 대한 분석에서 비록 사용흔은 관찰되지 않았지만, 이를 통하여 석기의 기능에 대한 객관적인 근거를 확보하는 것이 가능하였다. 이밖에도 석검과 같이 실제 사용여부에 논란이 있는 석기나, 용도에 있어서 異見이 존재하는 유구석부 등 기능이 불분명한 다양한 석기에 대한 사용흔 분석이 이루어질 필요가 있다.

두 번째로 언급할 사항은 사용흔 분석의 가장 중요한 요소 가운데 하나인 복제 석기의 사용실험이 이루어지지 않았다는 점이다. 본 장에서는 석기의 사용실험에 대하여 비교적 간단하게 기술하였지만, 사실 가장 어려우면서 동시에 많은 시간이 소요되는 것이 바로 이 과정이다. 반월형석도의 경우 다수의 분석 사례가 축적되어 있기 때문에 사용실험이 반드시 요구되는 것은 아니지만, 새로운 형태의 유물을 대상으로 분석을 시도할 때에는 이 과정을 거쳐야만 한다. 앞서 언급한 바와 같이 사용흔 광택의 동정에 있어서 객관성을 부여하기 위한 다양한 시도들이 이루어지고 있지만, 아직까지 많은 부분을 연구자의 판단에 의존하고 있는 실정이다. 따라서 연구자의 숙련도가 사용흔 분석의 성패를 좌우하는 중요한 열쇠가 되며, 이를 위해서는 실제 석기의 사용흔을 지속적으로 관찰하는 것과 함께, 사용실험과 실험석기의 관찰을 반복할 필요가 있다. 이러한 과정을 통하여 석기의 제작과 사용에 대한 기본적인 이해가 구축된 연구자만이 사용흔 분석의 결과를 올바르게 해석할 수 있을 것이다.

마지막 세 번째 문제점은 일본 측 연구자의 분석 사례에서 확인된 내용으로, 사용흔 분석 결과만을 통하여 사용방법을 복원하는 것은 무리가 있다는 점이다. 즉, 사용흔 분석이 석기의 기능을 밝히기 위한 가장 객관적인 방법임은 분명하지만, 그렇다고 이러한 분석을 행하지 않고 추정된 결과들을 모두 신뢰할 수 없다고 생각하는 것은 곤란하다. 석기의 기능 및 사용방법의 추정을 위해서는 사용흔 분석 결과와 함께 석기의 형식, 출토 유구나 유적의 성격, 공반유물 등 석기가 가지고 있는 여러 정보를 동시에 고려할 필요가 있다. 이러한 종합적인 접근이 가능하려면, 사용흔 분석뿐만 아니라 한반도 출토 마제석기에 대한 다각적 검토가 이루어져야 한다. 1절에서 언급한 바와 같이 사용흔 분석은 석기에 대한 다양한 분석방법 가운데 하나로서 확립되어야 하며, 다른 방법들과 유기적인 관계를 맺을 때 과거상의 복원에 보다 근접할 수 있는 견해의 제시가 가능할 것이다.

4. 小結

본 장에서는 석기의 기능을 추정하기 위한 객관적인 방법의 하나로서 사용흔 분석법을 소개하였다. 사용흔 분석이란 사용에 의하여 석기에 생긴 물리적이고 화학적인 변화를 통하여 석기의 사용방법이나 피가공물의 성격, 작업량, 재가공 여부 등을 파악하는 것이다. 현재 전 세계적으로 사용흔 분석에 가장 많이 이용되는 방법은 고배율법이다. 고배율법은 금속현미경을 사용하여 비교적 높은 배율로 사용흔을 관찰하며, 검출된 사용흔의 해석을 위하여 복제 석기의 사용실험을 행하는 것이 일반적이다. 특히, 사용흔 광택면의 관찰에 중점을 둔 것이 특징이라 할 수 있는데, 광택을 통하여 피가공물을 상정하는 것이 가능하다. 이밖에 선상흔의 관찰을 통하여 석기의 운동방향도 파악할 수 있다.

이러한 사용흔 분석법은 현재 일본에서 가장 활발하게 전개되고 있으며, 최근 한반도 출토품에 대한 분석 사례도 증가하고 있는 추세이다. 아직까지 연구성과가 소수에 불과한데, 몇 가지 문제점과 과제를 언급하였다. 첫째, 분석 대상이 반월형석도에 한정되어 있어, 보다 기능이 불분명한 석기에 대한 분석이 이루어질 필요가 있다. 둘째, 복제 석기의 사용실험이 이루어진 경우가 없는데, 연구자의 숙련도가 사용흔 분석의 성패를 좌우한다는 점을 감안하면, 실제 석기의 사용흔 관찰과 함께 실험석기의 반복적인 관찰이 요구된다. 셋째, 사용흔 분석 결과만을 통하여 사용방법을 복원하는 것은 무리가 있다는 점이 확인되어, 석기가 가지고 있는 여러 가지 정보를 동시에 고려할 필요성이 제기되었다.

이상과 같이 사용흔 분석의 방법과 분석 사례, 그리고 한반도 고고학에 있어서 앞으로의 전망에 관하여 간단하게 살펴보았다. 최근에는 실험과 관찰을 통한 단순한 사용흔 분석에서 벗어나 분석방법을 보다 체계적으로 정립하려는 연구도 이루어지고 있다. 유물에 남겨진 흔적이 물질자료의 상호관계 가운데에서 어떠한 성격을 가지면서 위치하는가에 대한 검토,[58] 석기의 일생(life history) 동안 각 단계에 남겨진 흔적들의 의미를 파악하려는 연구[59] 등이 전개됨으로써 사용흔 분석에 대한 이론적 전제의 확립이 가능하게 되었다. 일본에서는 이러한 연구와 병행하여 지속적인 사용흔 분석 사례가 축적되고 있다. 발굴 보고서에 제시된 여러 가지 분석 가운데 사용흔 분석이 하나의 자리를 차지하게 되어, 어느 정도의 일반화가 이루어졌다고 생각된다. 본고를 통하여 한국에서도 사용흔 분석법이 보편화되기를 기대해 본다.

58) 五十嵐彰, 2003, 「「使用」の位相」『古代』113, 早稲田大學考古學會.
59) 澤田敦, 2003, 「石器のライフヒストリー研究と使用痕分析」『古代』113, 早稲田大學考古學會.

VII

맺음말

맺음말

제 VII 장

이상과 같이 한반도 마제석기에 대한 종합적인 분석을 시도하여 보았다. 이를 요약 · 정리하면 다음과 같다.

먼저, II장에서는 과거 先學에 의하여 진행된 연구의 의의와 문제점을 간략히 살펴보았으며, 여기서 제기된 문제점에 대한 인식을 바탕으로 연구의 방향을 상정하였다. 기존 연구성과의 문제점으로는 1) 분석의 근간이 된 마제석기 가운데 출토양상을 정확하게 파악할 수 없는 것이 많다는 점, 2) 기존 연구의 형식분류가 너무 세분화되어 고고학적으로 무의미한 분류가 다수 존재한다는 점, 3) 객관적인 분석방법의 활용에 의한 석기의 기능 추정이 이루어지지 못한 점, 4) 연구대상 범위가 제한되어 있다는 점을 들었다. 이러한 문제점을 해결하기 위하여 본고의 III장에서는 한반도 내에서 마제석기의 전반적인 시기적 흐름과 지역적 양상을 제시하였으며, IV장에서는 지역 범위를 보다 확대시켜 중국 동북지역과 일본 북부 九州地域 마제석기와의 비교를 시도하였다. 다음으로 V장에서는 마제석기를 이용한 연구의 다양한 방향성을 제시한다는 측면에서 석기를 통한 청동기시대 취락의 성격 검토를 행하였다. 그리고 마지막 VI장에서 마제석기 연구의 새로운 방향으로서 사용흔 분석법을 제시하였다.

III장에서는 마제석기의 변천과 지역상을 살펴보았다. 한반도 출토 마제석기의 대표적 기종인 석검, 석촉, 석도, 석부를 각각 형식분류하고 이들의 시간적 · 공간적 양상을 제시하였다. 형식분류에 있어서는 출토양상이 양호한 고고학 자료만의 분석에 의해 마제석기의 문화적 성격을 보다 명확하게 밝히기 위하여, 정식 발굴조사를 통하여 보고되어 유물의 출토양상이나 공반관계 등이 비교적 확실한 것만으로 연구대상을 제한하였다. 그리고 형식을 구분함에 있어서는 마제석기의 속성을 고려하여 지나치게 세분된 형식분류를 행하지 않음으로써 연구상의 혼란을 피하고자 하였다. 한편, 북한지역에서는 유적의 전모를 파악할 수 있을 정도의 전면적인 발굴조사가 이루어지거나 정식으로 보고된 유적 사례가 소수에 불과하기 때문에, 남한지역 출토품에 대한 연구와는 다른 연구방법이 요구된다. 따라서 양 지역을 구분하여 각각의 마제석기 변화상을 언급한 다음, 이들의 병행관계를 상정하는 방식으로 논지를 전개하였다.

분석 결과 남 · 북한 양 지역에서 기종별로 유사성을 보이는 다수의 마제석기 형식을 확인할 수 있었다. 이 가운데 특정 시기에 등장하는 석기들을 통하여 시기적 병행관계를 상정하는 것이 가능하다. 대체로 북한지역의 II단계에 새로운 형식의 마제석기가 다수 등장하는데, 유혈구이단병검과 경부에 홈이 있거나 허리부분이 잘록한 유경식석검, 이단경촉과 일체형석촉 등이 이에 해당한다. 이 중 남한지역에서 전기에만 확인되는 것으로 이단병검과 이단경촉이 있으며, 후기에만 출토되는 것으로는 유경식석검, 일체형석촉 등을 들 수 있다. 이러한 예들을 볼 때 북한지역의 II단계는 남한지역의 전 · 후기 모두에 해당하는 것으로 판단된다. 그 이전의 북한지역 I단계에 대해서는 남한지역에서 최근 새롭게 설정되고 있는 조기와의 병행관계를 상정할 수 있다. 물론, 아직까지 남한지역에서 조기 유적의 조사예가 소수에 불과하기 때문에 자료의 증가를 기다릴 필요가 있지만, 양 지역 모두에서 이 단계에 유병식석검이 존재하지 않고 있어 그 가능성이 인정된다. 즉, 북한과 남한지역의 시기적 병행관계는 북한지역의 I단계가 남한지역의 조기에, II단계가 전 · 후기에, 그리고 III단계가 후기에 각각 해당하는 것으로 정리할 수 있다. 그러나 이러한 양 지역의 병행관계가 서로 일대일로 대응하는 것이 아니라는 점을 생각할 필요가 있다. 본고의 목적은 마제석기의 전반적인 흐름을 파악하는 데에 있기 때문에 시기구분 또한 대략적일 수밖에 없다. 따라서 양 지역의 병행관계도 일정 부분 공존하는 시점이 존재한다는 의미일 뿐, 시간적 위치가 완전히 일치한다는 것은 아니다.

이밖에 북한지역과 남한지역 모두에서 전 시기에 걸쳐서 확인되는 주형 · 장방형 · 즐형석도, 일단경촉 등은 시기에 관계없이 지속적으로 이용되었다고 생각된다. 이와 달리 편평삼각촉이나 어형석도의 경우 북한지역에서 전 시기에 걸쳐 사용되지만, 남한지역에서는 전기 유적에서만 확인되고 있어 차이를 보인다. 송국리문화의 등장과 함께 석촉은 일단경식으로 통일되며, 석도는 삼각형이 새롭게 등장하면서 어형이 소멸된 것으로 추정된다. 또, 남한지역에서는 확인되지만 북한지역에서 거의 발견되지 않는 형식도 있다. 대표적인 것으로 일단병검과 삼각형석도, 유구석부 등을 들 수 있는데, 이들은 모두 남한지역의 후기 유적에서만 확인되고 있다. 분포의 중심도 역시 남한지역이기 때문에 남한지역의 후기에 발생한 석기로 생각되며, 소수의 북한지역 출토품은 남한지역의 영향에 의한 것으로 볼 수 있다. 물론, 청동기 문화의 전반적인 흐름에 있어서 북 → 남으로의 방향성은 주지의 사실이지만, 모든 문화의 요소가 한 방향으로만 흘러간다고 보는 것은 무리가 있다.

한편, 상기한 마제석기의 병행관계를 통하여 이단병검과 이단경촉의 기원 문제를 생각해 볼 수 있다. 이러한 문제에 대해서는 많은 선학들의 연구가 있어 왔지만, 아직까지 뚜렷한 정설이 존재하는 것은 아니다. 이단병검과 이단경촉은 모두 북한지역의 II단계에 처음으로 등장하며 남한지역에서는 전기 유적에서만 확인된다. 한반도의 주변 지역에서는 이러한 형식이 관찰되지 않기 때문에 한반도 내에서의 자체적인 변화과정이나 혹은 이 단계에 유입된 다른 器物의 영향에 의한 발생을 상정할 수 있다. 본고에서는 청동기의 모방에 의한 발생 가능성이 높다고 생각되는데, 그 이유로는 우선 유혈구이단병검과 비파형동검, 그리고 이단경촉과 청동촉의 형태적 유사성을 들 수 있다. 그리고 시기적으로 북한지역에서 II단계에 동검과 동촉이 등장하고 있다는 점도 이러한 추정을 가능하게 한다. 단, 남한지역에 있어서는 전기유적에서만 이단병검이 확인되는 것에 반하여, 비파형동검은 주로 후기에 출토되는 점이 문제가 된다. 이에 대해서는 최근 비래동 유적 출토 동검을 근거로 남한지역 전기 단계의 동검이 새롭게 설정되고 있어, 이러한 주장을 받아들인다면 석검의 동검조형설이 남한지역에서도 적용될 수 있으리라 생각된다.

IV장에서는 연구의 지역 범위를 보다 확대시켜 주변지역과의 관계에 대하여 검토하였다. 먼저, 마제석기의 기원 문제와 관련하여 중국 동북지역의 遼東半島 출토 자료를 살펴본 다음 이를 북한지역 출토품과 비교하였다. 분석 결과 석검을 포함한 석촉, 석도, 석부에 있어서 양 지역이 유사한 변화 양상을 보이고 있어, 이들 석기에 대해서는 遼東半島와 한반도의 직접적인 관련을 상정해도 무리가 없다고 생각한다. 그러나 이와 달리 遼東半島에서 기원을 찾을 수 없는 석기의 양상도 존재한다. 유병식석검과 이단경촉, 그리고 이들 석기에 나타나는 혈구의 존재 등은 遼東半島에서 확인되지 않는 양상으로, 이에 대해서는 이미 III장에서 언급한 바 있다.

다음으로 마제석기의 일본열도 전파 과정을 살피기 위하여 北部九州의 대륙계마제석기와 남한지역의 마제석기를 비교하였다. 대륙계마제석기는 그 명칭에서도 알 수 있듯이 한반도의 직접적인 영향에 의하여 성립되었기 때문에, 양 지역의 문화전파를 이해하는 데에 결정적인 자료를 제공하고 있다. 이에 대해서는 일본 측의 연구성과가 어느 정도 집적되어 있어, 이를 기본적으로 참조하면서 석기의 형식과 조성에 대하여 한반도 자료와 비교·검토하였다. 석기 형식에 대한 비교 결과 대부분의 기종에 있어서 직접적인 영향 관계가 확인되며, 일부 수용자 측의 필요에 의한 능동적인 선택이 추정된다. 그리고 도작문화의 전파 경로에 대해서는 기존에 제기되었던 낙동강유역, 보다 구체적으로는 남강유역일대가 후보지로 상정되며, 서해안지역과의 관련 가능성도 지적할 수 있다. 한편, 석기 조성의 비교를 통해서는 수도농경의 본격화라는 동일한 조건에도 불구하고 생계경제 방식에서 양 지역의 차이가 확인되며, 석기제작 규모에서도 차이점이 발견된다. 또한, 벌채부와 가공부의 상대 비율을 통하여 삼림개발과 수전경영이 한반도에서 성행시기를 달리하는 것에 반하여 北部九州에서는 동시에 일어났음을 확인할 수 있다.

Ⅴ장에서는 마제석기의 기능적 속성이 청동기시대인들의 실제 생활상을 복원하는 데에 보다 유효하다는 생각을 바탕으로, 마제석기 분석을 통하여 청동기시대 취락의 생계유형과 사회조직 복원을 시도하였다. 이는 마제석기를 이용한 연구의 다양한 방향성을 제시한다는 측면의 시론적 검토로, 기존 연구에서 석기의 개별 기종 연구에 집중되어 연구대상 범위가 제한되어 있었던 한계를 극복하기 위한 시도라 할 수 있다. 구체적인 검토는 청동기시대의 대표적 취락인 天安白石洞遺蹟과 保寧 寬倉里遺蹟을 대상으로 하였다. 이들은 각각 청동기시대 전기와 후기를 대표하는 유적으로, 동일 시기에 해당하는 대단위 취락유적이면서 다수의 마제석기가 출토되었기 때문에 취락의 성격을 살펴보기에 좋은 자료라 생각한다. 분석은 마제석기의 출토량과 조사된 주거지 기수가 상대적으로 다수인 관창리유적을 중심으로 하여 백석동유적과의 비교를 행하였다.

분석 결과는 다음과 같다. 먼저, 마제석기 조성비를 통한 생계유형의 복원 결과, 백석동·관창리 취락의 사람들은 구릉에 입지한 유적이 일반적으로 영위하던 생계경제 방식 즉, 어로활동을 제외한 농경, 수렵, 채집을 병행한 것으로 판단된다. 그러나 다른 유적과의 조성비 비교를 통하여 볼 때 수렵이나 농경활동의 비율이 뚜렷하게 높은 것은 아니며, 오히려 채집활동이 상대적으로 활발하였을 가능성이 있다.

다음으로 주거지별 마제석기 출토양상을 근거로 사회조직의 복원을 시도하였다. 분석 결과, 관창리취락에 있어서 마제석기의 출토량은 주거지 간의 위계를 어느 정도 반영하는 것으로 판단된다. 관창리취락은 마제석기가 다량 출토된 주거지를 중심으로 하여 5~8개의 군으로 구분할 수 있다. 구분된 각 군에는 상대적으로 위계가 높은 주거지가 1~2기씩 존재하는데, 이들 주거지를 중심으로 마제석기의 제작을 포함하여 생계와 관련된 다양한 활동이 이루어졌음이 추정된다. 그리고 대형의 주거지 및 마제석기 출토량이 다수인 주거지가 집중 분포하는 유적 북서쪽 구릉 상부는 취락 전체를 관리하는 住居中心群이었을 가능성이 높다. 한편, 백석동취락에서도 위신재인 석검의 존재를 통하여 관창리취락과 유사한 주거지의 배치양상을 확인할 수 있다. 따라서 취락 전체를 관리하는 조직에 있어서 청동기시대 전기와 후기에 큰 차이가 없었을 것으로 판단된다.

VI장에서는 마제석기의 기능 추정을 위한 객관적인 방법의 하나로서 사용흔 분석법을 소개하였다. 사용흔 분석이란 사용에 의하여 석기에 생긴 물리적이고 화학적인 변화를 통하여 석기의 사용방법이나 피가공물의 성격, 작업량, 재가공 여부 등을 파악하는 것이다. 현재 전 세계적으로 사용흔 분석에 가장 많이 이용되는 방법은 고배율법이다. 고배율법은 금속현미경을 사용하여 비교적 높은 배율로 사용흔을 관찰하며, 검출된 사용흔의 해석을 위하여 복제 석기의 사용실험을 행하는 것이 일반적이다. 특히, 사용흔 광택면의 관찰에 중점을 둔 것이 특징이라 할 수 있는데, 광택을 통하여 피가공물을 상정하는 것이 가능하다. 이밖에 선상흔의 관찰을 통하여 석기의 운동방향도 파악할 수 있다.

이러한 사용흔 분석법은 현재 일본에서 가장 활발하게 전개되고 있으며, 최근 한반도 출토품에 대한 분석 사례도 증가하고 있는 추세이다. 아직까지 연구성과가 소수에 불과한데, 몇 가지 문제점과 과제를 언급하였다. 첫째, 분석 대상이 반월형석도에 한정되어 있어, 보다 기능이 불분명한 석기에 대한 분석이 이루어질 필요가 있다. 둘째, 복제 석기의 사용실험이 이루어진 경우가 없는데, 연구자의 숙련도가 사용흔 분석의 성패를 좌우한다는 점을 감안하면, 실제 석기의 사용흔 관찰과 함께 실험석기의 반복적인 관찰이 요구된다. 셋째, 사용흔 분석 결과만을 통하여 사용방법을 복원하는 것은 무리가 있다는 점이 확인되어, 석기가 가지고 있는 여러 가지 정보를 동시에 고려할 필요성이 제기되었다.

이상 한반도 마제석기의 전반적인 흐름을 언급하였으며, 마제석기를 이용한 새로운 시각의 연구를 시도하였다. 이러한 연구를 통하여 청동기시대의 문화상을 밝히기 위한 자료로서 마제석기의 위치가 정당하게 평가될 수 있으리라 생각한다. 최근 청동기시대 연구 분야의 확대 및 심화와 더불어 마제석기에 대한 연구도 활발히 전개되고 있다. 과거 토기나 청동기를 통한 편년수립에 있어서 보조적인 역할에 머무르던 석기 연구가, 석기로서의 특질에 대한 인식과 함께 선행연구의 공백을 메울 수 있는 대상으로 주목받고 있는 것이다. 필자의 연구도 이러한 연구경향의 연장선상에 위치하고 있지만, 부족한 부분이 많은 것은 인정할 수밖에 없다. 앞으로 보다 세분화된 자료를 대상으로 정밀한 분석을 시도하여 조금씩 보완하고자 한다.

1. 著書 및 論文

| 國內 |

강인욱, 2005, 「한반도 동북한지역 청동기문화의 지역성과 편년」『江原地域의 靑銅器文化』2005년 추계학술대회, 江原考古學會.

國立光州博物館, 1994, 『先·原史人의 道具와 技術』.

국립대구박물관, 2005, 『사람과 돌』.

國立中央博物館·國立光州博物館, 1992, 『韓國의 靑銅器文化』, 汎友社.

金京七, 1997, 「全南地方 出土 磨製石斧에 대한 硏究」『韓國上古史學報』25, 韓國上古史學會.

______, 2003, 「韓半島 出土 一段石斧에 對한 小考」『목포대학교박물관20주년기념논총』, 목포대학교박물관.

金邱軍, 1996, 「韓國式石劍의 硏究(1)」『湖巖美術館硏究論文集』1, 湖巖美術館.

金權中, 2004, 「北漢江流域 靑銅器時代 住居類型과 中期 設定 試論」『文化史學』22, 韓國文化史學會.

김규정, 2002, 「松菊里型住居址內 타원형구덩이 機能 檢討」『호남문화재연구원 硏究論文集』2, 湖南文化財硏究院.

金相冕, 1985, 『三角形石刀의 一硏究』, 嶺南大學校大學院 碩士學位論文.

김석훈, 1988, 『한강유역 출토 돌도끼의 연구』, 淸州大學校大學院 碩士學位論文.

金仙宇, 1994, 「한국 마제석검의 연구 현황」『韓國上古史學報』16, 韓國上古史學會.

金承玉, 1997, 「鋸齒文土器: 정치적 권위의 象徵的 表象」『韓國考古學報』36, 韓國考古學會.

______, 2000, 「호남지역 마한 주거지의 편년」『湖南考古學報』11, 湖南考古學會.

金良善, 1962, 「再考를 要하는 磨製石劍의 形式分類와 祖形考定의 問題」『古文化』1, 韓國大學博物館協會.

金英夏, 1978, 「磨製石劍存疑」『考古美術』136·137, 韓國美術史學會.

______, 1979, 「磨製石劍의 祖型에 관하여」『韓國史硏究』24, 韓國史硏究會.

김용간, 1964, 「우리나라 청동기시대의 년대론과 관련한 몇 가지 문제」『고고민속』2, 사회과학원출판사.

김용간·안영준, 1986, 「함경남도, 량강도일대에서 새로 알려진 청동기시대 유물에 대한 고찰」『조선고고연구』1, 사회과학출판사.

金元龍, 1963, 「靈岩郡 月松里의 石器文化」『震檀學報』24, 震檀學會.
______, 1965, 「韓國栽稻起源에 대한 一考察」『震檀學報』25·26·27, 震檀學會.
______, 1969, 「仁川出土의 一石錘」『歷史敎育』11·12, 歷史敎育硏究會.
______, 1969, 「文化財管理局所藏有溝石斧類」『李弘稙博士回甲紀念韓國史學論叢』.
______, 1971, 「韓國磨製石劍起源에 關한 一考察」『白山學報』10, 白山學會.
______, 1972, 「韓國 半月形石刀의 發生과 展開」『史學志』6, 檀國大學校史學會.
김재용, 2000, 「대동강류역에서 알려진 달도끼, 별도끼에 대하여(1)」『조선고고연구』3, 사회과학출판사.
金載元·尹武炳, 1967, 『韓國支石墓硏究』, 國立博物館.
김재윤, 2004, 「韓半島 刻目突帶文土器의 編年과 系譜」『韓國上古史學報』46, 韓國上古史學會.
金載昊, 2000, 『松菊里型 住居址의 構造와 分布圈에 관한 硏究』, 東亞大學校大學院 碩士學位論文.
金正基, 1996, 「靑銅器 및 初期鐵器時代의 竪穴住居」『韓國考古學報』34, 韓國考古學會.
김종혁, 2000, 「표대유적에서 새로 발굴된 청동비파형창끝에 대한 고찰」『조선고고연구』4, 사회과학출판사.
金昌鎬, 1981, 「有柄式石劍 型式 分類 試論」『歷史敎育論集』2, 慶北大學校師範大學歷史科.
김한식, 2006, 「경기지역 역삼동유형의 정립과정」『서울·경기지역 청동기문화의 유형과 변천』제4회 서울경기고고학회 학술대회, 서울경기고고학회.
盧爀眞, 1981, 「有溝石斧에 대한 一考察」『歷史學報』89, 歷史學會.
______, 1984, 「江原地方의 磨製石斧」『論文集』2, 翰林大學.
______, 1986, 「靑銅器文化」『江原道의 先史文化』, 翰林大學아시아文化硏究所.
______, 2001, 「有溝石斧 再檢討」『古文化』57, 韓國大學博物館協會.
도성재, 2001, 「忠南 保寧市 舟橋面 寬倉里에서 出土된 石器遺物들에 대한 考古巖石學的 硏究」『寬倉里遺蹟』, 高麗大學校埋藏文化財硏究所.
도유호, 1959, 「조선 거석문화 연구」『문화유산』2, 과학원출판사.
董眞淑, 2001, 「半月形石刀의 一考察」『博物館硏究論集』8, 釜山博物館.
______, 2003, 『嶺南地方 靑銅器時代 文化의 變遷』, 慶北大學校大學院 碩士學位論文.
로성철, 1993, 「미송리형단지의 변천과 그 년대에 대하여」『조선고고연구』4, 사회과학출판사.
류병흥, 1996, 「고조선의 문화발전에 대한 고고학적 편년에 대하여」『조선고고연구』2, 사회과학출판사.
朴宣映, 2004, 『南韓 出土 有柄式石劍 硏究』, 慶北大學校大學院 碩士學位論文.
朴淳發, 1999, 「欣岩里類型 形成過程 再檢討」『湖西考古學』1, 湖西考古學會.
______, 2004, 「遼寧 粘土帶土器文化의 韓半島 定着 過程」『錦江考古』1, 忠淸文化財硏究院.
朴榮九, 2004, 「嶺東地域 靑銅器時代 住居址 硏究」『江原考古學報』3, 江原考古學會.
朴姿姸, 2002, 『靑銅器時代 住居址 內의 遺物分布에 대한 硏究』, 嶺南大學校大學院 碩士學位論文.

朴埈範, 1998,『한강유역 출토 돌화살촉에 대한 연구』, 弘益大學校大學院 碩士學位論文.
박진욱, 1967,「우리나라 활촉의 형태와 그 변천」『고고민속』1, 사회과학원출판사.
裵眞晟, 2000,『韓半島 柱狀片刃石斧의 硏究』, 釜山大學校大學院 碩士學位論文.
______, 2003,「無文土器의 成立과 系統」『嶺南考古學』32, 嶺南考古學會.
______, 2005,「檢丹里類型의 成立」『韓國上古史學報』48, 韓國上古史學會.
______, 2005,「無文土器時代 石器의 地域色과 組成變化」『사람과 돌』, 국립대구박물관.
복천박물관, 2003,『기술의 발견』.
서국태, 1996,「팽이그릇문화의 편년에 대하여」『조선고고연구』2, 사회과학출판사.
서국태 · 김광철, 1998,「새로 발견된 남양형단지에 대하여」『조선고고연구』2, 사회과학출판사.
成璟瑭, 2005,『韓國 南西部地域 支石墓 出土 石劍 小考』, 全南大學校大學院 碩士學位論文.
孫晙鎬, 2001,『韓半島 出土 半月形石刀의 諸分析』, 高麗大學校大學院 碩士學位論文.
______, 2002,「韓半島 出土 半月形石刀의 變遷과 地域相」『先史와 古代』17, 韓國古代學會.
______, 2003,「半月形石刀의 製作 및 使用方法 硏究」『湖西考古學』8, 湖西考古學會.
______, 2003,「磨製石器 分析을 통한 寬倉里遺蹟 B區域의 性格 檢討」『韓國考古學報』51, 韓國考古學會.
宋滿榮, 1995,『中期 無文土器時代 文化의 編年과 性格』, 崇實大學校大學院 碩士學位論文.
______, 1996,「火災住居址를 통해 본 中期 無文土器時代 社會의 性格」『古文化』51, 韓國大學博物館協會.
______, 2001,「南韓地方 農耕文化形成期 聚落의 構造와 變化」『한국 농경문화의 형성』제25회 한국고고학전국대회, 韓國考古學會.
신숙정, 2001,「우리나라 청동기시대의 생업경제」『韓國上古史學報』35, 韓國上古史學會.
沈奉謹, 1989,「日本 彌生文化 初期의 磨製石器에 대한 硏究」『嶺南考古學』6, 嶺南考古學會.
安敏子, 2001,『前期無文土器時代 石器의 特性檢討』, 公州大學校大學院 碩士學位論文.
安承模, 1985,『韓國半月形石刀의 硏究』, 서울大學校大學院 碩士學位論文.
______, 1993,「東아시아 初期收穫具의 種類와 分布」『민족문화』6, 한성대학교민족문화연구소.
安在晧, 1990,『南韓 前期無文土器의 編年』, 慶北大學校大學院 碩士學位論文.
______, 1992,「松菊里類型의 檢討」『嶺南考古學』11, 嶺南考古學會.
______, 2000,「韓國 農耕社會의 成立」『韓國考古學報』43, 韓國考古學會.
______, 2004,「中西部地域 無文土器時代 中期聚落의 一樣相」『韓國上古史學報』43, 韓國上古史學會.
______, 2006,『靑銅器時代 聚落硏究』, 釜山大學校大學院 博士學位論文.
元重皓, 2000,『韓半島 有溝石斧 硏究』, 漢陽大學校大學院 碩士學位論文.
兪炳琭, 2002,「大邱地域의 初期農耕」『韓日 初期農耕 比較硏究』韓日合同심포지움 및 現地檢討會, 大阪市學藝員等共同硏究 韓半島綜合學術調査團.
劉香美, 2005,『錦江流域 靑銅器時代 磨製石劍에 대한 硏究』, 全北大學校大學院 碩士學位論文.

尹德香, 1977, 『韓半島 磨製石劍의 一考察』, 서울大學校大學院 碩士學位論文.
______, 1983, 「石器」『韓國史論』13, 國史編纂委員會.
尹明喆, 1989, 「海路를 통한 先史時代 韓 · 日 兩地域의 文化接觸 可能性 檢討」『韓國上古史學報』 2, 韓國上古史學會.
尹容鎭, 1969, 「琴湖江流域의 先史遺跡硏究(Ⅰ)」『古文化』5 · 6, 韓國大學博物館協會.
이기성, 2000, 『無文土器時代 住居樣式의 變化』, 서울大學校大學院 碩士學位論文.
李白圭, 1974, 「京畿道 出土 無文土器 磨製石器」『考古學』3, 韓國考古學會.
李相吉, 1998, 「無文土器時代의 生活儀禮」『環濠集落と農耕社會の形成』九州考古學會 · 嶺南考古學會 第3回 合同考古學大會.
______, 2006, 「朝鮮半島の玉作」『季刊考古學』94, 雄山閣.
李錫凡, 2004, 「嶺南地域 磨製石鏃의 型式分類」『嶺南文化財硏究』17, 嶺南文化財硏究院.
李榮文, 1997, 「全南地方 出土 磨製石劍에 관한 硏究」『韓國上古史學報』24, 韓國上古史學會.
李榮文 · 金京七 · 曺根佑, 1996, 「新安 伏龍里 出土 石器類」『碩晤尹容鎭教授停年退任紀念論叢』.
李眞旼, 2005, 「中部地域 無文土器時代 前 · 中期 文化에 대한 一考察」『송국리문화를 통해 본 농경사회의 문화체계』, 서경.
이찬희 · 오규진 · 이효민 · 이명성, 2003, 「천안 운전리 청동기 유적지에서 출토된 석기의 정량분석과 고고지질학적 해석」『보존과학회지』12-1, 한국문화재보존과학회.
李憲宗, 1998, 「석기분석법」『考古學硏究方法論』, 서울대학교출판부.
李賢淑, 2000, 「中西部地方 前 · 中期 無文土器文化의 地域性 檢討」『先史와 古代』14, 韓國古代學會.
李亨源, 2001, 「可樂洞類型 新考察」『湖西考古學』4 · 5, 湖西考古學會.
李弘鍾, 1997, 「韓國 古代의 生業과 食生活」『韓國古代史硏究』12, 한국고대사학회.
______, 2000, 「無文土器가 彌生土器 성립에 끼친 영향」『先史와 古代』14, 韓國古代學會.
______, 2000, 「初期 農耕社會의 住居와 聚落」『尹世英教授 停年紀念論叢 韓國古代文化의 變遷과 交涉』, 刊行委員會.
______, 2003, 「忠南地域 松菊里型 住居址의 調査成果와 課題」『충남지역 매장문화재 발굴조사의 성과와 과제』충남역사문화연구소 제7회 워크샵.
林尙澤, 2001, 「中西部 新石器時代 石器에 대한 初步的 檢討Ⅰ」『韓國新石器硏究』1, 韓國新石器硏究會.
임세권, 1977, 「우리나라 마제석촉의 연구」『韓國史硏究』17, 韓國史硏究會.
全榮來, 1976, 「完州 上林里出土 中國式銅劍에 關하여」『全北遺蹟調査報告』6, 全州市立博物館.
______, 1982, 「韓國磨製石劍 · 石鏃編年에 關한 硏究」『馬韓 · 百濟文化』4 · 5, 圓光大學校馬韓百濟文化硏究所.
______, 1987, 「石器의 比較(日本과의 比較)」『韓國史論』17, 國史編纂委員會.

鄭澄元, 1991, 「初期農耕遺跡の立地環境」『日韓交渉の考古學』, 六興出版.
鄭漢德, 1990, 「美松里型土器の生成」『東北アジアの考古學』, 六興出版.
조선유적유물도감편찬위원회, 1988, 『조선유적유물도감』1.
趙現鐘, 1989, 『松菊里形土器에 대한 一考察』, 弘益大學校大學院 碩士學位論文.
______, 2000, 「農工具의 變遷과 生産量의 增大」『韓國 古代의 稻作文化』국립중앙박물관 학술심포지움 발표요지, 국립중앙박물관.
池健吉 · 安承模, 1983, 「韓半島 先史時代 出土 穀類와 農具」『韓國의 農耕文化』, 京畿大學出版部.
차달만, 1993, 「청천강류역 청동기시대 유적들의 년대」『조선고고연구』2, 사회과학출판사.
崔夢龍, 1973, 「潭陽齊月里의 石器文化」『湖南文化研究』5, 全南大學校湖南文化研究所.
______, 1975, 「月出山地區의 先史遺蹟」『文化人類學』7, 韓國文化人類學會.
______, 1976, 「康津琶山里 出土의 磨製石器類」『韓國考古』3, 서울大學校文理科大學考古人類學科.
崔盛洛, 1982, 「韓國 磨製石鏃의 考察」『韓國考古學報』12, 韓國考古學研究會.
崔淑卿, 1960, 「韓國摘穗石刀의 研究」『歷史學報』13, 歷史學會.
崔仁善, 1985, 「韓國交刃石刀에 對한 考察」『全南文化』3, 全南大學校全南文化研究會.
河仁秀, 1992, 「嶺南地方 支石墓의 型式과 構造」『伽耶考古學論叢』1, 駕洛國史蹟開發研究院.
______, 1992, 「嶺南地方 丹塗磨研土器의 編年」『嶺南考古學』10, 嶺南考古學會.
韓永熙, 1983, 「角形土器考」『韓國考古學報』14 · 15, 韓國考古學研究會.
한창균, 1996, 『북한 고고학 미술사 용어집』, 백산자료원.
______, 1999, 「최근 북한의 청동기시대 연구 동향」『韓國上古史學報』30, 韓國上古史學會.
洪性雨, 2002, 「玉房 1, 9地區 出土 半月形石刀의 製作方法에 대해서」『晋州 大坪 玉房 1 · 9地區 無文時代 集落』, 慶南考古學研究所.
황기덕, 1958, 「조선에서 나타난 활촉의 기본 형태와 분포」『문화유산』6, 과학원출판사.
______, 1965, 「무덤을 통하여 본 우리나라 청동기시대 사회관계」『고고민속』4, 사회과학원출판사.
______, 1970, 「두만강류역의 청동기시대 문화」『고고민속론문집』2, 사회과학출판사.
______, 1984, 『조선의 청동기시대』, 사회과학출판사.
______, 1989, 「비파형단검문화의 미송리류형」『조선고고연구』3, 사회과학출판사.
______, 1989, 「비파형단검문화의 미송리류형」『조선고고연구』4, 사회과학출판사.
黃銀順, 2003, 『韓半島 中部地域 無文土器文化 編年 研究』, 서울大學校大學院 碩士學位論文.
黃在焄, 2005, 『韓國 南西部地域 磨製石鏃의 變遷過程』, 全南大學校大學院 碩士學位論文.
黃昌漢, 2004, 「無文土器時代 磨製石鏃의 製作技法 研究」『湖南考古學報』20, 湖南考古學會.
黃炫眞, 2004, 『嶺南地域의 無文土器時代 地域性研究』, 釜山大學校大學院 碩士學位論文.

| 國外 |

家根祥多, 1997, 「朝鮮無文土器から彌生土器へ」『立命館大學考古學論集』Ⅰ.

甲元眞之, 1972, 「朝鮮半島の有柄式磨製石劍」『古代文化』24-9, 財團法人古代學協會.

岡崎里美, 1989, 「石器使用痕ポリッシュ研究の疑問」『季刊考古學』29, 雄山閣.

高橋哲, 2004, 「使用痕實驗報告と使用痕研究の課題」『アルカ研究論集』1, 埋藏文化財研究業務株式會社アルカ.

高瀨克範, 2002, 「岩寺洞(Amsa-dong)遺跡出土石庖丁の使用痕分析」『岩手縣文化振興事業團埋藏文化財センター紀要』XXI.

_______, 2003, 「Use-wear analysis of 'beak-shaped stone tool' from Dongho-dong site, Daegu, Korea」『大邱 東湖洞遺蹟』, 嶺南文化財研究院.

高瀨克範・庄田愼矢, 2004, 「大邱東川洞遺跡出土石庖丁の使用痕分析」『古代』115, 早稻田大學考古學會.

廣瀨雄一, 2005, 「對馬海峽을 사이에 둔 韓日新石器時代의 交流」『韓國新石器研究』9, 韓國新石器學會.

國立歷史民俗博物館, 1996・1997, 『農耕開始期の石器組成』1~4.

宮本一夫, 1985, 「中國東北地方における先史土器の編年と地域性」『史林』68-2, 史學研究會.

_______, 1991, 「遼東半島周代併行土器の變遷」『考古學雜誌』76-4, 日本考古學會.

_______, 2003, 「膠東半島と遼東半島の先史社會における交流」『東アジアと『半島空間』: 山東半島と遼東半島』, 思文閣出版.

近藤喬一, 2000, 「東アジアの銅劍文化と向津具の銅劍」『山口縣史 資料編 考古』1, 山口縣.

芹澤長介・梶原洋・阿子島香, 1981, 「實驗使用痕研究とその可能性」『考古學と自然科學』14.

鹿又喜隆, 2002, 「重複する使用痕の實驗研究」『文化』66-1・2, 東北大學文學會.

能登原孝道, 2005, 「大陸系磨製石器類」『吉野ヶ里遺跡』, 佐賀縣教育委員會.

端野晋平, 2003, 「支石墓傳播のプロセス」『日本考古學』16, 日本考古學協會.

_______, 2005, 「韓半島南部の「弧背弧刃系」石庖丁」『東アジア考古學會第66回例會發表要旨』.

大貫靜夫, 1996, 「欣岩里類型土器の系譜論をめぐって」『東北アジアの考古學』2, 깊은샘.

_______, 1998, 『東北アジアの考古學』, 同成社.

_______, 2003, 「石庖丁は日本海を渡ったか」『異貌』21, 共同體研究會.

大島隆之, 2003, 「韓國 無文土器時代磨製石器の時期差と地域差」『古文化談叢』50-上, 九州古文化研究會.

藤岡謙二郎・小林行雄, 1943, 「石器類」『大和唐古彌生式遺跡の研究』, 京都帝國大學文學部考古學教室.

藤口健二, 1982, 「朝鮮・コマ形土器の再檢討」『森貞次郎博士古稀記念古文化論集』上.

_______, 1986, 「朝鮮無文土器と彌生土器」『彌生文化の研究』3, 雄山閣.

藤本强, 1989, 「磨臼(サドル・カーン)について」『考古學と民族誌』渡辺仁教授古稀記念論文集, 六興出版.

藤森榮一, 1943,「彌生式文化に於ける攝津加茂の石器群の意義に就いて」『古代文化』14-7, 日本古代文化學會.
藤田等, 1964,「大陸系石器」『日本考古學の諸問題』考古學研究會10周年記念論文集.
藤田亮策, 1948,『朝鮮考古學研究』, 高桐書院.
梅崎惠司, 2000,「西日本の彌生時代早期と前期の石器」『彌生文化の成立』第47回 埋藏文化財研究集會 發表要旨集, 埋藏文化財研究會.
________, 2004,「無文土器時代と彌生時代の石器生産」『文化の多樣性と比較考古學』, 考古學研究會.
梶原洋・菅原康則・吉田智・長友恒人・伊東裕輔, 1998,「走査型レーズー顯微鏡を使った新たな使用痕研究の試み」『日本文化財科學會 第15回大會 研究發表要旨集』.
梶原洋・阿子島香, 1981,「頁岩製石器の實驗使用痕研究」『考古學雜誌』67-1, 日本考古學會.
寺前直人, 1999,「近畿地方の磨製石鏃にみる地域間交流とその背景」『國家形成期の考古學』, 大阪大學考古學研究室.
________, 2004,「彌生時代における石製短劍の傳播過程」『古代武器研究』5, 古代武器研究會.
寺澤薰, 1996,「日本稻作の系譜と照葉樹林文化論」『季刊考古學』56, 雄山閣.
______, 2000,『王權誕生』日本の歷史 2, 講談社.
山口讓治, 1995,「北部九州の大陸系磨製石器」『考古學ジャーナル』8, ニュー・サイエンス社.
山內淸男, 1932,「磨製片刃石斧の意義」『人類學雜誌』47-7, 東京人類學會.
山田しょう, 1986,「使用痕光澤の形成過程」『考古學と自然科學』19, 日本文化財科學會.
山田しょう・山田成洋, 1992,「靜岡縣內出土の「石包丁」の使用痕分析」『川合遺跡』遺物編2, 靜岡縣埋藏文化財調査研究所.
森本六爾, 1933,「彌生式文化と原始農業問題」『日本原始農業』, 東京考古學會.
森貞次郎, 1942,「古期彌生式文化に於ける立岩文化期の意義」『古代文化』13-7, 東京考古學會.
桑畑光博, 1994,「擦り切り孔をもつ石庖丁」『大河』5, 大河同人.
西谷正, 1969,「朝鮮半島における初期稻作」『考古學研究』16-2, 考古學研究會.
______, 1973,「三角形石庖丁について」『考古學論叢』1, 別府大學考古學研究會.
______, 1975,「會寧五洞の土器をめぐる問題」『史淵』112, 九州大學文學部.
石毛直道, 1968,「日本稻作の系譜(上)」『史林』51-5, 史學研究會.
________, 1968,「日本稻作の系譜(下)」『史林』51-6, 史學研究會.
石川朗・齋野裕彦, 2000,「刃部有溝石斧の形態と使用痕」『仙臺市富澤遺跡保存館研究報告』3, 地底の森ミュージアム.
小田富士雄, 1986,「北部九州における彌生文化の出現序說」『九州文化史研究所紀要』31, 九州大學九州文化史研究施設.
松木武彦, 1989,「石製武器の發達と地域性」『考古學研究』35-4, 考古學研究會.

松山聰, 1992,「石庖丁の使用痕」『大阪文化財硏究』3, 財團法人大阪文化財センター.
______, 1995,「石器の使用痕分析」『硏究紀要』2, 大阪文化財センター.
松原正毅, 1971,「彌生式文化の系譜についての實驗考古學的試論」『季刊人類學』2-2, 京都大學人類學硏究會.
須藤隆・阿子島香, 1985,「東北地方の石包丁について」『日本考古學協會 第51回總會 硏究發表要旨』, 日本考古學協會.
兒玉洋志, 2005,『使用痕分析からみた石庖丁の型式變化と使用法の關係について』, 愛媛大學大學院 修士學位論文.
阿子島香, 1989,『石器の使用痕』考古學ライブラリー56, ニュー・サイエンス社.
阿子島香・梶原洋, 1984,「石器の使用痕分析と客觀化」『考古學ジャーナル』1, ニュー・サイエンス社.
安志敏, 1955,「中國古代的石刀」『考古學報』10, 科學出版社.
御堂島正, 1986,「黑曜石製石器の使用痕」『神奈川考古』22, 神奈川考古同人會.
________, 1988,「使用痕と石材」『考古學雜誌』74-2, 日本考古學會.
________, 1989,「有肩扇狀石器の使用痕分析」『古代文化』41-3, 財團法人古代學協會.
________, 1989,「『抉入打製石庖丁』の使用痕分析」『古代文化』41-6, 財團法人古代學協會.
________, 1990,「『横刃型石庖丁』の使用痕分析」『古代文化』42-1, 財團法人古代學協會.
________, 1991,「磨製石庖丁の使用痕分析」『古代文化』43-11, 財團法人古代學協會.
________, 1993,「日本における使用痕硏究の展開」『かながわの考古學』3, 神奈川縣立埋藏文化財センター.
________, 2003,「使用痕光澤面論爭の行方」『古代』113, 早稻田大學考古學會.
________, 2003,「編集後記」『古代』113, 早稻田大學考古學會.
御堂島正・砂田佳弘・長岡史起, 1987,「石器使用痕分析の有効性」『古代文化』39-5, 財團法人古代學協會.
鈴木公雄, 1988,『考古學入門』, 東京大學出版會.
永濱功治, 2003,「石庖丁の使用痕分析」『硏究紀要 縄文の森から』1, 鹿兒島縣立埋藏文化財センター.
五十嵐彰, 2003,「「使用」の位相」『古代』113, 早稻田大學考古學會.
雄山閣, 2004,『季刊考古學』88 特集 彌生時代の始まり.
原田幹, 2002,「石製農具と使用痕硏究」『彌生文化と石器使用痕硏究』第7回 石器使用痕硏究會 發表要旨集.
______, 2003,「石製農具の使用痕硏究」『古代』113, 早稻田大學考古學會.
瑜 琼, 1990,「東北地區半月形穿孔石刀硏究」『北方文物』1, 北方文物出版社.
有光敎一, 1959,『朝鮮磨製石劍の硏究』京都大學文學部考古學叢書 2.

柳田康雄, 2004,「日本・朝鮮半島の中國式銅劍と實年代論」『九州歷史資料館研究論集』29, 九州歷史資料館.

六興出版, 1991,『日韓交渉の考古學』.

庄田愼矢, 2004,「韓國嶺南地方南西部の無文土器時代編年」『古文化談叢』50-下, 九州古文化研究會.

________, 2004,「比來洞銅劍の位置と彌生曆年代論(上)」『古代』117, 早稻田大學考古學會.

________, 2005,「湖西地域 出土 琵琶形銅劍과 彌生時代 開始年代」『湖西考古學』12, 湖西考古學會.

庄田愼矢・孫晙鎬, 2006,「水稻農耕は石器をどう變えるか」『共生の考古學-過去との對話, 遺産の繼承』世界考古學會議中間會議大阪大會, 大阪歷史博物館.

齋野裕彦, 1993,「彌生時代の大型直緣刃石器(上)」『彌生文化博物館硏究報告』2, 大阪府立彌生文化博物館.

________, 1994,「彌生時代の大型直緣刃石器(下)」『彌生文化博物館硏究報告』3, 大阪府立彌生文化博物館.

________, 1998,「片刃磨製石斧の實驗使用痕分析」『仙臺市富澤遺跡保存館硏究報告』1, 地底の森ミュージアム.

________, 2001,「石鎌の機能と用途(上)」『古代文化』53-10, 財團法人古代學協會.

________, 2001,「石鎌の機能と用途(下)」『古代文化』53-11, 財團法人古代學協會.

________, 2002,「農具」『考古資料大觀』9, 小學館.

________, 2002,「『東北彌生文化研究の地平 -遺物からみた樣相-』に寄せて」『古代文化』54-10, 財團法人古代學協會.

齋野裕彦・松山聰・山村信榮, 1999,「大型石庖丁の使用痕分析」『古文化談叢』42, 九州古文化研究會.

前田義人・武末純一, 1994,「北九州市貫川遺跡の繩文晩期の石庖丁」『九州文化史研究所紀要』39, 九州大學文學部九州文化史研究施設.

田村晃一, 1963,「朝鮮半島の角形土器とその石器」『考古學研究』10-2, 考古學研究會.

________, 1988,「朝鮮半島出土の磨製石劍について」『MUSEUM』452, 東京國立博物館.

町田勝則, 2002,「所謂「ロー狀光澤」とは何か」『彌生文化と石器使用痕研究』第7回 石器使用痕研究會 發表要旨集.

町田貞・井口正男・貝塚爽平・佐藤正・榧根勇・小野有五, 1981,『地形學辭典』, 二宮書店.

潮見浩, 1988,『圖解技術の考古學』, 有斐閣選書.

種定淳介, 1990,「銅劍形石劍試論(下)」『考古學研究』37-1, 考古學研究會.

佐原眞, 1977,「石斧論」『考古論集』, 松崎壽和先生退官記念事業會編.

酒井龍一, 1986,「石器組成からみた彌生人の生業行動パターン」『文化財學報』4, 奈良大學文學部文化財學科.

________, 1991,「彌生時代の石器生産」『季刊考古學』35, 雄山閣.

竹岡俊樹, 1989,『石器研究法』, 言叢社.

中間研志, 1985, 「磨製穿孔具集成」『石崎曲り田遺跡』III, 福岡縣教育委員會.

中村大介, 2005, 「無文土器時代前期における石鏃の變遷」『待兼山考古學論集』都出比呂志先生退任記念, 大阪大學考古學研究室.

池谷勝典, 2003, 「礫石器の使用痕研究」『古代』113, 早稲田大學考古學會.

千葉基次, 1996, 「遼東青銅器時代開始期」『東北アジアの考古學』2, 깊은샘.

春成秀爾・今村峯雄, 2004, 『彌生時代の實年代』, 學生社.

澤田敦, 1993, 「石器使用痕分析における多變量解析」『考古學における計量分析』, 帝塚山考古學研究所.

_____, 2003, 「石器のライフヒストリー研究と使用痕分析」『古代』113, 早稲田大學考古學會.

平井勝, 1991, 『彌生時代の石器』考古學ライブラリー64, ニュー・サイエンス社.

平塚幸人, 2003, 「扁平片刃石斧の使用痕研究」『仙臺市富澤遺跡保存館研究報告』6, 地底の森ミュージアム.

平塚幸人・齋野裕彥, 2003, 「片刃磨製石斧の形態と使用痕」『古代』113, 早稲田大學考古學會.

下條信行, 1977, 「九州における大陸系磨製石器の生成と展開」『史淵』114, 九州大學文學部.

_______, 1980, 「東アジアにおける外灣刃石庖丁の展開」『鏡山猛先生古稀記念古文化論攷』.

_______, 1984, 「彌生・古墳時代の九州型石錘について」『九州文化史研究所紀要』29, 九州大學九州文化史研究施設.

_______, 1986, 「日本稻作受容期の大陸系磨製石器の展開」『九州文化史研究所紀要』31, 九州大學九州文化史研究施設.

_______, 1987, 「東アジアにおける擦切技法について」『東アジアの考古と歷史』上-岡崎敬先生退官記念論集, 同明舍.

_______, 1988, 「日本石庖丁の原流」『日本民族・文化の生成』1-永井昌文教授退官記念論文集, 六興出版.

_______, 1991, 「西日本-第Ⅰ期の石劍・石鏃」『日韓交涉の考古學』, 六興出版.

_______, 1991, 「大形石庖丁について」『愛媛大學人文學會創立十五周年記念論集』, 愛媛大學人文學會.

_______, 1994, 『彌生時代・大陸系磨製石器の編年網の作製と地域間の比較研究』平成5年度科學研究費補助金(一般研究C)研究成果報告書.

_______, 1994, 「瀨戶內海の有柄式磨製石劍の諸問題」『「社會科」學硏究』28, 「社會科」學硏究會.

_______, 1995, 「大陸系磨製石器の時代色と地域色」『考古學ジャーナル』8, ニュー・サイエンス社.

_______, 1996, 「扁平片刃石斧について」『愛媛大學人文學會創立20周年記念論集』, 愛媛大學人文學會.

_______, 1997, 「柱狀片刃石斧について」『古文化論叢』伊達先生古稀記念論集.

_______, 2000, 「遼東形伐採石斧の展開」『東夷世界の考古學』, 青木書店.

_______, 2002, 「片刃石斧の型式關係からみた初期稻作期の韓日關係の展開について」『清溪史學』16 · 17, 韓國精神文化硏究院淸溪史學會.

_______, 2002, 「北東アジアにおける伐採石斧の展開」『韓半島考古學論叢』, すずさわ書店.

後藤直, 1971, 「西朝鮮の「無文土器」について」『考古學硏究』17-4, 考古學硏究會.

_____, 1982, 「朝鮮の靑銅器と土器 · 石器」『森貞次郞博士古稀記念古文化論集』上.

_____, 1984, 「朝鮮半島における稻作の始まり」『考古學ジャーナル』2, ニュー · サイエンス社.

Gorecki, P., 1985, Ethnoarchaeology: The Need for a Post-mortem Enquiry, In *World Archaeology* 17-2.

Keeley, L. H., 1977, The Functions of Paleolithic Flint Tools, In *Scientific American* 237-5.

__________, 1980, *Experimental Determination of Stone Tool Uses*, The University of Chicago Press.

Kenneth M. Ames, 1995, Chiefly Power and Household Production on the Northwest Coast, In *Foundations of Social Inequality*, T. Douglas Price and Gary M. Feinman, eds., Plenum.

New · Science社, 1995, 『考古學ジャーナル』8 特集 大陸系磨製石器硏究の現狀.

Semenov, S. A.(田中琢抄譯), 1968, 「石器の用途と使用痕」『考古學硏究』14-4, 考古學硏究會.

2. 發掘報告書 및 略報告

| 南韓 |

江陵大學校博物館, 2002, 『襄陽 浦月里 住居址』.

姜秉學, 2006, 「平澤 素沙洞遺蹟」『서울 · 경기지역 청동기문화의 유형과 변천』제4회 서울경기고고학회학술대회, 서울경기고고학회.

江原文化財硏究所, 2004, 『동해북부선(저진-군사분계선) 철도연결구간내 유적 발굴조사 지도위원회의자료』.

______________, 2005, 『동해북부선(저진-군사분계선) 철도연결구간내 유적 발굴조사 2차 지도위원회의자료』.

姜仁求 · 李健茂 · 韓永熙 · 李康承, 1979, 『松菊里』Ⅰ, 國立中央博物館.

慶南考古學硏究所, 2002, 『晋州 大坪 玉房 1 · 9地區 無文時代 集落』.

_______________, 2003, 『泗川 梨琴洞遺蹟』.

慶南發展硏究院歷史文化센터, 2003, 『密陽 靑鶴里遺蹟』.

慶尙北道文化財硏究院, 2004, 『海平 月谷里遺蹟』.

啓明大學校博物館, 1989, 『臨河댐 水沒地域 文化遺蹟 發掘調査報告書』Ⅲ.
國立慶州文化財研究所, 2003, 『慶州 月山里遺蹟』.
국립광주박물관, 1992, 『여천 월내동 고인돌』.
國立密陽大學校博物館 · 慶南考古學研究所, 2002, 『密陽 佳仁里遺蹟』.
國立扶餘文化財研究所, 1998, 『堂丁里』.
國立扶餘博物館, 1987, 『保寧 校成里 집자리』.
__________, 2000, 『舒川 漢城里』.
__________, 2000, 『松菊里』Ⅵ.
國立晉州博物館, 2001, 『晉州 大坪里 玉房 1地區 遺蹟』Ⅰ.
國立晉州博物館, 2001, 『晉州 大坪里 玉房 1地區 遺蹟』Ⅱ.
국립중앙박물관, 1987, 『松菊里』Ⅲ.
國立昌原文化財研究所, 2001, 『晋州 大坪里 漁隱 2地區 先史遺蹟』Ⅰ.
__________, 2002, 『晋州 南江 漁隱 2地區 先史遺蹟』Ⅱ.
__________, 2003, 『晋州 大坪里 玉房 8地區 先史遺蹟』.
群山大學校博物館, 2002, 『群山 阿東里』.
畿甸文化財研究院, 2002, 『시흥 계수동 안골유적』.
__________, 2004, 『수원 율전동유적』.
金建洙 · 韓修英 · 陳萬江 · 趙希鎭, 2004, 『益山 源水里遺蹟』, 湖南文化財研究院.
金吉植, 1993, 『松菊里』Ⅴ, 國立公州博物館.
金秉模 · 兪炳隣, 1997, 『安眠島 古南里 貝塚』, 漢陽大學校博物館.
金秉模 · 兪炳隣 · 任惠娟, 1998, 『安眠島 古南里 貝塚』, 漢陽大學校博物館.
金秉模 · 崔虎林 · 金明辰 · 沈光注, 1984, 「中原 荷川里 D地區 遺蹟 發掘調査報告」『忠州댐 水沒地區 文化遺蹟 發掘調査綜合報告書』, 忠北大學校博物館.
金承玉 · 李宗哲, 2001, 『如意谷遺蹟』, 全北大學校博物館.
김승옥 · 이종철 · 조희진, 2001, 『豊岩遺蹟』, 全北大學校博物館.
金元龍 · 任孝宰 · 崔夢龍 · 呂重哲 · 郭乘勳, 1973, 『欣岩里 住居址』, 서울大學校附屬博物館 · 仝考古人類學科.
金載元 · 尹武炳, 1967, 「玉石里遺蹟」『韓國支石墓研究』, 國立博物館.
__________, 1967, 「泉田里遺蹟」『韓國支石墓研究』, 國立博物館.
__________, 1967, 「黃石里遺蹟」『韓國支石墓研究』, 國立博物館.
金炅鎭 · 孫定培 · 劉蘭姬 · 黃賢淑 · 池潤美, 2004, 『蔚州 九秀里遺蹟』, 蔚山發展研究院文化財센터.
金賢植 · 金度憲 · 金枝秀 · 權志瑛, 2003, 『蔚山 新峴洞 黃土田遺蹟』, 蔚山文化財研究院.
金亨坤 · 兪炳一 · 高恩英, 2003, 『蔚山 芳基里 青銅器時代 聚落』, 國立昌原大學校博物館.
羅建柱 · 姜秉權, 2003, 『牙山 鳴岩里遺蹟』, 忠清文化財研究院.

노혁진 · 김종규 · 최종모 · 박성희 · 이숙임 · 김경중, 2003, 『동해고속도로 확장 · 신설구간(송림리) 문화유적 발굴조사보고서』, 한림대학교박물관.
노혁진 · 최종모 · 정원철, 2004, 『춘천 거두지구 문화재 시굴조사보고서』, 한림대학교박물관.
文化財硏究所, 1994, 『晋陽 大坪里遺蹟』.
渼沙里先史遺蹟發掘調査團, 1994, 『渼沙里』1.
渼沙里先史遺蹟發掘調査團, 1994, 『渼沙里』2.
朴東百 · 金亨坤 · 崔憲燮 · 兪炳一 · 朴文洙, 1995, 『咸安 梧谷里遺蹟』, 昌原大學校博物館.
배기동 · 이한용 · 강병학, 1999, 『富川 古康洞 先史遺蹟 第3次 發掘調査報告書』, 漢陽大學校博物館 · 文化人類學科.
배기동 · 이한용 · 김영연, 1998, 『富川 古康洞 先史遺蹟 第2次 發掘調査報告書』, 漢陽大學校博物館 · 文化人類學科.
백홍기 · 고동순 · 박영구 · 최영희, 2000, 『束草 朝陽洞 住居址』, 江陵大學校博物館.
白弘基 · 池賢柄 · 高東淳, 1996, 『江陵 坊內里 住居址』, 江陵大學校博物館.
백홍기 · 지현병 · 박영구, 2002, 『江陵 校洞 住居址』, 江陵大學校博物館.
釜山廣域市立博物館福泉分館, 1998, 『晋州 貴谷洞 대촌遺蹟』.
釜山大學校博物館, 1987, 『陜川 苧浦里 E地區 遺蹟』.
______________, 1995, 『蔚山 檢丹里 마을遺蹟』.
徐聲勳 · 成洛俊, 1989, 「大谷里 도롱 · 한실 住居址」『住岩댐 水沒地域 文化遺蹟 發掘調査報告書』 VI, 全南大學校博物館.
서울大學校博物館 · 同考古學科, 1976, 『欣岩里 住居址』3.
서울大學校附屬博物館 · 同考古人類學科, 1974, 『欣岩里 住居址』.
成正鏞 · 李亨源, 2002, 『龍山洞』, 忠南大學校博物館.
宋滿榮 · 李笑熙 · 朴敬信, 2002, 『漣川 三巨里遺蹟』, 경기도박물관.
宋正炫 · 李榮文, 1988, 「竹山里 '다' 群 支石墓」『住岩댐 水沒地域 文化遺蹟 發掘調査報告書』III, 全南大學校博物館.
申大坤 · 金圭東, 2001, 「顔子洞遺蹟」『鎭安 龍潭댐 水沒地區內 文化遺蹟 發掘調査報告書』III, 國立全州博物館.
申大坤 · 金圭東, 2001, 「구곡 마을遺蹟」『鎭安 龍潭댐 水沒地區內 文化遺蹟 發掘調査報告書』III, 國立全州博物館.
沈奉謹, 1984, 「密陽 南田里와 義昌 平城里遺蹟 出土遺物」『尹武炳博士回甲紀念論叢』.
______, 1989, 『陜川 鳳溪里遺蹟』, 東亞大學校博物館.
______, 2002, 『晋州 玉房遺蹟』, 東亞大學校博物館.
嶺南大學校博物館, 1999, 「梅湖洞 支石墓群 II」『時至의 文化遺蹟』I.
______________, 2000, 『蔚山 鳳溪里遺蹟』.

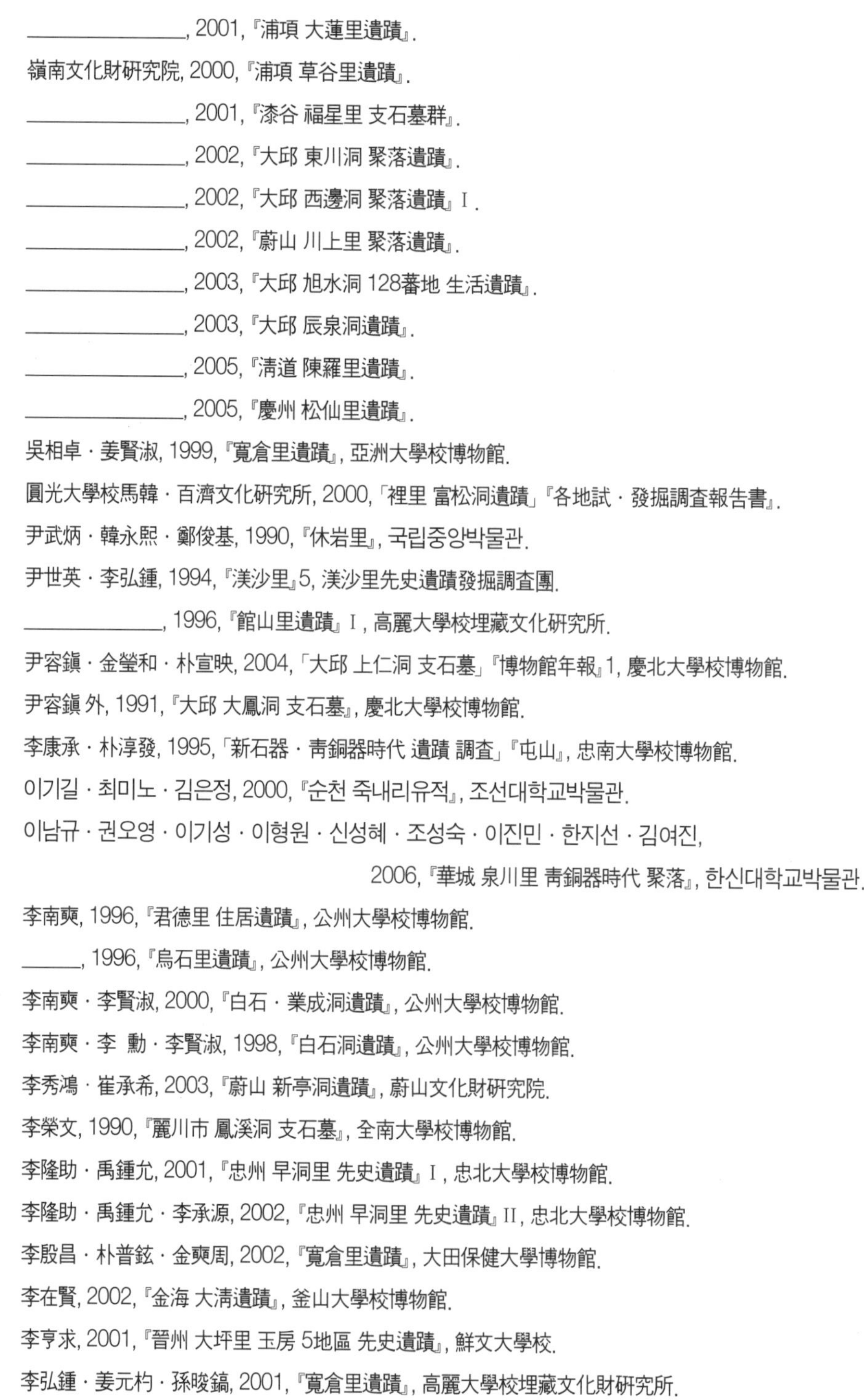

__________, 2001, 『浦項 大蓮里遺蹟』.

嶺南文化財硏究院, 2000, 『浦項 草谷里遺蹟』.

__________, 2001, 『漆谷 福星里 支石墓群』.

__________, 2002, 『大邱 東川洞 聚落遺蹟』.

__________, 2002, 『大邱 西邊洞 聚落遺蹟』Ⅰ.

__________, 2002, 『蔚山 川上里 聚落遺蹟』.

__________, 2003, 『大邱 旭水洞 128番地 生活遺蹟』.

__________, 2003, 『大邱 辰泉洞遺蹟』.

__________, 2005, 『淸道 陳羅里遺蹟』.

__________, 2005, 『慶州 松仙里遺蹟』.

吳相卓 · 姜賢淑, 1999, 『寬倉里遺蹟』, 亞洲大學校博物館.

圓光大學校馬韓 · 百濟文化硏究所, 2000, 「裡里 富松洞遺蹟」『各地試 · 發掘調査報告書』.

尹武炳 · 韓永熙 · 鄭俊基, 1990, 『休岩里』, 국립중앙박물관.

尹世英 · 李弘鍾, 1994, 『渼沙里』5, 渼沙里先史遺蹟發掘調査團.

__________, 1996, 『館山里遺蹟』Ⅰ, 高麗大學校埋藏文化硏究所.

尹容鎭 · 金瑩和 · 朴宣映, 2004, 「大邱 上仁洞 支石墓」『博物館年報』1, 慶北大學校博物館.

尹容鎭 外, 1991, 『大邱 大鳳洞 支石墓』, 慶北大學校博物館.

李康承 · 朴淳發, 1995, 「新石器 · 靑銅器時代 遺蹟 調査」『屯山』, 忠南大學校博物館.

이기길 · 최미노 · 김은정, 2000, 『순천 죽내리유적』, 조선대학교박물관.

이남규 · 권오영 · 이기성 · 이형원 · 신성혜 · 조성숙 · 이진민 · 한지선 · 김여진, 2006, 『華城 泉川里 靑銅器時代 聚落』, 한신대학교박물관.

李南奭, 1996, 『君德里 住居遺蹟』, 公州大學校博物館.

______, 1996, 『烏石里遺蹟』, 公州大學校博物館.

李南奭 · 李賢淑, 2000, 『白石 · 業成洞遺蹟』, 公州大學校博物館.

李南奭 · 李 勳 · 李賢淑, 1998, 『白石洞遺蹟』, 公州大學校博物館.

李秀鴻 · 崔承希, 2003, 『蔚山 新亭洞遺蹟』, 蔚山文化財硏究院.

李榮文, 1990, 『麗川市 鳳溪洞 支石墓』, 全南大學校博物館.

李隆助 · 禹鍾允, 2001, 『忠州 早洞里 先史遺蹟』Ⅰ, 忠北大學校博物館.

李隆助 · 禹鍾允 · 李承源, 2002, 『忠州 早洞里 先史遺蹟』Ⅱ, 忠北大學校博物館.

李殷昌 · 朴普鉉 · 金奭周, 2002, 『寬倉里遺蹟』, 大田保健大學博物館.

李在賢, 2002, 『金海 大淸遺蹟』, 釜山大學校博物館.

李亨求, 2001, 『晋州 大坪里 玉房 5地區 先史遺蹟』, 鮮文大學校.

李弘鍾 · 姜元杓 · 孫晙鎬, 2001, 『寬倉里遺蹟』, 高麗大學校埋藏文化財硏究所.

李弘鍾 · 孔敏奎 · 孫晙鎬, 2000, 『石谷里遺蹟』, 高麗大學校埋藏文化財硏究所.

李弘鍾 · 朴性姬 · 李僖珍, 2004, 『麻田里遺蹟』, 高麗大學校埋藏文化財硏究所.

李弘鍾 · 孫晙鎬, 2004, 『舟橋里遺蹟』, 高麗大學校埋藏文化財硏究所.

李弘鍾 · 孫晙鎬 · 姜元杓, 2002, 『麻田里遺蹟』, 高麗大學校埋藏文化財硏究所.

李弘鍾 · 孫晙鎬 · 趙은지, 2005, 『道三里遺蹟』, 高麗大學校考古環境硏究所.

林炳泰 · 崔恩珠 · 金武重 · 宋滿榮, 1994, 『渼沙里』3, 渼沙里先史遺蹟發掘調査團.

林尙澤, 1999, 『天安 大興里遺蹟』, 忠南大學校博物館 · 서울大學校考古美術史學科.

林永珍 · 趙鎭先, 1995, 『會津土城』 I , 百濟文化開發硏究院.

任孝宰, 1978, 『欣岩里 住居址』4, 서울大學校博物館 · 同人文大考古學科.

任孝宰 · 崔鍾澤 · 林尙澤 · 吳世筵, 1994, 『渼沙里』4, 渼沙里先史遺蹟發掘調査團.

林孝澤 · 郭東哲, 2005, 『釜山 盤如洞遺蹟』, 東義大學校博物館.

林孝澤 · 郭東哲 · 趙顯福, 1987, 「山浦 큰돌무덤」 『居昌 · 陜川 큰돌무덤』, 東義大學校博物館.

__________________, 1987, 「嶧坪 큰돌무덤」 『居昌 · 陜川 큰돌무덤』, 東義大學校博物館.

林孝澤 · 趙顯福, 1999, 『山淸 沙月里遺蹟』, 東義大學校博物館.

全南大學校博物館, 1989, 『住岩댐 水沒地域 文化遺蹟 發掘調査報告書』Ⅵ.

______________, 1990, 『住岩댐 水沒地域 文化遺蹟 發掘調査報告書』Ⅶ.

全南文化財硏究院, 2003, 『순천 조례 · 상비 지석묘』.

全北大學校全羅文化硏究所, 1997, 『南原 高竹洞遺蹟』.

鄭義道 · 崔鐘赫, 2001, 『晋州 玉房 7地區 先史遺蹟』, 慶南文化財硏究院.

趙榮濟 · 柳昌煥 · 李瓊子 · 孔智賢, 1999, 『晋州 大坪里 玉房 2地區 先史遺蹟』, 慶尙大學校博物館.

趙榮濟 · 柳昌煥 · 宋永鎭 · 孔智賢, 2001, 『晋州 大坪里 玉房 3地區 先史遺蹟』, 慶尙大學校博物館.

趙現鐘 · 申相孝 · 宣在明 · 尹孝男, 2003, 『高興 雲垈 · 安峙 支石墓』, 國立光州博物館.

中央文化財硏究院, 2001, 『保寧 九龍里遺蹟』.

______________, 2001, 『論山 院北里遺蹟』.

______________, 2002, 『大田 官坪洞遺蹟』.

______________, 2003, 『大田 加午洞遺蹟』.

지건길 · 안승모 · 송의정, 1986, 『松菊里』Ⅱ, 국립중앙박물관.

지건길 · 이영훈, 1983, 『中島』Ⅳ, 국립중앙박물관.

지현병 · 고동순 · 박영구 · 이창현, 2001, 『襄陽 池里 住居址』, 강릉대학교박물관.

昌原文化財硏究所, 1996, 『咸安 岩刻畵 古墳』.

崔夢龍 · 權五榮 · 金承玉, 1989, 「大谷里 도롱 住居址」 『住岩댐 水沒地域 文化遺蹟 發掘調査報告書』Ⅵ, 全南大學校博物館.

崔夢龍 · 李盛周 · 李根旭, 1989, 「洛水里 낙수 住居址」 『住岩댐 水沒地域 文化遺蹟 發掘調査報告書』Ⅵ, 全南大學校博物館.

崔秉鉉 · 柳基正, 1997, 『大田 九城洞遺蹟』, 韓南大學校博物館.

崔盛洛, 1986, 『靈巖 長川里 住居址』 I , 木浦大學校博物館.

최성락 · 정영희 · 김영훈, 2003, 『장흥 상방촌 · 오복동 지석묘』, 목포대학교박물관.

최성락 · 한옥민, 2001, 『함평 성남 · 국산유적』, 목포대학교박물관.

崔完奎 · 金鍾文 · 金奎正, 2000, 『益山 永登洞遺蹟』, 圓光大學校馬韓 · 百濟文化硏究所.

최인선 · 박태홍 · 송미진, 2003, 『光陽 龍江里 機頭遺蹟』, 順天大學校博物館.

최인선 · 조근우 · 이순엽 · 박미라, 2003, 『고흥 석봉리와 중산리 지석묘』, 順天大學校博物館.

崔楨苾 · 河文植 · 皇甫慶, 2001, 『堤川 綾江里』, 世宗大學校博物館.

崔楨苾 · 河文植 · 皇甫慶 · 崔珉正, 2002, 『堤川 九龍里』, 世宗大學校博物館.

崔鍾圭 · 安在晧, 1983, 「新村里 墳墓群」 『中島』 IV, 국립중앙박물관.

최종모 · 최영희 · 김경환, 2003, 『擧頭里遺蹟』, 江原文化財硏究所.

忠南大學校博物館, 1995, 『保寧 寬倉里 住居遺蹟 發掘調査 現場說明會 資料』.

______________, 2001, 『아산 명암리유적』, 현장설명회자료.

충남대학교백제연구소, 2005, 『화성 반월리유적』, 현장설명회자료.

忠南發展硏究院, 2004, 『扶餘 遮集管路 埋設區間 遺蹟調査報告書』.

忠淸南道歷史文化院, 2004, 『扶餘 羅福里遺蹟』.

忠淸文化財硏究院, 2006, 『舒川 烏石里 烏石山遺蹟』, 현장설명회자료.

韓國文化財保護財團, 1999, 『尙州 靑里遺蹟』 X .

________________, 2000, 『淸州 龍岩遺蹟』 I .

________________, 2000, 「竹淸里 '가' 遺蹟」 『西海岸高速道路(藍浦~熊川) 建設區間內 文化遺蹟 發掘調査報告書』.

________________, 2001, 『慶州市 隍城洞 537-2 賃貸아파트 新築敷地 發掘調査報告書』.

湖南文化財硏究院, 2002, 『망덕유적』.

黃尙周 · 安在晧 · 崔相泰 · 李采香, 2002, 『大邱 松峴洞 先史遺蹟』, 東國大學校慶州캠퍼스博物館.

| 北韓 |

강중광, 1974, 「룡연리유적 발굴보고」 『고고학자료집』 4, 사회과학출판사.

_____, 1979, 「신암리 원시유적 제4지점에 대하여」 『력사과학』 2, 과학 · 백과사전출판사.

고고학 및 민속학연구소, 1955, 『라진 초도 원시유적 발굴보고서』 유적발굴보고 1, 과학원출판사.

__________________, 1959, 『강계시 공귀리 원시유적 발굴보고』 유적발굴보고 6, 과학원출판사.

고고학연구실, 1960, 「미림 쉴바위 원시유적 정리보고」 『문화유산』 3, 과학원출판사.

과학원, 1956, 『라진 초도 원시유적 발굴보고서』 유적발굴보고 1.

과학원출판사, 1959, 『회령 오동 원시유적 발굴보고』 유적발굴보고 7.

__________, 1959, 「황해북도 사리원시 상매리 석상묘 조사보고」 『대동강 및 재령강류역 고분 발굴보고』 고고학자료집 2.

김례환, 1959, 「의주군 원하리에서 원시유적 발견」 『문화유산』2, 과학원출판사.

김영우, 1964, 「세죽리유적 발굴중간보고(2)」 『고고민속』4, 사회과학원출판사.

김용간, 1963, 「미송리 동굴유적 발굴보고」 『각지 유적 정리보고』 고고학자료집 3, 과학원출판사.

______, 1964, 『금탄리 원시유적 발굴보고』 유적발굴보고 10, 사회과학원출판사.

김용간 · 리순진, 1966, 「1965년도 신암리유적 발굴보고」 『고고민속』3, 사회과학원출판사.

김용간 · 서국태, 1972, 「서포항 원시유적 발굴보고」 『고고민속론문집』4, 사회과학출판사.

김용간 · 석광준, 1984, 『남경유적에 관한 연구』, 과학 · 백과사전출판사.

김정문, 1964, 「세죽리유적 발굴중간보고(1)」 『고고민속』2, 사회과학원출판사.

김종혁, 2002, 「표대유적 제1지점 팽이그릇 집자리 발굴보고」 『마산리, 반궁리, 표대유적 발굴보고』, 사회과학출판사.

라명관, 1988, 「약사동 고인돌 발굴보고」 『조선고고연구』2, 사회과학출판사.

량익룡, 1961, 「최근 강원도에서 발견된 원시 유물」 『문화유산』6, 과학원출판사.

리규태, 1983, 「배천군 대아리 돌상자무덤」 『고고학자료집』6, 과학 · 백과사전출판사.

리기련, 1980, 『석탄리유적 발굴보고』 유적발굴보고 12, 과학 · 백과사전출판사.

리순진, 1965, 「신암리유적 발굴중간보고」 『고고민속』3, 사회과학원출판사.

리장섭, 1958, 「원산시 중평리 원시유적」 『문화유산』6, 과학원출판사.

백룡규, 1966, 「린산군 주암리 원시유적 발굴간략보고」 『고고민속』2, 사회과학원출판사.

사회과학원출판사, 1966, 『중국 동북지방의 유적발굴보고』.

서국태, 1965, 「영흥읍유적에 관한 보고」 『고고민속』2, 사회과학원출판사.

서국태 · 지화산, 2002, 『남양리유적 발굴보고』, 사회과학출판사.

석광준, 1974, 「오덕리 고인돌 발굴보고」 『고고학자료집』4, 사회과학출판사.

______, 2002, 「강안리유적 발굴보고」 『강안리, 고연리, 구룡강유적 발굴보고』, 사회과학출판사.

______, 2002, 「검산리 고인돌무덤」 『각지 고인돌무덤 조사 발굴보고』, 사회과학출판사.

석광준 · 김송현, 2002, 「고연리유적 발굴보고」 『강안리, 고연리, 구룡강유적 발굴보고』, 사회과학출판사.

석광준 · 김송현 · 김재용, 2002, 『강안리, 고연리, 구룡강유적 발굴보고』, 사회과학출판사.

석광준 · 김재용, 2002, 「구룡강유적 발굴보고」 『강안리, 고연리, 구룡강유적 발굴보고』, 사회과학출판사.

성 철, 1999, 「룡천리 팽이그릇 집자리에 대하여」 『조선고고연구』4, 사회과학출판사.

안영준, 1966, 「북청군 중리유적」 『고고민속』2, 사회과학원출판사.

전수복, 1960, 「최근 함경북도에서 새로 발견된 유적과 유물」 『문화유산』5, 과학원출판사.

정백운, 1958, 「강남 원암리 원시유적 발굴보고서」 『문화유산』1, 과학원출판사.

정용길, 1983, 「신평군 선암리 돌상자무덤」 『고고학자료집』6, 과학 · 백과사전출판사.

정일섭, 1962, 「평안북도 벽동군 송련리와 룡천군 왕산 원시유적 답사보고」 『문화유산』1, 과학원출

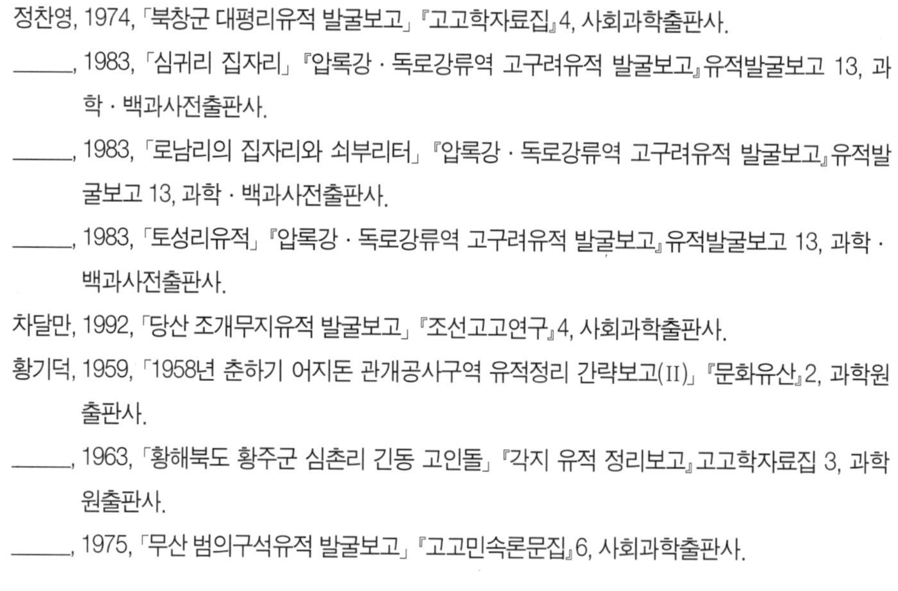

판사.

정찬영, 1974, 「북창군 대평리유적 발굴보고」『고고학자료집』4, 사회과학출판사.

_____, 1983, 「심귀리 집자리」『압록강 · 독로강류역 고구려유적 발굴보고』유적발굴보고 13, 과학 · 백과사전출판사.

_____, 1983, 「로남리의 집자리와 쇠부리터」『압록강 · 독로강류역 고구려유적 발굴보고』유적발굴보고 13, 과학 · 백과사전출판사.

_____, 1983, 「토성리유적」『압록강 · 독로강류역 고구려유적 발굴보고』유적발굴보고 13, 과학 · 백과사전출판사.

차달만, 1992, 「당산 조개무지유적 발굴보고」『조선고고연구』4, 사회과학출판사.

황기덕, 1959, 「1958년 춘하기 어지돈 관개공사구역 유적정리 간략보고(II)」『문화유산』2, 과학원출판사.

_____, 1963, 「황해북도 황주군 심촌리 긴동 고인돌」『각지 유적 정리보고』고고학자료집 3, 과학원출판사.

_____, 1975, 「무산 범의구석유적 발굴보고」『고고민속론문집』6, 사회과학출판사.

| 國外 |

金關丈夫 · 三宅宗悅 · 水野淸一, 1942, 「羊頭窪」『羊頭窪』, 東亞考古學會.

大連市文物考古硏究所, 2000, 『大嘴子』, 大連出版社.

北九州市敎育文化事業團埋藏文化財調査室, 1989, 『貫川遺跡』2.

長野縣敎育委員會, 2000, 『上信越自動車道 埋藏文化財發掘調査報告書』5.

陳國慶 · 萬 欣 · 劉俊勇 · 王 璁, 1992, 「金州廟山靑銅時代遺址」『遼海文物學刊』1.

陳國慶 · 王 璁, 1992, 「金州大溝頭靑銅時代遺址試掘簡報」『遼海文物學刊』1.

許明綱 · 劉俊勇, 1981, 「旅順于家村遺址發掘簡報」『考古學集刊』1, 中國社會科學出版社.

許明綱 · 許玉林 · 甦小華 · 劉俊勇 · 王瓘英, 1981, 「長海縣廣鹿島大長山島貝丘遺址」『考古學報』1, 科學出版社.

許玉林 · 高洪珠, 1984, 「丹東市東溝縣新石器時代遺址調査和試掘」『考古』1, 科學出版社.

許玉林 · 甦小幸, 1984, 「大連市郭家村新石器時代遺址」『考古學報』3, 科學出版社.

An Archaeological Study on the Polished Stone Tools in Korean Bronze Age

SON, Joon-ho

This dissertation analyses the polished stone tools in Korean Bronze Age from various aspects. The contents are as follows.

Firstly in the chapter Ⅱ, I discussed about the perspective of this dissertation by reviewing prior studies on these materials. It is able to consider as problems of these studies that 1) they depended on the materials which have not clear archaeological context, 2) there are minute classification which is regarded as nonsense in archaeological mean, 3) they could not do any objective approach to the function of stone tools, 4) the subject of study were very restricted. To solve these problems, in the chapter Ⅲ I put the polished stone tools in Korean peninsula in order of time and space. And in the chapter Ⅳ, I compared the result with East-northern China and Northern Kyushu district, Japan. In the chapter Ⅴ, the character of villages was analyzed by the study of stone tools. And in the last, chapter Ⅵ, I suggested the new aspect of the study on polished stone tools, the use ware analysis.

In Chapter Ⅲ, I revealed the transition through time and diversity of the polished stone tools in Korean peninsula. Representing tools like daggers, arrowheads, harvesting knives, axes, and adzes are typologically classified and their position of time and space were revealed. In this analysis, I used only the materials which archaeological context is obvious in order to understand the cultural aspects of these tools. And I intended to avoid minute classification considering the character of polished stone tool. In northern part of Korean peninsula, there are little archaeological site which is excavated in whole area or fully reported. So I had to make some analysis in different level between north and south. Eventually, I treated them apart, and then compared each other.

As a result, I found many types which the North and the South have in common. Making use of particular types of tools, cross dating between these areas became possible. New types of tools appeared in the phase II in the North, including double-stepped root type arrowheads and straight root type and stepped hilt daggers with grooves etc. Only in the Early Bronze Age of the South, there are stepped hilt daggers and double-stepped root arrowheads. Then in the Late Bronze Age, root-attached daggers and straight root type are found. According to these examples, the phase II in the North seems to parallel to both the Early and the Late Bronze Age in the South. The phase I in the North, it seems to be parallel with the Initial Bronze Age because both have no root attached daggers, but still very small materials we have. Anyway, there I can understand that roughly the phase I in North is parallel to the Initial Bronze Age, the phase II to the Early and the Late, and the phase III to the Late.

Ship-shaped, rectangular, and comb-shaped harvesting knives, single-stepped arrowheads are found in all of the phases in both areas. On the contrary, triangle arrowheads and fish-shaped harvesting knives are found in all phases in the North, but in the South they are limited to the Early. In this area, the new culture named Songgukri culture appeared at this time. As the appearance of this culture, arrowheads are united to single-root type, triangle harvesting knives appeared newly and fish-shaped type disappeared. And also, there are some types that are found in the South only. They include straight-hilt daggers, triangle harvesting knives and grooved adzes in the Late Bronze Age. Through their distribution, they seem to be originated in the South and affected to some materials found in the North. Of course the direction of cultural influence in this age is mainly north to south, but we can not consider that all of the material culture was brought from north.

On the other hand, making use of this chronology, it became able to examine on the origin of stepped-hilt daggers and double stepped-root arrowheads. There is still no established theory in spite of many prior studies. These materials both appeared in the phase II in the North, and they are found in the Early Bronze

Age in the South. Because around the Korean peninsula we could not find these materials, they supposed to be originated spontaneous or received influence from some materials from outer area. I estimate that these materials are imitation of bronze wares according to the following reasons. 1) Similarity in the form between lute-shaped bronze dagger and the stepped-hilt dagger, or the bronze arrowheads and double stepped-root stone arrowheads, 2) Bronze daggers and arrowheads are found in North at the same stage as these stone tools. Although there is a problem that in the South the lute-shaped bronze daggers are mainly found in the Late Bronze Age, recently some studies pointed that there are some bronze daggers also in the Early Bronze Age. So the view above-mentioned is also available in the South.

In the chapter Ⅳ, I compared the polished stone tools in Korean peninsula with that of surrounding areas. Firstly, I compared the material of Liaodong peninsula and northern part of Korean peninsula, to look for its origin. As a result, it is revealed that not only in the daggers but arrowheads, harvesting knives, axes, adzes are similar. So they seem to have direct relationship. On the other hand, there are some stone tools of Northern Korean peninsula that are not seen in Liaodong peninsula. These are, as mentioned in chapter Ⅲ, hilt attached daggers, double stepped arrowheads and the grooves on these materials.

Next, I compared the stone tools in Southern Korea and Northern Kyushu area to reveal the process of the diffusion from the former to the latter. It is important to study on the 'continental assemblage of stone tool kit' because as its name, it proves the above mentioned diffusion. Following the result of some analysis in Japan, I compared the types and composition of these stone tools in both areas. About the types, it is confirmed that there was an active selection depend on their demand in the process of adoption in Northern Kyushu area, although most of stone tools are showed similarity. And about the origin area of the diffusion, it seems to be the Nam-river area as some scholars mentioned, but there is possibility that some elements are from West coast area. Through comparing the composition, subsistence patterns in both regions were different in spite of their acceptance of wet-rice cultivation. And in Southern Korea, the peak of deforestation and reclamation of rice fields was not seen in the same stage, but in Northern Kyushu they seemed to have progressed simultaneously.

In the chapter Ⅴ, I tried to reconstruct the subsistence patterns and social organization in the Bronze Age. Cheonan Baeksok-dong site and Boryeong Kwanchang-ri site were selected as the material of this case study. These sites are large settlements representing the Early and Late Bronze Age, including huge amount of stone tools. According to the result of analysis, I concluded as follows.

First, through the reconstruction of subsistence by the combination of stone tool, residents in both sites located on hills might have carried out economic activities such as crop cultivation, hunting and gathering, rather than fishery. However, the proportion of tools relevant to hunting and crop-cultivating from the site is not so high, although the portion of gathering-tools is noticeably higher than other sites.

Second, this chapter looks at social organization related too production and distribution of stone tools, based on analyzing differences in stone tool assemblages between individual houses. The difference in quantity of polished stone tools between individual dwellings seems to reflect, in some degree, hierarchically differentiated participation in various socioeconomic activities. Gwanchang-ri site can be divided into 5~8 districts in each of which several dwellings surround one or two having large quantity of polished stone tools. It can be inferred that the central dwelling(s) carried out more rigorous activities, in relation to not only production of polished stone tools, but also other stuffs. In addition, it is highly plausible that the northwestern hill of the site where large dwellings which contain large quantity of polished stone tools concentrate, might have been the central district that control the whole community. Also in Baeksok-dong site there I found similar distribution of stone daggers, which seem to be a kind of prestige goods. Thus there is not so clear difference of management organization in each settlement between the Early and Late Bronze Age.

Chapter Ⅵ introduces the use ware analysis as one of the objective ways to estimate the function of stone tool. In order to interpret the function of the tools, use wear analysis is one of the mostly known objective ways. Use wear analysis could be defined as a method to examine the physical and chemical alterations of the stone surface caused by use, using metallurgical microscopy. The information of the tools such as the way in which stone tools were used, the kinds of being processed materials, the life span of the stone tool and reuse of the tools can be inferred.

The analysis basically requires the observation under higher magnification called high power approach. This method of analysis also involves experiment by making and using replicas of stone tools in order to record the use wear from known functions. In particular, it focuses on observing polish on the stone tool' s surface. The materials which had been processed from the observation of stone polish and the direction of stone tool' s movement from striation can be interpreted.

On the other hand, the limitations of use wear analysis can be pointed out on a few study cases of Korean polished stone tools. Firstly, this analysis which had been done only to crescent-shaped stone blade should be applied to the other unidentified stone tools. Secondly, more experiments by making and using replicas of stone tools are necessary because the experience of the researchers could affect on the results of the analysis the most. Finally, use wear should not be used as the independent evidence to reconstruct the subsistence strategy.

As above mentioned, I surveyed the transition of polished stone tools in Korean peninsula, and presented the new perspective through the analysis of these materials. Through this dissertation, polished stone tools are evaluated as important materials to study on Bronze Age culture. Recently the studies on Korean Bronze Age, including the studies on the stone tools, are more broadened and developed. In the past, stone tools are only supporting the chronological study with which mainly dealt pottery or bronze ware. But recently they started new approaches making use of the character of stone tools. This dissertation is also in the same context.

日文抄錄

朝鮮半島の青銅器時代における磨製石器の研究

孫晙鎬

本研究では朝鮮半島の青銅器時代にみられる磨製石器についての総合的な分析を試みた。これを要約・整理すると以下のようである。

まず、II章では過去の先学によって進められた研究の意義と問題点を簡単に整理し、ここで提起された問題点についての認識を土台に研究の方向を設定した。既存の研究成果の問題点としては、1)分析の根幹をなす磨製石器のうち出土様相を正確に把握できないものが多いという点、2)既存研究の型式分類があまりに細分化されており考古学的に無意味な分類が多数存在する点、3)客観的な分析方法の活用による石器の機能推定がなされていない点、4)研究対象の範囲が限られているという点を指摘した。このような問題点を解決するために、本稿のIII章では朝鮮半島内で磨製石器の全般的な時期的流れと地域的様相を提示し、IV章では地域の範囲をより拡大させて中国東北地方と日本の北部九州の磨製石器の比較を試みた。次のV章では磨製石器を利用した研究の多様な方向性を提示するという側面で、石器を通じて青銅器時代集落の性格を検討した。そして最後のVI章では磨製石器研究の新しい方向として使用痕の分析法を提示した。

III章では磨製石器の変遷と地域性をあつかった。朝鮮半島出土磨製石器の代表的な器種である石剣、石鏃、石庖丁、石斧をそれぞれ型式分類し、これらの時間的・空間的様相を提示した。型式分類においては磨製石器の文化的性格をより明確に明らかにするために、正式発掘調査を通じて報告された遺物の出土様相や共伴関係などが比較的確実なものに対象を制限した。そして型式を区分する際に磨製石器の属性を考慮し、過度な型式細分を行わないことで研究上の混乱を避けた。また、朝鮮半島北部地域では遺跡の全貌を把握できるほどの全面的な発掘調査が行われたり、正式に報告されたりした例が少数に過ぎないため、南部地域出土品に対する研究とは異なる研究方法が要求される。従って両地域を区分しそれぞれの磨製石器の変化相に言及したのち、これらの併行関係を想定する方式で論を展開した。

分析結果、南北両地域で器種別に類似性をみせる多数の磨製石器の型式を確認できた。

このうち特定時期に登場するいくつかの石器をつうじて時期的併行関係を想定することが可能である。おおむね北部地域のII段階に新しい型式の磨製石器が多数登場するが、有樋二段柄剣と茎に溝があったり腰部がくびれたりする有茎式石剣、二段茎鏃と一体型石鏃などがこれに該当する。このうち南部地域の前期にのみ確認されるものに二段柄剣と二段茎鏃があり、後期にのみ出土するものとしては有茎式石剣、一体型石鏃などがあげられる。このような例をみると北部地域のII段階は南部地域の前・後期両方に該当するものと判断される。それ以前の北部地域I段階については南部地域で最近新たに設定されている早期との併行関係を想定できる。もちろん、いまだに南部地域で早期遺跡の調査例が少数にすぎないため、資料の増加を待つ必要があるが、両地域でこの段階の有柄式石剣が存在せず、その可能性が認定される。すなわち、北部と南部の時期的併行関係は北部のI段階が南部の早期に、II段階が前・後期に、そしてIII段階が後期にそれぞれ該当するものと整理できる。しかしこのような両地域の併行関係がたがいに一対一で対応するものではないとう点を考慮する必要がある。本稿の目的は磨製石器の全般的な流れを把握することにあるので、時期区分もおおまかにならざるを得ない。従って両地域の併行関係も一定部分共存する時期があるという意味であるのみで、時間的な位置が完全に一致するということではない。

この他に北部地域と南部地域の両方で全時期にわたって確認される舟形・長方形・櫛形石庖丁、一段茎鏃などは時期に関係なく持続的に利用されたと考えられる。これとは異なり扁平三角石鏃や魚形石庖丁の場合、北部地域で全時期にわたって使用されるが、南部地域では前期遺跡のみで確認されるという差がある。松菊里文化の登場と同時に石鏃は一段茎式に統一され、石庖丁は三角形が新たに登場しながら魚形が消滅したものと推定される。また、南部地域では確認されるが北部地域ではほとんど発見されていない型式もある。代表的なものとして一段柄剣と三角形石庖丁、有溝石斧などをあげられるが、これらはすべて南部地域の後期遺跡でのみ確認される。分布の中心もやはり南部地域であるため、南部地域の後期に発生した石器と考えられ、少数の北部地域出土品は南部地域の影響によるものと見られる。もちろん、青銅器文化の全般的な流れにおいて、北→南という影響性は周知の事実であるが、すべての文化要素がひとつの方向にのみ流れるという見方には無理がある。

いっぽう、上記の磨製石器の併行関係を通じ、二段柄剣と二段茎鏃の起源問題を考えることができる。この問題については多くの先行研究があるが、いまだにこれといった定説が存在しない。二段柄剣と二段茎鏃はともに北部のII段階に初めて登場し、南部地域では前期遺跡でのみ確認される。朝鮮半島の周辺地域ではこのような型式が観察されないため、半島内での自律的な変化過程やあるいはこの段階に流入したほかの器物の影響による発生を想定できる。本稿では青銅器の模倣による発生の可能性が高いと考えるが、その理由としてはまず有樋二段柄剣と琵琶形銅剣、そして二段茎鏃と青銅鏃の形態的類似性をあげられる。そして時期的に北部地域でⅡ段階に銅剣と銅鏃が登場しているという点もこのような推定を可能にする。ただし、南部地域においては前期遺跡でのみ二段柄剣が確認されるのに対し、琵琶形銅剣は主に後期に出土する点が問題になる。これについては最近比来洞遺跡出土銅剣を根拠に南部地域前期段階の銅剣があらたに設定されており、この主張によるならば石剣の銅剣祖型説が南部地域にも適用できるものと考えられる。

Ⅳ章では研究の地域範囲をより拡大し、周辺地域との関係について検討した。まず、磨製石器の起源問題と関連し、中国東北地域の遼東半島出土資料を検討した後、これを北部地域出土品と比較した。分析結果石剣を含む石鏃、石庖丁、石斧において両地域が類似した変化様相を見せており、これら石器については遼東半島と朝鮮半島の直接的な関連を想定しても無理がないと考えられる。しかしこれとは異なり遼東半島に起源を求められない石器の様相も存在する。有柄式石剣と二段茎鏃、そしてこれらの石器にあらわれる樋の存在などは遼東半島で確認されない様相であり、これについてはすでにⅢ章で言及した。

次に磨製石器の日本列島への伝播過程を明らかにするため、北部九州の大陸系磨製石器と朝鮮半島南部の磨製石器を比較した。大陸系磨製石器はその名称からも分かるように、朝鮮半島の直接的な影響によって成立したため、両地域の文化伝播を理解するのに決定的な資料を提供している。これについては日本側の研究成果がある程度蓄積されており、これを基本的に参照しながら石器の型式と組成について朝鮮半島の資料と比較検討した。石器の型式についての比較結果、大部分の器種において直接的な影響関係が確認され、一部受容者側の必要性による能動的な選択が推定された。そして稲作文化の伝播経路については既存に提起された洛東江流域、より具体的には南江流域一帯が候補地と想定され、西海岸地域との関連可能性も指摘できる。いっぽう、石器組成の比較を通じては水田農耕の本格化という同一の条件にもかかわらず、生業方式において両地域の差が確認され、石器製作の規模においても差が確認された。また、伐採斧と加工斧の相対比率を通じ、森林開発と水田経営が朝鮮半島で盛行時期を異にするのに対し、北部九州では同時におこったことを確認できた。

Ⅴ章では磨製石器の機能的属性が青銅器時代人たちの実際の生活相を復元する際により有効であるという考えをもとに、磨製石器分析を通じて青銅器時代の集落の生業類型と社会組織復元を試みた。これは磨製石器を利用した研究の多様な方向性を提示するという側面の試論的検討として、既存の研究において石器の個別器種研究に集中し、研究対象の範囲が制限されていたという限界を克服するための試みといえる。具体的な検討は青銅器時代の代表的な集落である天安白石洞遺跡と保寧寛倉里遺跡を対象にした。これらはそれぞれ青銅器時代前期と後期を代表する遺跡であり、単一時期に存在した大単位集落遺跡でありながら多数の磨製石器が出土したため、集落の性格解明のために良好な資料と考えられる。分析は磨製石器の出土量と調査された住居址の基数が相対的に多い寛倉里遺跡を中心にし、白石洞遺跡との比較を行った。

分析結果は次のようである。まず、磨製石器の組成比を通じた生業類型の復元結果、白石洞・寛倉里集落の人々は丘陵に立地した遺跡が一般的に営んだ生業方式、すなわち漁労活動を除外した農耕、狩猟、採集を伴ったものと判断される。しかし他の遺跡の組成比と比較すると、狩猟や農耕活動の比率が明らかに高くはなく、むしろ採集活動が相対的に活発であった可能性がある。

次に住居址別磨製石器の出土様相を根拠に社会組織の復元を試みた。分析結果、寛倉里集落における磨製石器の出土量は住居址間の位階をある程度反映するものと判断される。寛倉里集落は磨製石器が多量に出土する住居址を中心にし、5 ～ 8 個の群に区分できる。区分された各群には相対的に位階が高い住居址が 1 ～ 2 基ずつ存在するが、これらの住居址を中心に磨製石器の製作を含み、生業と関連した多様な活動が行われたものと推定される。そして大型の住居址および磨製石器の出土量の多い住居址が集中分布する、遺跡の北西側丘陵上部は集落全体を管理する住居中心群であった可能性が高い。一方、白石洞遺跡でも威信財である石剣の存在を通じ、寛倉里集落と類似した住居址の配置様相を確認できる。従って集落全体を管理する組織については、青銅器時代前期と後期に大きな差がなかったものと判断される。

VI章では磨製石器の機能推定のための方法の一つとして、使用痕分析法を紹介した。使用痕分析とは、使用によって石器に生じる物理・化学的な変化を通じ、石器の使用方法や被加工物の性格、作業量、再加工の有無などを把握するものである。現在全世界的に使用痕分析にもっとも多く利用されているのは高倍率法である。高倍率法は金属顕微鏡を使用し比較的高い倍率で使用痕を観察し、検出された使用痕の解釈のために複製石器の使用実験を行うのが一般的である。特に、使用痕光沢面の観察に重点を置くことが特徴といえるが、光沢を通じて被加工物を想定することが可能である。このほか線状痕の観察を通じて石器の運動方向も把握できる。

このような使用痕分析法は現在日本でもっとも活発に展開されているが、最近朝鮮半島出土品についての分析事例も増加している。いまだ研究成果が少数にすぎないが、いくつかの問題点と課題について言及した。まず、分析対象が石庖丁に限定されており、より機能が不明確な石器について行われる必要がある。また、複製石器の使用実験が行われていないが、研究者の熟練度が使用痕分析の信頼性を左右するという点をふまえると、実際石器の使用痕観察とともに実験石器の反復的な観察が要求される。次に、使用痕分析結果のみを通じて使用方法を復元するのは無理があるという点が確認され、石器のもつさまざまな情報を同時に考慮する必要性を提起した。

以上のように朝鮮半島の全般的な流れについて言及し、磨製石器を利用した新しい視覚の研究を試みた。このような研究を通じ、青銅器時代の文化相を明らかにするための資料として磨製石器の位置が正当に評価されるものと考えられる。最近青銅器時代についての研究分野の拡大および深化とともに、磨製石器に対する研究も活発に展開されている。過去、土器や青銅器を通じた編年樹立において補助的な役割に留まっていた石器研究が、石器としての特質に対する認識とともに先行研究の空白を埋められる対象として注目されている。筆者の研究もこのような研究傾向の延長線上に位置しているが、不足した部分が多いことは認定せざるを得ない。今後より細分化された資料を対象に精密な分析を試みつつ、少しずつ補完していきたい。

찾아보기

| ㅇ |

| ㅎ |

• 지은이

孫晙鎬 _ 손준호

1972년 서울 출생
1998년 고려대학교 고고미술사학과 졸업
2002년 고려대학교 대학원 문화재학과 고고학전공(석사)
2006년 고려대학교 대학원 문화재학과 고고학전공(박사)
현재 한국고고환경연구소 책임연구원

주요논문

2002,「錦江流域 松菊里文化段階의 支石墓 檢討」『古文化』60, 韓國大學博物館協會.
2002,「韓半島 出土 半月形石刀의 變遷과 地域相」『先史와 古代』17, 韓國古代學會.
2003,「半月形石刀의 製作 및 使用方法 研究」『湖西考古學』8, 湖西考古學會.
2003,「磨製石器 分析을 통한 寬倉里遺蹟 B區域의 性格 檢討」『韓國考古學報』51, 韓國考古學會.
2004,「錦江流域 松菊里文化의 群集 貯藏孔 研究」『科技考古研究』10, 아주대학교박물관.
2005,「青銅器時代 磨製石器 研究의 現況과 問題點」『國立公州博物館紀要』4, 국립공주박물관.
2005,「磨製石器 使用痕分析의 現況과 韓國에서의 展望」『湖南考古學報』21, 湖南考古學會.
2006,「北韓地域 青銅器時代 磨製石器의 變化相」『湖西考古學』14, 湖西考古學會.
2006,「韓日 青銅器時代 石器 比較」『嶺南考古學』38, 嶺南考古學會.

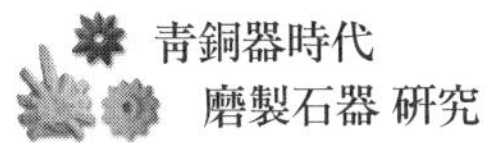

青銅器時代
磨製石器 研究

초판인쇄일 : 2006년 10월 30일
초판발행일 : 2006년 11월 6일

지 은 이 : 孫晙鎬
발 행 인 : 김선경
발 행 처 : 도서출판 서경문화사
인 쇄 : 한성인쇄
제 책 : 반도제책사
등 록 번 호 : 제 1 - 1664호
주 소 : 서울 종로구 동숭동 199 - 15(105호)
전 화 : 743 - 8203, 8205
팩 스 : 743 - 8210
메 일 : sk8203@chollian.net

ISBN 89-6062-003-3 93900

* 파본은 본사나 구입처에서 교환하여 드립니다.

정가 22,000원